Encyclopedia of
Japanese porn media

エロメディア大全

安田理央

三才ブックス

エロメディア大全

安田理央

はじめに

誰もが興味があり、詳しいつもりでいたとしても、実は自分の好きな分野しか知らないというのが、「エロ」なのです。

例えば巨乳のＡＶ女優にはやたらと詳しくても、スレンダー痴女系の女優については、全然知らなかったり、エロ漫画に関してはマニアックな知識がある人でも、三次元のエロに関しては基礎的なことも知らなかったりするなんてことは珍しくありません。まぁ、エロというものは個人の趣味に左右される「嗜好品」であり、多くの人にとってはこっそりと楽しむものですから、自分が興味のない分野については無視していても別に構わないわけです。

それどころか、自分が理解できないものに対して不快感を感じてしまい、目の敵にするような人もいるのが「エロ」の世界です。

「エロ」には長い歴史があります。社会の移り変わりやテクノロジーの進化によって多様な変貌を遂げ、さらにはそれぞれの嗜好に合わせて、広がり、細分化してきました。本書は、そうして発展してきた様々なエロメディアや、エロのジャンルについて解説したものです。

筆者は30年以上にわたり、外から中から、エロメディアの業界を見てきました。エロメディアの歴史について、多くの書籍を出版し、〝アダルトメディア研究家〟などという肩書を名乗っています。本書は筆者がこれまでに書いてきた書籍や記事のエッセンスを集大成して、分かりやすく解説したエロメディアの入門書という位置づけになるでしょう。この一冊を読めば、とりあえず日本のエロメディアの概要は把握できる、そんな内容を目指しました。

とはいえ、かなりマニアックな情報ばかりではあるのですが…。

第１章は「エロメディア大百科」として雑誌などの紙メディアや、ＡＶなどの映像・音声メディアの歴史を解説しています。エロメディアの世界は、時代によって主役が入れ替わり、その多くは姿を消していきました。ある程度の年齢の方にとっては、懐かしいと感じるメディアも多いのではないでしょうか。第2章の「エロジャンル大辞典」は、様々なフェチなどのジャンルについての解説です。自分の興味のないジャンルに関しては、新鮮な発見も多いと思います。そして最後の第3章「エロ雑誌列伝」は、時代を彩ってきた伝説的なエロ雑誌たちの紹介です。筆者が２０１９年に出版した『日本エロ本全史』（太田出版）にも登場した雑誌ばかりですが、より詳しくその内容と歴史について書いています。ここに登場する18誌のうち、現存するのは『バチェラー』（ダイアプレス）一誌のみというのが、なんとも寂しい話ではあります。

それでは、誰でも知りたがっているくせにちょっと聞きにくい、「エロ」の世界のすべてについて教えましょう！

エロメディア年表

40〜70年代

- 1946　カストリ雑誌ブーム
- 1947　ストリップの元祖「額縁ショー」開催
- 1948　風俗営業取締法制定
- 1950　ブルーフィルム最盛期 （134ページ）
- 1952　『奇譚クラブ』SM路線へ （026ページ）
- 1956　『100万人のよる』創刊
- 1957　グラマーブーム （020ページ）
- 1958　売春防止法施行に伴い赤線廃止へ
- 1960
- 1962　ピンク映画第一号公開 （138ページ）

カストリ雑誌
仙花紙などの粗悪な紙に印刷された下世話な記事中心の雑誌。1946年創刊の「りべらる」から始まり、1949年までが全盛期とされ、千を超えるカストリ雑誌が発行された。

額縁ショー
1947年に新宿・帝都座で上演され、ストリップの元祖といわれる。「世界の名画を再現する」という触れ込みで、当時19歳の女性ダンサーが額縁の中で上半身裸の姿を見せ、大きな話題となった。

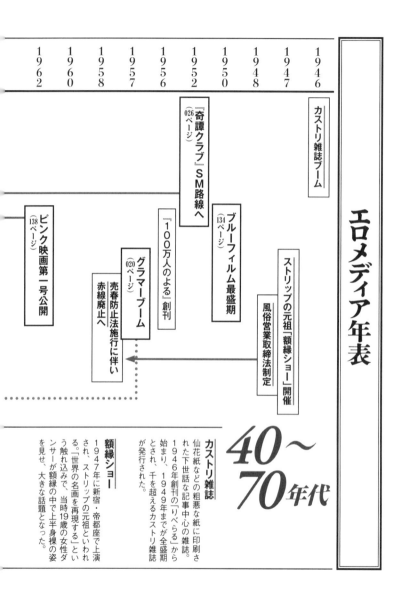

- 1964　『平凡パンチ』創刊
- 1965　ピンク映画ブーム
- 1965　『11PM』放送開始（172ページ）
- 1968　『ハレンチ学園』連載開始（036ページ）
- 1970　『SMセレクト』創刊 SM雑誌ブームに（026ページ）
- 1970　エロカセットが人気化（144ページ）
- 1971　日活ロマンポルノ誕生（138ページ）
- 1972　ウーマンリブの影響でノーブラが流行
- 1975　『日本版プレイボーイ』創刊（050ページ）
- 1976　自販機本ブーム（062ページ）
- 1978　エロ劇画ブーム（040ページ）
- 1979　「激写」ブーム（102ページ）

風俗営業取締法制定
1948年7月制定、同9月に施行。この時点では接待のある飲食店、ダンスホール、ギャンブル場などの3業種が対象だったが、1959年の改正では業種の増加と細分化で7業種となる。

赤線廃止
1946年の公娼廃止指令以降、半ば公認のかたちで営業されていた売春地帯である赤線が、1958年の売春防止法施行により廃止。その後、全国の赤線業者の三分の一がトルコ風呂（ソープランド）に転業したといわれる。

ノーブラが流行
ユニセックスなファッションの流行でスレンダーな体型がもてはやされ、ウーマンリブの流れから、女性をブラジャーから解放しようというノーブラ運動も欧米から輸入される。大きな乳房に対するマイナスイメージが強まった。

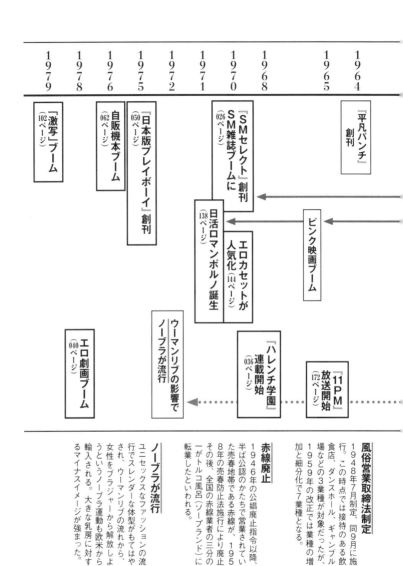

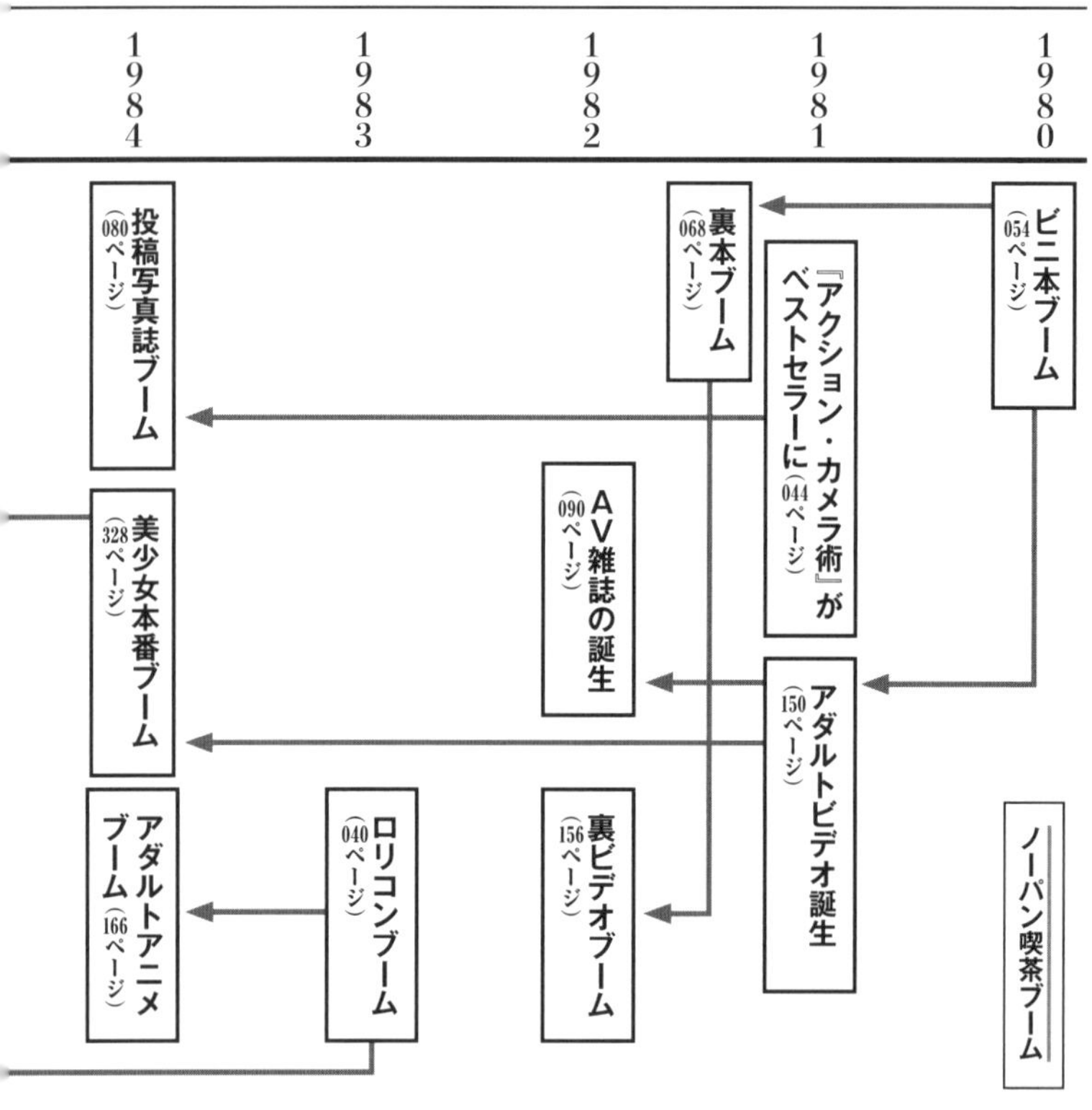
1980
1981
1982
1983
1984
ビニ本ブーム（054ページ）
裏本ブーム（068ページ）
『アクション・カメラ術』がベストセラーに（044ページ）
アダルトビデオ誕生（150ページ）
AV雑誌の誕生（090ページ）
裏ビデオブーム（156ページ）
ノーパン喫茶ブーム
ロリコンブーム（040ページ）
投稿写真誌ブーム（080ページ）
美少女本番ブーム（328ページ）
アダルトアニメブーム（166ページ）

80年代

1985
- 写真文庫ブーム（102ページ）
- 官能小説文庫ブーム（108ページ）
- ブラックパックブーム（162ページ）
- 新風営法施行
- → 連続幼女誘拐殺人事件 オタク弾圧へ（112ページ）（1989）

1986
- 黒木香・小林ひとみ・秋元ともみがデビュー AVブームへ（150ページ）

1987

1988
- 淫乱ブーム（176ページ）
- ダイヤモンド映像設立（176ページ） → 松坂季実子デビュー 巨乳ブームへ（224ページ）（1989）
- ロマンポルノ終了（138ページ）

1989
- 松坂季実子デビュー 巨乳ブームへ（224ページ）
- ダイヤルQ2スタート
- 連続幼女誘拐殺人事件 オタク弾圧へ（112ページ）

ノーパン喫茶ブーム

ウェイトレスが下着をはいていない喫茶店。最盛期は全国で800店以上が営業するほどの大ブームとなった。コーヒーが一杯千円以上したが、それでも客が殺到。バイト感覚のライト風俗の走りともいえる。

新風営法施行

1985年2月13日に、性風俗店を含む「風俗関連営業」を新設した「風俗営業等の規制及び業務の適正化等に関する法律」が施行される。地域の制限や、営業が午前0時までに制限されるなど、様々な規制が設けられた。

ダイヤルQ2

NTTが提供していた有料電話サービス。当初は録音したエロティックな音声を聞かせていたが、次第に男女が会話できるツーショットサービスが主流となっていった。熱中すると月に数十万円という料金がかかることもあった。

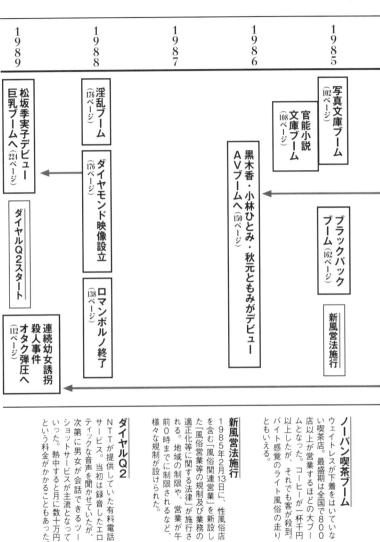

90年代

1990
- レディコミブーム（096ページ）
- ブルセラビデオ誕生（242ページ）

1991
- 有害コミック騒動（112ページ）
- 『ギルガメッシュないと』放送開始（172ページ）

1992
- 企画モノAVブーム（150ページ）
- ダイヤモンド映像倒産（170ページ）
- 通販ビデオブーム（190ページ）

1993
- 女性向けエロ本『綺麗』創刊（120ページ）
- ビデオ安売王チェーン展開（190ページ）

1994
- マニア雑誌ブーム（116ページ）
- アダルトCD-ROMブーム（184ページ）

お宝ブーム

有名女性タレントの無名時代のセクシーグラビアなどを探し出して発掘するという「お宝」企画が、週刊誌やエロ雑誌などで流行。『お宝ガールズ』（コアマガジン）のような専門誌も次々と創刊されたが、訴訟騒ぎも起きた。

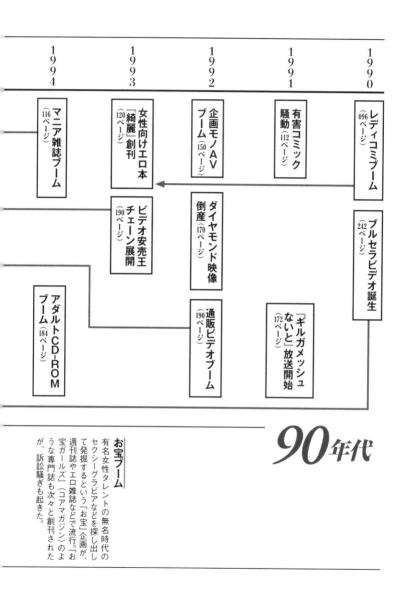

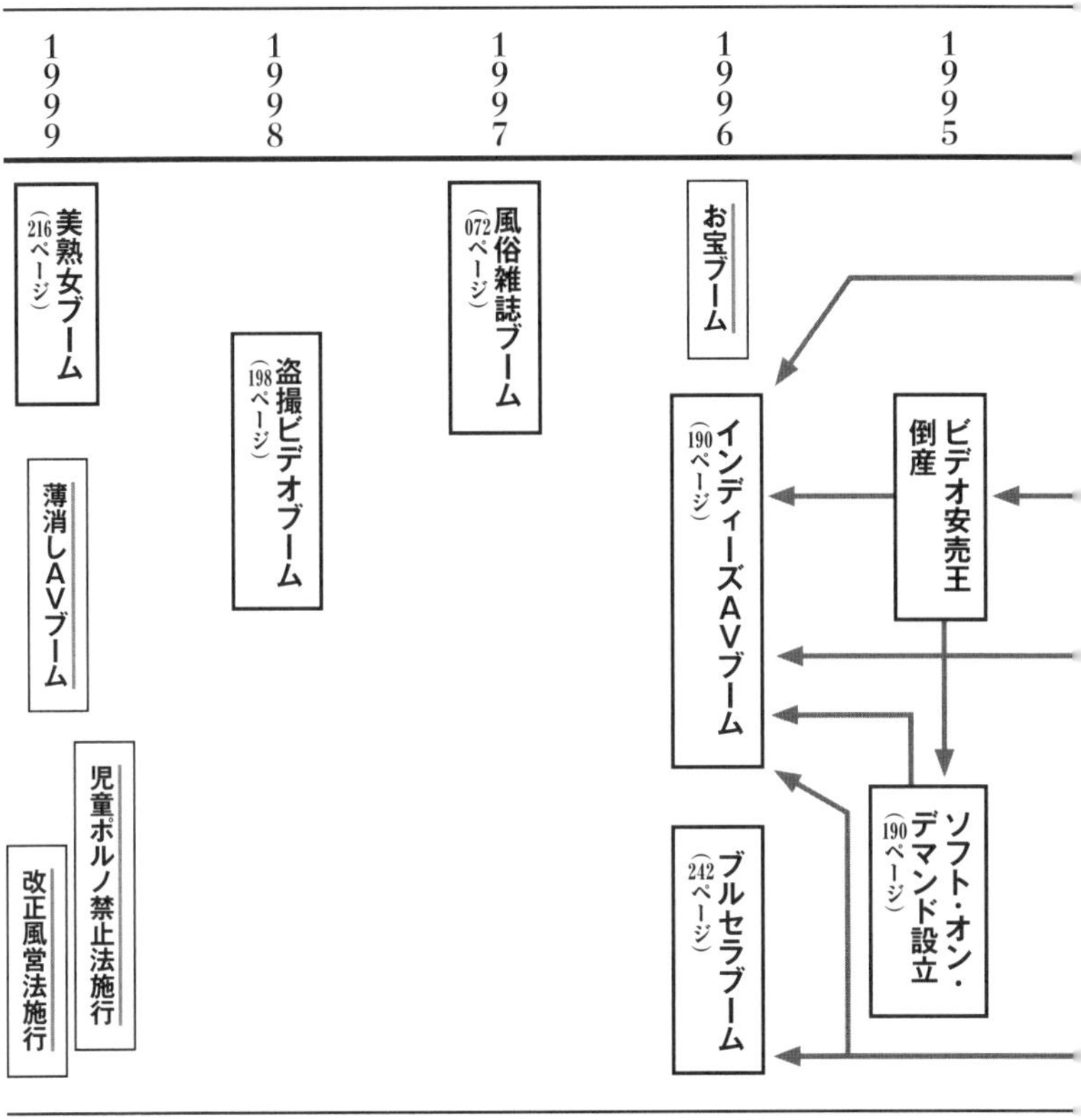

薄消しAVブーム
ビデ倫AVに比べて修正が薄いことが売りだったインディーズAVだが、一部のメーカーは過激化し、よく目をこらさないとモザイクが入っていることが分からないほどに修正が薄い、「超薄消しAV」が密かなブームとなった。

児童ポルノ禁止法
１９９９年11月施行。これにより18歳未満のヌードなどが禁止され、ブルセラ雑誌などが大きな打撃を受けた。童顔のAV女優が敬遠されるなど、過剰な自主規制も問題となった。

改正風営法
１９９９年４月施行。無店舗型風俗店やインターネットサイトなどが対象となり、これにより風俗の中心はデリバリーヘルスへと移行していった。「風俗関連営業」は「性風俗特殊営業」という区分に。

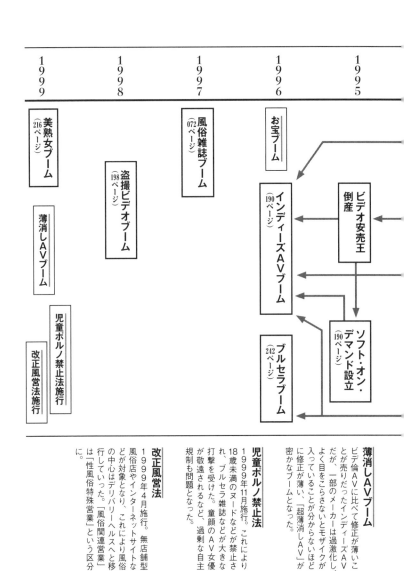

2000

AVのDVD化が本格化

出会い系サイト全盛

2001

企画単体女優ブーム

『カリビアンコム』開設

2002

漫画『蜜室』摘発
（112ページ）

童貞ブーム

2003

芸能人盗撮ビデオが大量流出

2004

着エロブーム

都内風俗店一斉摘発

00年代

企画単体女優ブーム

いわゆる無名の企画AV女優の中から、人気化する女優が増え「企画単体女優」という呼称が誕生。長瀬愛、笠木忍、桃井望、堤さやかが「キカタン四天王」と呼ばれ、他にも朝河蘭、うさみ恭香なども人気があった。

着エロブーム

過激な露出度のグラビアやイメージビデオで活躍するモデルが人気化。青木りんに代表されるAV女優への転身組も多い一方、中にはAVと平行して着エロアイドルとして活動する者もいた。

2005

- 麻美ゆまデビュー 爆乳AV全盛期へ

2006

- DVD付録のエロ雑誌が増える （128ページ）
- 裏本消滅 （068ページ）
- 英知出版がエロ本部門をジーオーティーに譲渡

2007

- 第一次芸能人AVブーム
- ビデ倫摘発
- 「同人AV」という言葉が生まれる （202ページ）
- 『FC2動画』開設
- 熟女路線になるエロ雑誌が急増

2008

- MUTEKI誕生 第二次芸能人AVブーム
- 恵比寿マスカッツ結成 （172ページ）
- iPhone日本発売

2009

- 女性向けAVメーカー シルクラボ誕生
- ブルーレイAVのリリースが本格化

都内風俗店一斉摘発

イメクラや性感ヘルスなど、風営法の許可を取っていない店が一斉に摘発。それまで大目に見られていた無許可の店舗が、都内の繁華街を中心に徹底的に潰され、それが全国に波及。平成風俗ブームが終焉を迎えた。

第一次芸能人AVブーム

2006年の青木りん、範田紗々のAVデビューをきっかけに、元芸能人の肩書を持つ新人が次々とAVに進出。そのほとんどが無名の着エロアイドルで、「芸能人」という肩書のために1本だけ着エロに出演する例も多かった。

シルクラボ誕生

2009年に誕生した、初の本格的女性向けAVメーカー。出演するイケメン男優が人気を獲得し、アイドル的に支持されるようになる。携帯電話やスマホなどの普及で、AVを見る女性が増えたことが背景にある。

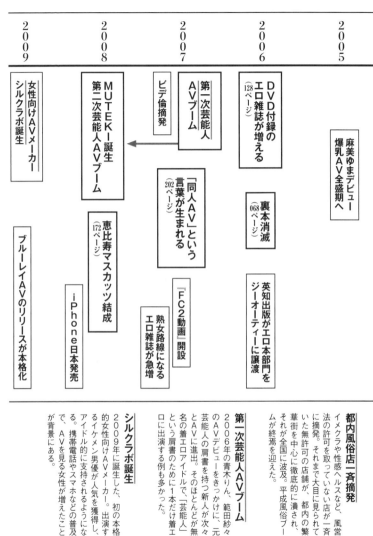

10〜20年代

2010
- アイドルのAV出演増加
- IPPA発足
- コスホリック開始

2011
- 小向美奈子AVデビュー
- 『ザ・ベストマガジン』休刊

2012

2013
- 『ビデオ・ザ・ワールド』休刊
- コアマガジンの『投稿ニャン2倶楽部』がわいせつ図画頒布の疑いで摘発

2014
- ほとんどの有名エロ雑誌がここまでに休刊

2015
- コアマガジンが素人投稿雑誌から撤退
- 改正児童ポルノ禁止法施行

2016
- AV出演強要問題
- アダルトVRリリース本格化
- 同人AVブーム（202ページ）

IPPA発足

知的財産振興協会（IPPA）が2010年に発足。当初は海賊盤や違法アップロードへの対策が目的だったが、次第にAV業界を統括する団体という性格になり、AV出演強要問題以降は、その存在が大きくクローズアップされた。

コスホリック開始

オールジャンル同人誌即売会・コスプレイベントとして2010年にスタート。同種の他イベントに比べて、性的なアプローチの作品やコスプレが多く、AV女優や同人AVメーカーの参加も目立つ。年3回開催。

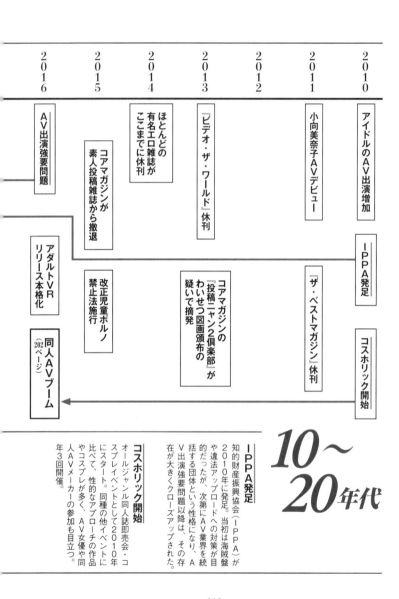

年	出来事
2017	適正AVルール発表 『バチェラー』創刊40周年
2018	人気AV女優の無修正動画が大量流出
2019	大手コンビニチェーンがエロ本の取り扱いを中止 モザイク破壊、ディープフェイクなどAI技術を応用した違法動画が流行
2020	アダルトサイトPronhubが未承認ユーザーによる動画を一千万本以上削除 新型コロナの流行によりAV撮影などが中止に
2021	
2022	AV新法が突然施行（←適正AVルール発表） クレジットカード会社がアダルト系サイトへの規制を強める
2023	同人音声が盛り上がる（144ページ）

AV出演強要問題

2016年、女優にAVへの出演強要をした疑いで大手プロダクションの社長などが逮捕された事件をきっかけにAV業界への批判が高まった。それを受けて業界は「適正AV」ルールを制定し、様々な自主規制を行った。

人気AV女優の無修正動画が大量流出

2018年頃から、有名AV女優の無修正動画が大量にネットに流出し、大騒ぎになる。その後も大手メーカー作品の流出は相次いでおり、監督などスタッフによる流出やハッキングといった原因が疑われている。

モザイク破壊 ディープフェイク

高解像度化技術を応用し、修正されている部分を補完することによりモザイクを除去したように見える「モザイク破壊」や、ポルノ映像の顔だけを他のアイドルやタレントにすげ替える「ディープフェイク」などがネットに氾濫する。

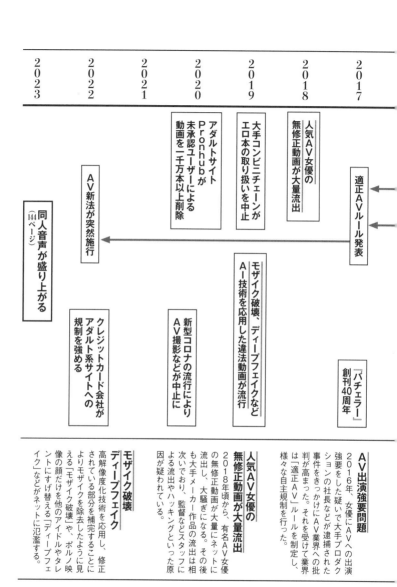

エロメディア大全

映像・音声メディア編

第2章

エロジャンル大辞典

第3章　エロ雑誌列伝

Encyclopedia of
Japanese porn media

第1章

エロメディア大百科

グラマー雑誌

もはや死語といってもいいでしょうが、「グラマー」という言葉があります。最近ではナイスバディとかボン・キュッ・ボンといった方がニュアンスは伝わるでしょうか。オッパイもお尻も大きくて肉感的な女性を指す言葉です。本来の英語では、魅力・魅惑という意味なのですが、日本ではもう少しエロいニュアンスを持って使われています。

この言葉が日本に輸入された50年代初頭では、本来の英語に近い使われ方をしていましたが、1957年頃から肉感的という意味で流行語になります。ちょうどこの頃、映画やテレビ、そして写真をメインとした雑誌の人気が一気に高まり、いわば日本が〝ビジュアル時代〟に突入した時期でもありました。そんな時代にふさわしかったのが、グラマーな女性たちだったのです。

終戦後、すぐにカストリ雑誌と呼ばれるエロ本の元祖的な雑誌が生まれていましたが、誌面は文章とイラストが中心で写真はほとんどありませんでした。それが50年代末になると、写真をふんだんに使ったエロ本が次々と発行されるようになります。エロ本らしいエロ本になってきたわけですね。

現在のエロ本の元祖ともいえるのが1956年創刊の『100万人のよる』（季節風書店）ですが、この雑誌も創刊号では写真はほとんどありませんでした。しかし、1年も経つとヌードグラ

『**漫画画報 グラマー読本**』（1985年12月号／富士出版社）
これが創刊号。誌名に反して、それほど漫画要素はなく、ヌードグラビアと芸能ゴシップやお色気小話などの記事が中心。海外ネタが多く、キャッチフレーズは「インテリのグラフと風流読物」だった。ヌードグラビアもまだ乳首はあまり見せていない。

ビアが満載！　という状況になり、1959年に『100万人のよる』の別冊として創刊される『世界裸か画報』では、もう裸、裸、裸…、世界の美女の裸のオンパレード！　この時期は、まだ日本ではヌードになるモデルも少なく、いたとしてもナイスバディな人は少数。つまり、「グラマー」は輸入に頼っていたわけです。

真面目なカメラ雑誌でも『日本カメラ　グラマーとヌード』（日本カメラ社）や『サンケイカメラ　ヌードからグラマーへ』（産業経済新聞社）といったグラマーヌード特集の別冊を次々と出していました。

1958年発行の『漫画画報　グ

ラマー読本』（富士出版社）は、誌名こそ漫画雑誌のようですが、風刺漫画や4コマ漫画が少し載っているくらいで、どちらかというとグラビアや読み物の方が多い誌面。この頃、こうした構成の『漫画読本』（文藝春秋社）がヒットしていたので、似たような名前の類似誌がたくさん出ており、これもその一つなわけです。最初は「海外ヌードグラマー」。モノクログラビアです。というか、この雑誌、カラーページがありません。まだカラー写真は貴重な時代だったんですね。金髪美女のセクシーな写真が続きますが、みんなミンクの毛皮や大きな帽子などで体を隠しており、おっぱいも見せてくれません。続く「洋画スターグラマー」でも、ドレス姿や水着姿止まり。その次の「Ｎｕｄｅ」コーナーに至って、ようやくおっぱいが登場します。中盤の「スターグラマー」では、新東宝の万里昌代、三原葉子、吉田昌代といった日本人女優が登場。こちらも残念ながらヌードではありませんが、胸の谷間をしっか

『新グラマー画報3』（1958年11月号／一水社）
『笑の泉』という艶笑系雑誌の別冊として刊行され、これが第3号。1960年からは『ユーモアグラフ』と改題され、発行元も変わりつつ70年代まで続いた。

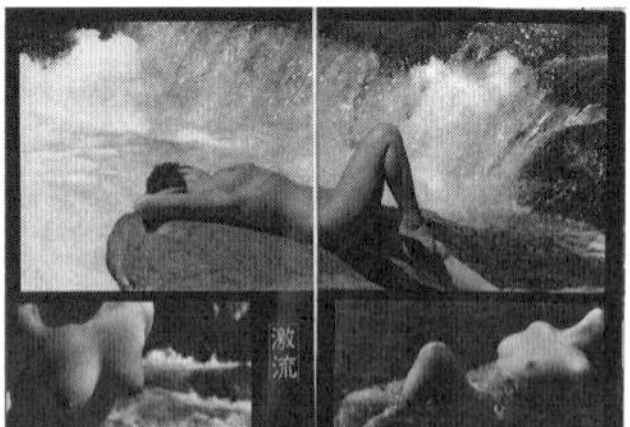

巻頭13ページにわたるモノクロヌードグラビア。2人の女性が川や露天風呂で大胆な裸身をさらけ出している。『グラマー読本』と違い、乳首見せカットも多いが、2人とも顔は写っていない。カメラマンは吉田潤など。

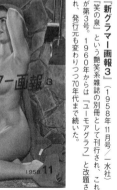

りのぞかせています。万里昌代さんなどは、うっすらと生えた脇毛まで見せてくれていて、これがなかなかセクシーです。後半には、日本人モデルのヌードグラビアもありますが、顔はしっかり見せてくれていないのが残念。また「グラマー」という割に、外国人モデルもあまりおっぱいが大きくありません。今のAVの基準なら、とても巨乳枠には入れてもらえないサイズです。

同じ年に発行された『新グラマー画報3』(一水社)も見てみましょう。こちらは日本人モデルが中心。川や露天風呂など、野外で撮影されています。70年代頃まで、こうした野外ヌードがやたらと多かったのも特徴的です。スタジオが少なかったという理由もあったようですが、健康的なイメージを強調したかったからでしょうか。ただ、このグラビアでもみんな顔を隠しているので、何だかすごく淫靡な感じがします。後半には外国人モデルによるヌードも登場し、こちらも野

『新グラマー画報5』(1959年3月号/一水社)
3号に比べると、当時大人気だった『100万人のよる』誌を意識したのか、コミカルなヌードグラビアが増えている。アマチュアカメラマン向けの「ヌードグラマー撮影教室」特集も。

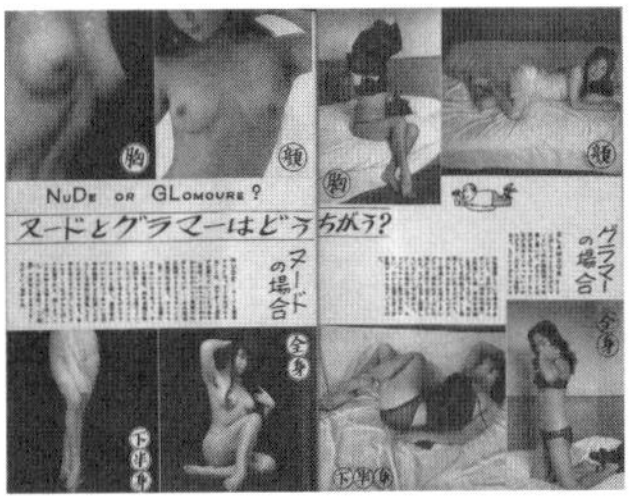

「ヌードとグラマーはどうちがう?」という記事。当時は芸術的な裸体写真を「ヌード」、性的魅力で興奮させるような裸体写真を「グラマー」と区別していたようだ。「ヌードを撮るなら事前に所用をすませておいた方がよい、念のため」とのこと。

外撮影が多めです。しかし、こうして見ると意外と日本人も外国人モデルの体形に負けていません。脚の長さやウエストのくびれこそかないませんが、ムッチリとしたグラマー感では十分健闘しています。

実は1959年には、児島明子が日本人初のミス・ユニバース優勝という快挙を達成し、日本人女性が「世界一の美女」に選ばれています。身長169センチでB93W58H97という、現代でも十分に通用するナイスバディ。50年代末には、こんな日本人女性も現れていたんですね。

60年代に入るとエロ本でも、日本人モデルが中心になっていきます。やはり日本人としては、日本人女性の方が親しみやすいですからね。そして60年代後半になると、グラマーに代わり「ボイン」という言葉が登場します。これはテレビ番組『11PM』で、大橋巨泉が共演していた朝丘雪路の胸を「ボインボインと出てる」と表現したのが語源といわれており、月亭可朝が『嘆きのボイン』なんてヒット曲も出しました。その後、大きな胸を表す言葉としてはボインからデカパイ、Dカップ、そして巨乳と変化していきます。このあたりの話は拙著『巨乳の誕生』(太田出版)を読んでいただけると…。

そして70年代後半、再び外国人モデルのエロ本がブームになります。70年代は欧米でポルノが解禁され、エロ本も盛り上がっていた時期。そうした写真を輸入し、日本で再構成した雑誌がたくさん生まれていたのです。当然本家は無修正ですが、当時の日本は陰毛すら見せられない時代だったので、しっかり修正をしたり、おとなしい写真を使ったりしていました。この頃の欧米モデルは、日本では考えられないようなグラマラスな女性が多く、いわば第二次グラマー雑誌ブームともいえます。

50年代末から60年代初頭にかけての「グラマー雑誌」に漂う楽天的で明るいムードは、高度成長期ならではの前向きさが感じられます。『新グラマー画報5』（一水社）には、「男が見るとグラッとくるし女が見るとマァっていうからグラマー」なんて説明があったりします。この無邪気なギャグのセンスも、この時代ならではの明るさといえるでしょう。

『漫画実話』（1960年5月号／富士出版社）
こちらも誌名に反して漫画はほとんどなく、ほとんどのページをヌードグラビアが占める。国産モデルと海外モデルの割合は半々というところ。胸よりもヒップの豊かさが目立つ。

「猟銃とヌード」という物々しい企画グラビア。他のページでは十字架をモチーフにした「殉教の女」や、「ウクレレの女」といったユニークなヌードグラビアも。ハダカだけでは、もうマンネリという時代になりつつあったのだろうか？

SM雑誌

「Sっぽい」「Mっぽい」といった言葉が気軽に口にできるほど、SMの概念が浸透している現在ですが、AV（アダルトビデオ）やエロ本においては「SM」をうたったものは、ほとんど見かけなくなってきています。しかし、80年代までSMはかなりメジャーなジャンルでした。80年代前半の黎明期には、AVでもSM物はかなりの割合を占め、ほとんどのメーカーがリリースしていたほどです。

日本のアダルトメディアにおけるSMの曙と言えるのが、1947年に大阪の曙書房から創刊された『奇譚クラブ』。創刊時は当時のよくあるカストリ雑誌（エログロ記事中心の雑誌）の一つでしたが、次第にアブノーマルな性癖をテーマにした雑誌へと変貌していきます。例えば1952年7月号の「女天下時代」という特集は、白人女性を崇拝するM男性向けの内容でした。SM小説の金字塔である『家畜人ヤプー』（沼正三）や『花と蛇』（団鬼六）が連載されていたのも同誌です。当時は警察の目も厳しく、女性の緊縛写真も少しは掲載していたものの、文字が中心であり、いかにもマニア向けといった誌面でした。しかし、それはむしろ秘かに同好の士を求めていたマニアたちの心をつかみ、『奇譚クラブ』は熱心な読者たちに支えられていました。

同誌をアブノーマル雑誌へと導き、大半の文章、イラストを手掛けていたのが編集者・須磨利之。

彼が上京し、1956年に久保書店で創刊したのが『裏窓』です。創刊当初はミステリー小説誌的な誌面だったものが、次第にアブノーマル色を強めていくのですが、これも警察の目を恐れてのことだったようです。1年後には、SMやフェチ、同性愛といったテーマの小説が全面的に掲載されるようになります。また『裏窓』で特筆すべきは、そのモダンなビジュアルセンスでしょう。中でも1963年以降の表紙は、今見ても非常に洗練されています。1964年2月号は、湖のほとりに縛られた女性がごく小さく写っているというもの。誌名のおしゃれなロゴなども含めて、まるでファッション系の雑誌のようです。この時期には、緊縛師として後にAVなどでも活躍した濡木痴夢男こと飯田豊一が編集長を務めていました。『奇譚クラブ』に『裏窓』、そして『風俗奇譚』（文献資料刊行会）を加えた3誌が三大SM雑誌と呼ばれ、第一期SM雑誌時代を牽引していたのです。

ただ、この時期のこうした雑誌はSMだけではなく、同性愛や各種フェチズムなども含めた「アブノーマル総合誌」といっ

『奇譚クラブ』（1963年12月号／天星社）
曙書房、天星社、暁出版と発行元を変えつつ、28年の長きにわたってマニアたちに支持された日本のSM誌の先駆け。三島由紀夫、渋沢龍彦、寺山修司らも愛読していたといわれている。

『裏窓』（1964年2月号／久保書店）
須磨利之、飯田豊一（濡木痴夢男）というSM界の要人が編集長を歴任。1956年の創刊時は『かっぱ』という誌名だった。また、1966年には『サスペンスマガジン』と改題され1980年まで刊行。

た誌面でした。『風俗奇譚』は特にゲイ色が強く、これが1971年に創刊される日本初のゲイ雑誌『薔薇族』（第二書房）へとつながっていくのです。

そんな中、1960年代中頃に巻き起こった悪書追放運動により、エロ本への風当たりは強まります。『裏窓』は1965年に休刊に追い込まれ、『奇譚クラブ』なども、写真のほとんどない（一見）おとなしい誌面への変更を余儀なくされました。一方、ピンク映画などではSM的な作品が人気を集めたり、ストリップがSM的な要素を取り入れたりと、SMがマニアのものから一般的なアダルトジャンルへと変化し始めたのもこの時期です。

そうした中で、SM雑誌の世界で大きなターニングポイントとなったのが、1970年に東京三世社から創刊された『SMセレクト』の大ヒットでしょう。最盛期には発行部数10万部以上を記録し、それまでの〝SMはマニア向け〟という概念を大きく覆しました。同誌がヒットした理由は、「編集者がSMマニアではなかったから」だといわれています。あくまでもエロ本の延長としてSMを捉えたことで、マニアではない一般読者を引き入れることができたのです。露出度の高い刺激的な緊縛グラビアをふんだんに掲載していたのも大きかったのでしょう。また、それまでのSM雑誌はA5判が普通でしたが、『SMセレクト』は二回りほど小さく細長い新書判サイズ（ポケット判）。この時期『平凡パンチ』（平凡出版、現マガジンハウス）の兄弟誌として人気だった『ポケットパンチOh!』の影響で、各社が競うように同じサイズの雑誌を刊行していました。東京三世社も『MEN』や『PINKY』といった新書判サイズの雑誌を作っていたため、『SM

『SMセレクト』（1970年11月号／東京三世社）
カラーの緊縛グラビアを大胆に展開するなど当時のSM誌としては異例の過激さで大ヒットを記録したことから第二期SM誌ブームが巻き起こる。巻頭小説は既に人気作家だった団鬼六の『穴倉夫人』。

『S&Mスナイパー』（1979年9月号／ミリオン出版）
パルコのポスターなどで知られる大西洋介のイラストを表紙にしたり、荒木経惟が緊縛グラビアを毎回撮り下ろすなど、アート志向が強く、従来のドメスティックな日本のSM誌の常識を塗り替えた。

セレクト』にもこのサイズを適用。これはSM雑誌では初めての判型です。このヒットにあやかるように各社から次々とSM雑誌が創刊され、ブームとなりますが、その多くがこの新書判サイズだったため、SM雑誌というと新書版サイズを想像する世代の人も多いのではないでしょうか。初めて購入したエロ本が『SMセレクト』だった筆者は、まさにこの世代です（笑）。

　司書房からは『SMファン』『S&Mフロンティア』、サン出版から『S&Mコレクター』『SM奇譚』（創刊時は『S&Mアブハンター』）、コバルト社から『SMマガジン』、日本出版から『SMクラブ』など、70年代には10誌以上のSM雑誌が乱立。どの雑誌でも看板作家となっていたSM小説の巨匠・団鬼六が自ら手がけた『SMキング』（鬼プロダクション・大洋図書）という雑誌もありました。

　1979年にミリオン出版から創刊されたのが『S&Mスナイパー』です。パルコのポスターを手掛け話題となっていた大西洋介のイラストを表紙に起用。そしてコミックニューウェーブの旗手である奥平イラのポップでモダンなイラスト口絵に加え、荒木経惟による生々しいグラビアなど、「日本的な暗さ」を感じさせる、それまでのSM雑誌とは一線を画した新しいセンスにあふれていました。またこの頃、SMクラブやSMホテルなどがオープンしていたという時流を取り込んで、実際のSMプレイを大胆に紹介していたのも同誌の特色でした。SMは、見て読んで、妄想する時代から、実際に体験する時代へと変わっていたのです。

吉田カツ、宮西計三、北方謙三、内藤陳、高橋源一郎、田中康夫、種村季弘、中沢慎一、尾辻克彦（赤瀬川原平）、岡崎京子や桜沢エリカといったサブカルチャー的な作家やイラストレーターが起用されたのもの『S&Mスナイパー』ならではのカラーでした。こうした先進性も受け入れられ、後発でありながら、同誌は80年代以降のSM雑誌をリードする存在として、30年近く君臨することとなります。

80年代に入ってもSMの人気は根強いものがありました。先述したように1981年に登場したAVも、家庭用ビデオデッキが普及していない黎明期においては一部の好事家の物だったということもあり、SMなどのマニアックな作品が大半を占めていたのです。後にアイドル美少女系の作品を中心にリリースして一斉を風靡した宇宙企画のようなメーカーも、初期には『セーラー服SM白書』のようなSM作品を作っていたほどでした。というか、この当時にSM作品を作っていないAVメーカーは無かったかもしれません。また、葵マリーや長田英吉、明智伝鬼といった調教師が、緊縛やSMプレイを見せるパフォーマンスショーも盛んになり、それがマスコミに取り上げられることで、SMというジャンルの認知度は大きく上がりました。

もちろんSM雑誌の人気も高く、70年代をリードした『SMセレクト』なども健在でしたが、後発ながらもファッショナブルなセンスを取り入れた『S&Mスナイパー』の人気は『セレクト』を上回るほどになっていたのです。『スナイパー』の姉妹誌として1984年に誕生したのが『SMスピリッツ』(『小説S&Mスナイパー』『別冊スナイパー』が誌名変更)。創刊当初は従来のSM雑誌と近い路線でしたが、80年代末には先鋭的なデザインを大胆に取り入れて、『スナイパー』以上に「カッコイイ」SM雑誌へと変貌していきました。

そう、80年代はエロの世界が、明るく軽くポップなものへと変わっていった時代でした。それはSMにおいても同じ。それまでの日本的な湿った情緒に満ちていたSMの世界にも変化が訪れようとしていたのです。

さらに90年代に入ると大きな波が押し寄せます。そのきっかけの一つが、村上龍が1988年に発表した短編小説を、自らメ

『SMスピリッツ』(1989年7月号／ミリオン出版)
『別冊スナイパー』を前身として1984年創刊。1989年4月号からの8号を野田大和が先鋭的なアートディレクションを手掛けるも売れ行きは悪く、その後はやや大人しいデザインに戻る。1993年まで発行。

ガホンを取り1992年に映画化した『トパーズ』です。SMクラブで働く女性を主人公としたこの物語は、それまでのSM映画とはまったく違った都会的でスタイリッシュなテイストを持っていました。ヒロインたちが身に着けている革やエナメルの衣装も「ボンデージファッション」として注目されました。和服姿の人妻やセーラー服の少女が縛り上げられて羞恥や苦痛に喘ぐという、団鬼六に代表される日本独自のSMのスタイルが、90年代に入るとボンデージ、ビザール、フェティシズムといった西欧的なカルチャーに侵食されていったわけです。SMはオヤジの変態趣味から、若者も憧れるオシャレでカッコイイものへとイメージが変わっていきました。それは80年代から『S&Mスナイパー』が蒔いていた種が結実したといってもいいでしょう。

1990年には司書房から『ビザール・マガジン』、1993年には英知出版から『トパーズ』が創刊。『ビザール・マガジン』のキャッチフレーズは「フェチ&ボディ・アート雑誌」、『トパーズ』は「THE BONDAGE MAGAZINE」となっています。『SMセレクト』の「倒錯の愛を描くSM奇譚」や『SMファン』の「パンチのきいたSM雑誌のエース」に比べると、ニュアンスの違いがはっきりと分かります。どちらの雑誌も英文字多めで、デザインや写真がスタイリッシュ。コラムで海外のサブカルチャー情報を取り上げるなど雑誌としても読み応えがあり、特に『トパーズ』のサブカル濃度の高さはかなりのものでした。創刊号では、映画『トパーズ』主演女優の天野小夜子VSパリ人肉事件の佐川一政、町田町蔵（現・町田康）VS調教師・志摩紫光といった異種格闘技対談を掲載。その後もパリのメディカル・アーチストであるロマン・スロコンブや、

『トパーズ』(1993年4月号/英知出版)
ボンデージやビザールを中心にしたサブカルチャー色の強いスタイリッシュな誌面は、SM誌の枠を超えていた。女性タレントにボンデージコスチュームを着せた表紙やグラビアも斬新だったが9号で休刊。

『ビザール・マガジン』(1990年3月号/司書房)
「フェチ&ボディ・アート雑誌」を標榜。デザインはポップだが、医療プレイ、ニューハーフ、獣姦まで登場するなど、内容はかなりディープ。その後、リニューアルを繰り返しつつ2003年まで発行。

伝説の雑誌『HEAVEN』の特集など、先鋭的な誌面作りが強烈でした。前述の『SMスピリッツ』が、最もアバンギャルドだった時期のデザイナー野田大和が手掛けたアート感覚にあふれたデザインも最高です。この時期は、他にも『ORG』(吐夢書房)や『バッドテイスト』(フロム出版)など、SMやフェチを取り扱ったパンキッシュな雑誌が数多く作られました。

その一方で、以前の土着的なSMと切り離したいという意識からか、「SM」という言葉自体が敬遠される現象も見られるようになります。明らかにSM的なプレイを行っているAVでも、あえてタイトルに「S

M」とは付けないといったことが起こり始めたのです。気づけば『SMセレクト』など、70年代に隆盛を極めたオールドスタイルのSM雑誌は、そのほとんどが姿を消していました。00年代に入ると、インターネットの影響などもあり、エロ雑誌自体が衰退。2008年には、ついに『S&Mスナイパー』も29年の歴史に幕を下ろすこととなりました。ちょっと興味深いのは、同誌が休刊した後も、別冊であるM男性向け雑誌『スナイパーEVE』は2019年まで発刊されていたということです。よりマニアックな『EVE』が生き延びたのは、毎号SM用のヌードモデルが必要だった『スナイパー』に対し、『EVE』はSMクラブの女王様でグラビアを撮影できたという背景があったとか。女王様であればSMクラブの宣伝を兼ねて出演してくれるため、『スナイパー』本誌に比べて制作費を抑えられたわけです。

また『EVE』が休刊した2019年には、『SMマニア』も休刊しています。1982年に三和出版から創刊され、1999年からはマイウェイ出版に移籍した雑誌ですが、こちらは70年代の日本的なSMの雰囲気を残した、言わば「古臭い前世代」的な雑誌でした。しかし『EVE』のケースと同じく、こうした雑誌の方が90年代に台頭したスタイリッシュなSM雑誌よりも長く生き延びたという事実は皮肉で面白いところです。

さて、現在定期的に刊行されているSM雑誌は三和出版の『マニア倶楽部』一誌のみです。刊行は隔月、DVD2枚付きで定価3千円という、かつてのエロ雑誌の常識からはずいぶん逸脱した形態にはなっていますが、告白手記中心という誌面の印象は、1986年の創刊当時からあまり変化がないことに驚かされます。なんと今年で創刊38年。現存する日本のエロ雑誌としては1977年創刊の巨乳専門誌『バチェラー』に次ぐ老舗誌ということになります。かつては日本のエロ雑誌業界の中でも一大ジャンルであったSM雑誌の火を絶やさぬように、なんとか続いて欲しいものです。いや、もうエロ雑誌全体が絶滅の危機に瀕しているわけですが…。

『ORG』(1993年4月号/吐夢書房)
「ORGは世界の視神経を逆なでするためにつくられた」という挑発的なキャッチコピー通りに、不穏なムードの写真が満載。悪趣味カルチャーにも通ずる"90年代感覚"ならではの雑誌。

『スナイパーEVE』
(2001年8月号/ワイレア出版)
M男性向けの女王様雑誌。実際のSMクラブに在籍しているホンモノの女王様が多数出演している。基本的に女王様は脱がないので、裸なのは責められるM男だけというのもエロ本としては異色だ。

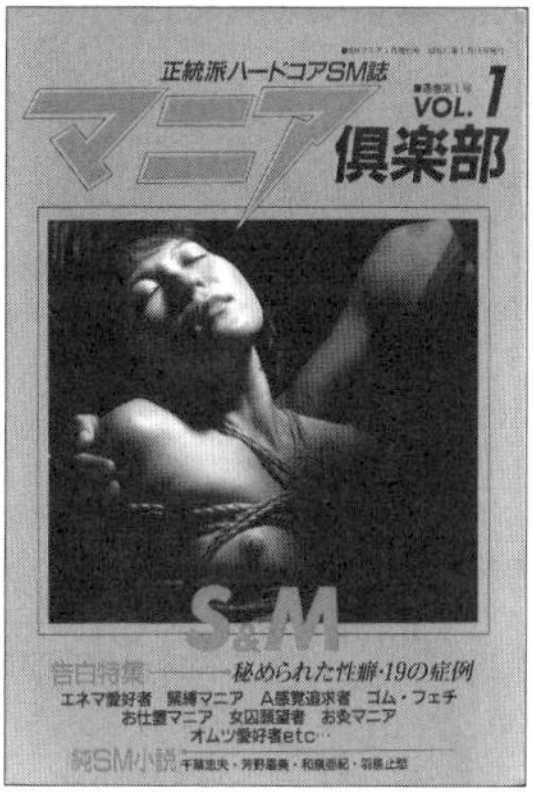

『マニア倶楽部』
(1986年1月号/三和出版)
「読者の皆様と共に創りあげるSM誌です」とうたう投稿告白を中心としたSM誌。当初は『SMマニア』誌の増刊号だった。現在はフェチも加えて「S&M&F実体験告白誌」となっている。

少年向けエッチ漫画

筆者の性の目覚めとして最もインパクトが大きかったのは、永井豪のエッチな漫画でした。現在では『デビルマン』『マジンガーZ』といったSFヒーローの生みの親という印象が強いかもしれませんが、筆者が小学生だった70年代では、エッチな漫画の作者としての知名度の方が断然高かったのです。「永井豪が好き」なんて迂闊に口にした日には、〝スケベ〟のレッテルを貼られてしまうほどでした。そもそも少年漫画にエッチな要素を持ち込んだのは、1968年から永井豪が少年ジャンプで連載を始めた『ハレンチ学園』が最初だといわれています。この漫画に登場した「スカートめくり」が大流行したり、エッチな描写に対して抗議が殺到し、社会問題になったりしたのです。そして70年代半ばには、永井豪の数多い作品の中でも最強のエロ度を誇る『けっこう仮面』と『イヤハヤ南友』が同時に連載されており、筆者はその直撃世代なのでした。何しろこの2作品は凄まじかった…。

『けっこう仮面』は、全裸にマスクだけのヒロインが登場することでも有名ですが、毎回のように登場する女生徒への〝おしおき〟が強烈なのです。全裸で大の字にしてアソコを撮影する（そして学校中に貼り出そうとする）、乳房や股間に画鋲を刺す、タコでいっぱいの水槽に全裸で入れる…などなど。一方『イヤハヤ南友』は、学園を二分する勢力の対抗試合というかたちで、全校生徒の見守る中で全裸でリンボーダンス、全裸で象に手足を引っ張らせて大の字にして、さらに全身を子猫に舐めさせる。あげくは浣腸や三角木馬まで登場します。とにかく2作品とも、女子中学生を裸にして責めまくるという、今なら炎上間違いナシの内容なのです。（筆者をはじめこれでＳＭに目覚めてしまった人も多いでしょう。その執拗な羞恥責めは、今読んでも十分に〝使えちゃう〟ほどの過激さでした。

この時期には、テレビマガジンで真樹村正が『ジャンジャジャ〜ン ボスボロットだい』、（少し後ですが）コロコロコミックでよしかわ進が『おじゃまユーレイくん』と、永井豪のアシスタント出身作家が幼年誌でもエッチな漫画を連載するという万全の体制を敷いて、男子をしっかり教育していたのです。70年代は他にも、ちょっと大人っぽい絵柄が印象的な日大健児の『ドッキリ仮面』、後に『サーキットの狼』で大ブレイクする池沢さとしの『あらし！三匹』あたりも少年たちの下半身をムズムズさせていましたね。

80年代に入ると少年向けエッチ漫画は全盛期を迎えます。アニメ化もされたえびはら武司『まいっちんぐマチコ先生』、パンティの描写をネクストステージに押し上げた金井たつお『いずみちゃんグラフィティー』、そして今なお伝説として語られるハードコアなロリコンオムツ漫画、内山亜紀『あんどろトリオ』（２０２１年に復刻版が発売！）と、過激な作品が次々と登場。中でも、月刊少年マガジンは遠山光『ハートキャッチいずみちゃん』、中西やすひろ『Ｏｈ！透明人間』、上村純子『いけない！ルナ先生』とエッチ漫画を乱れ打ち。後に『修羅の門』などで格闘漫画の雄となる川原正敏も『パラダイス学園』という、かなりヤバいエッチ漫画を連載していました。そうなるとライバル誌の月刊少年ジャンプも対抗し、エロ漫画出身のみやすのんきを抜擢して『やるっきゃ騎士』を連載させるに至ります。この頃の月刊少年漫画誌には、エッチな漫画が欠かせなかったわけです。

さて、当時の少年向けエッチ漫画における「エッチ」とは、女の子の裸を見ること、さらにいってしまえばアソコを見るというのが最終目的であり、それ以上の行為は世界観の中に存在していませんでした。いわば「寸止め」の美学です。しかし、エッチ漫画の始祖である永井豪は１９７９年連載開始の『凄ノ王』という作品の中で、ヒロインがレイプされるというシーンを描いて読者に大きな衝撃を与えます。エッチにはアソコを見るよりも先があることを少年たちに教えてしまったのです。そして、そこまで踏み込んでしまった永井豪はセックス描写の主軸を青年誌に移行。〝寸止め〟な少年向けエッチ漫画も一応描いているものの、明らかにパワーダウンしています。そして、80年代は若い世代の作家が少年向けエッチ漫画を支えていきました。

90年代に入るとエッチ漫画界は大きな困難に直面します。「子供を主人公にしたセックスコミック本」に対する排除運動が広まっていったのです。これは80年代末におきた連続幼女誘拐殺人事件の影響ともいわれており、50代以上の方ならこの時期のオタク弾圧の凄まじさは記憶にあるでしょう。「有害な漫画」として多くの作品がやり玉に挙げられ、連載中止や発売中止へと追い込まれました。また、「有害」指定された漫画は18歳未満が買えないように売り場を分けるなどの販売方法が定められることになります。エロ漫画の表紙にある「成人指定」マークはこの頃誕生したものです。この影響で、作中ではセックス自体を描いていなかった『いけない！ルナ先生』などの「寸止め漫画」も有害指定を受ける事態に。少年向け雑誌の作品にもかかわらず18禁に指定されてしまったのです。そうした騒動によりしばらくの間、少年向けエッチ漫画は姿を消すことになります。漫画の中のエロは、ラブコメ作品の中でチラリとエッチなシーンが挟み込まれる程度になってしまったわけです。

それでも00年代に入ると、河下水希の『いちご１００％』、矢吹健太朗・長谷見沙貴の『ＴｏＬＯＶＥる』といったお色気度をかなり高めたラブコメも登場し、エッチ漫画が息を吹き返したかのように思えます。ただし、ラブコメ漫画はあくまで恋愛の先にセックスがあることをはっきりと感じさせられるもので、80年代までのエッチ漫画のような〝セックスの無い世界感〟とは別物です。まぁ、そちらの方が自然なんですが…。また、乳首を描かない（隠す）という自主規制も広がっていきました。これは雑誌掲載時には隠すけれど単行本では見せるので、見たい人はそっちを買ってね、という商業的な理由もあるようですが…。

少年が初めて出会う「性」としてのエッチ漫画。インパクトは強烈であり、今でもそうした漫画を読むと、当時の興奮が甦ります。少年の気分に戻ることができるのです。まぁ、その影響はあまりにも大きく、激しく性癖を歪められてしまうこともあるのですけれど（筆者のように…）。

エロ漫画の誕生

現在「エロ漫画」「成人向けコミック」などと呼ばれている漫画は、基本的に一般の少年漫画や青年漫画とタッチ（絵柄）は変わりません。近年では、エロ漫画出身から週刊少年ジャンプの連載作家になる人もいるのは、そんな背景があるからでしょう。

しかし、70年代まで少年漫画とエロ漫画は明らかに分断されていました。当時のエロ漫画は「エロ劇画」「三流劇画」などと呼ばれていたことからも分かるように、濃い絵柄の劇画タッチが主流で、内容も陰湿で暴力的でかなりダークなイメージです。

60年代に大人向けの漫画がジャンルとして確立し、その中にはエロティックな作品も数多く登場しました。そして、1973年にベストセラーズから『漫画エロトピア』が創刊（実際は『漫画ベストセラーズ』が改題）。これがエロ劇画専門誌の元祖といわれていますが、実際のところ創刊時の同誌はエロ色の強い大人向け漫画誌といった誌面でした。しかしその影響は大きく、70年代半ばにはエロ劇画誌が20誌以上も創刊されることになります。中でも『漫画大快楽』（檸檬社）、『劇画アリス』（アリス出版）、『漫画エロジェニカ』（海潮社）が「三流エロ劇画御三家」と呼ばれ、1978年頃には「三流劇画」ブームが到来。後に映画監督として活躍する石井隆がエロ劇画の枠を超えた評価を受けたことをきっかけに、独自の世界を繰り広げるエロ劇画家たちにスポットライトが当たります。『11PM』などのテレビ番組で特集されたり、文学系雑誌『別冊新評』（新評社）で「石井隆の世界」「三流劇画の世界」といった特集が組まれたり、〝単なるエロではない表現〟として注目を集めるわけです。カウンターカルチャーやサブカルチャー的な盛り上がりといってもいいでしょう。あえて「三流」という自虐的な名称も、主流とは違う過激な表現をしている自負があったからこそだと思います。

今なおエロ劇画を描き続けるダーティ・松本の自伝的作品『エロ魂！私説エロマンガ・エロ劇画激闘史』（オークラ出版）には、彼がこれまでの厳しい制約から解き放たれ、自由に描けるエロ劇画に開眼するシーンがあります。一般的な漫画誌や雑誌では収まりきらない若手漫画家の受け皿となったのが、この時期のエロ劇画誌だったのです。暴力的、反社会的、不条理的、そして実験的な表現がそこで爆発しました。

『別冊新評 三流劇画の世界』で、『劇画アリス』の編集長だった作家・亀和田武は「**劇画の復権闘争は三流劇画から始まる**」「**今日、劇画シーンにおいて、エロ劇画とも三流劇画とも呼ばれるジャンルの一群の作品こそが最も面白く、ヴィヴィッドで、躍動しており、われわれの心の奥深くにグサリと突き刺さってくるような尖鋭さを持ち合わせているのだ**」と、激しくアジテートしています。この頃、エロ劇画誌は月刊誌や増刊号などを合わせて、月に100誌程がひしめ

『**漫画大快楽増刊 羽中ルイ選集 聖少女白書**』（檸檬社／1977年）
70年代のエロ劇画は単行本よりも、こうした別冊のかたちで作品がまとめられることが多かった。羽中ルイはセーラー服物を得意とする人気劇画家だが、実は藤子不二雄のアシスタント出身。

き合っており、70年代後半のエロ劇画は熱く先鋭的なジャンルだったのです。

ところが80年代に入ると、時代はロリコンブームを迎えます。成熟した女性よりも、少女や幼女を対象とした性癖が注目されるようになったのです。ロリ趣味が弾圧される現在では信じられないでしょうが、80年代初頭はむしろ「ロリコンはナウい」くらいのイメージがありました。そうした流れで、アニメや漫画などの美少女キャラが人気を集め、パロディ的にそうしたキャラを使ったエロ漫画が描かれるようになります。その先駆けとなったのが、70年代には少年誌でも活躍した人気漫画家・吾妻ひでおです。1979年にコミケで日本初のロリコン同人誌『シベール』を発表したり、自販機本『少女アリス』(アリス出版)で耽美的な作品を連載したりと話題を集めます。その丸っこく可愛らしい絵柄で描かれたエロティックな漫画は、一部の読者に大きな衝撃を与えました。『レモンピープル』(あまとりあ社)や『漫画ブリッコ』(白夜書房)といったロリコン漫画(美少女コミック)専門誌がヒットし、そして劇画誌でも少女漫画的な絵柄の森山塔が大ブレイク。森山塔は、山本直樹が成人漫画を描く時のペンネームですが、これが、まぁ売れた、売れた。最初の単行本である1985年発売の『よい子の性教育』(松文館)などは、某漫画専門店で1カ月に数千冊を売ったなんて伝説もあるほどです。

三流劇画は絵柄のみならず内容も情念に満ちたヘヴィなものが多かったのですが、美少女コミックや森山塔の作品は、あくまでもポップでドライ。SMなどが描かれることも多いものの、それでもどこか虚無的で三流劇画のような重たさは皆無。その辺が時代的にも合っていたのでしょう。何しろ、湿った暗さは「根暗」と嫌われた80年代ですから。こうしてエロ劇画は次第に衰退し、エロ漫画は美少女コミックが主流になり、それが現代のエロ漫画へとつながります。1984年からスタートした『くりいむレモン』シリーズ（フェアリーダスト）の影響も大きかったでしょう。いわゆる〝アニメ絵〟でセックスが描かれることが、一般的になっていったのです。こうした可愛い絵柄のエロ漫画を「美少女コミック」と呼ぶようになったのもこの頃です。

1989年の東京・埼玉連続幼女誘拐殺人事件や90年代初頭の有害コミック騒動などもあり、一時期は冬の時代を迎えた美少女コミックですが、「成人マーク」の導入に伴い、より過激な描写が可能になり、90年代半ば以降は再び大きな盛り上がりを見せました。この時期になると、エロ漫画の主流は完全に美少女コミック。エロ劇画は過去の物となっていました。90年代後半に時代劇エロ劇画の雄、ケン月影が注目を集めたりもしますが、それもレトロの文脈で捉えられたもので、エロ劇画自体は「昭和」という時代に封じ込められた存在となっていたのです。

とはいえ、エロ劇画が死に絶えたわけではありません。『漫画ボン』（少年画報社、大都社）や『漫画ローレンス』（綜合図書）のように21世紀まで続いた雑誌もあり、また実話誌などの片隅で生き延びていたりもして、なかなかしぶといところを見せています。

『漫画ブリッコ』（1983年6月号／白夜書房）
美少女コミックブームの火付け役の一つ。岡崎京子や藤原カムイなど多くのサブカル系作家を輩出したことでも知られる。ちなみに、この号の中森明夫のコラムが「おたく」の語源となった。

エロ新書判

最近はすっかり影が薄くなってしまいましたが、かつて新書判ブックスというジャンルの書籍がありました。いわゆる新書サイズですが、もう少しボリュームがあり写真を多く使っているなど、カラフルな印象なのが新書判ブックスです。60年代から80年代までは、この新書判ブックスが出版界でもメジャーな存在でした。

その先駆者となったのが、光文社の「カッパ・ブックス」です。1954年から刊行を開始すると、ベストセラーを連発。1968年には、なんと年間ベストセラー10位の中に6冊もカッパ・ブックスが入っているほどでした。こうなると他社も黙っていません。次々と同様の新書判ブックスが出版されました。そんな中でもベストセラーズの「ワニの本」は、アダルト色の強い本を多く出して注目されます。

何といっても有名なのは1971年に出版された『HOW TO SEX 性についての方法』。医学博士の奈良林祥がセックスについての基礎知識、豆知識を解説した本ですが、全裸の女性モデルが様々な体位をとるなど、大量のヌード写真が掲載されていたのが衝撃的でした。デビューしたばかりの池玲子もモデルとして出演し、バスト90センチの見事なボディを披露しているほか、男女のカラミ写真も多く、今見てもかなり刺激的なのです。しかし、そうした写真が過激すぎたため、すぐに50枚以上の写真を差し替えた改訂版『新HOW TO SEX』を発売。この『HOW TO SEX』は、200万部以上の大ベストセラーとなり、約半世紀を経た現在でも「ベスト新書」から新装版が販売され続けています（その累計部数は300万部以上！）。

奈良林祥は、その後もこうしたセックス啓蒙本を多く出版。1979年に発売された『カリフォルニアSEX入門』は、彼がアルバート・フリード博士の著書を翻訳したものです。アメリカで注目されている「ニュー・セックス・セラピー」という性治療法についての本で、グラマラスな金髪女性と男性モデルとの大胆なカラミ写真が新鮮でした。訳者あとがきには「SEXはカリフォルニアの光と風のように、さわやかに！」と書かれており、掲載写真のほとんどが青姦。アメリカ人って、ずいぶん大胆なんだなぁ、と衝撃を受ける青少年が続出しました。

この頃、もう一つ大きな話題となったのが1981年発売の『アクション・カメラ術』です。「自分たちでエッチな写真を撮ろう」とカメラマンの馬場憲治が提案した本で、パンチラ写真

『HOW TO SEX 性についての方法』
（奈良林祥／ベストセラーズ）
医学博士の奈良林祥が性についての疑問に答えるという真面目な本だが、読者の興味を惹いたのは、やはり豊富に掲載されたヌード写真。当時、まだ10代であった池玲子のグラマラスな肢体は、今見ても圧巻だ。

『カリフォルニアSEX入門』
（アルバート・フリート／ベストセラーズ）
新書判ながらハードカバーという変わり種。アメリカの「先進的」な性事情は、日本人にとっては衝撃的だった。写真もかなりハード。「カリフォルニアにはIUD（子宮内に入れる避妊具）がよく似合う！」という章も。

の撮り方などを解説。今なら犯罪幇助となりかねない内容ですが、この本によりパンチラ盗撮がブームとなり、その後投稿写真誌がたくさん創刊されるなど、エロ雑誌史に大きな影響を与えることになります。それまでプロしか撮れないと思われていた「エッチな写真」を、アマチュアの手にも解放したという意味でも、革命的な1冊なのです。

ワニの本は、日本マクドナルド創業者の藤田田の『ユダヤの商法』や、江本孟紀の『プロ野球を10倍楽しく見る方法』などの一般向けのベストセラーも数多く出していましたが、よりアダルト路線に重点をおいていたのが、二見書房の「サラ・ブックス」です。1980年に刊行された『恋びとたち』は、ビニール本の人気モデル11人のグラビアと元モデルの小暮祐子が撮影現場の裏話を語ったエッセイで構成。一般書店に流通する本のため、過激さを競っていたビニ本ほどのきわどい写真は掲載していませんが、普段見られないビニ本の雰囲気を垣間見られるということで、夢中になった中高生男子も多かったのです。もちろん筆者もその一人でした。こうしたエッチな新書判ブックスは、書店でも比較的購入しやすく、本格的なエロ本を買う勇気のない人にとってもありがたい存在だったのです。

翌年に発売された続編の『ビニール本の恋びとたち2』では、「ビニ本界の薬師丸ひろ子」と呼ばれた超人気モデル小川恵子（この本では小川恵美名義）が登場したことで、こちらも大ヒット。この『恋びとたち』シリーズ、第3弾は『ズームアップ写真術』、第4弾は『プライベート写真術』と、ビニ本とは全く関係のない『アクション・カメラ術』路線にシフトしており、その無節操さも面白いところです。
ちなみに『プライベート写真術』の著者である佐内順一郎は、伝説のエロ雑誌『Ｊａｍ』『ＨＥＡＶＥＮ』の編集長であり、その後もライターとして異彩を放った高杉弾の本名。そのため同書も安易な便乗本と見せかけつつ、彼のラジカルな思想が見え隠れしています。

サラ・ブックスのヒット作では、１９８２年発売の『隣りのお姉さん１００人』も忘れられません。全国の〝自称〟素人女性１００人の初ヌード（下着やレオタードも含む）を掲載した写真集で、素人女性の人気投票や登場した女性へのファンレターを転送してくれるといったシステムを採用。また、第２弾以降に掲載される投稿写真も募集していました。なぜか星座別に分類された16歳から20歳までの女の子１００人は、初々しく可愛らしい子ばかり。そして人気投票で１位に選ばれて、ＡＶデビューを果たしたのが、後に「オナニーの女王」と呼ばれる八神康子でした。

サラ・ブックスは、官能小説の「サラ・ノベルス」も出して

『恋びとたち』（小暮祐子／二見書房）
寺内久美、田口ゆかり、岡まゆみなど人気ビニ本モデル11人が登場。吉田悦子と秋元レナはレズプレイも見せる。女子大生モデルだったという小暮祐子の撮影裏話も面白い。当時のギャラは1日3万円即払いだったそうだ。

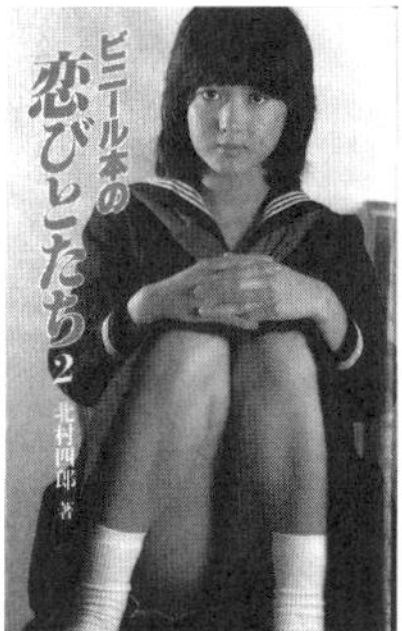

『ビニール本の恋びとたち2』（北村四郎／二見書房）
小川恵美（小川恵子）を筆頭に21人のモデルのヌードグラビアが１２８ページ掲載。撮影現場の裏話を書いている著者の北村四郎はアリス出版編集局長で、これまでに１５０人以上の女子学生を脱がせたと豪語している。

いて、蘭光生や館淳一などのSM小説で人気がありましたね。この他、日本文芸社の「らくだブックス」や壱番館書房の「ファースト・ブックス」など、多くの出版社がエッチ系新書判ブックスを出していました。

しかし今、見て驚かされるのは、これらの本の売れ行きの凄さなのです。『HOW TO SEX』が200万部以上のベストセラーになったことに加え、筆者の手元にある『新HOW TO SEX』は1974年に初版が出て、1985年に320版！ 11年間、毎年平均30版づつ重版している計算になります。『アクション・カメラ術』などは、初版が1981年1月5日、同年3月15日には137版になっています。2カ月ちょっとの間に136回も増刷されているのは、一体どういうことなのでしょう。いずれにせよ、一度も重版されない本が大半という現在の出版業界からすると、夢のような売れ行きです。

90年代半ばからは第三次新書ブームが到来。それまで硬い内容は新書、柔らかい内容は新書判ブックスと分けられていた垣根がなくなり、新書でも吉沢明歩の『ポリネシアン・セックス』（2009年／ベスト新書）のようなエッチなテーマが扱われるようになります。そうなると新書判ブックスは存在意義はなくなり、次第に姿を消していくわけですが、70年代から80年代に思春期を過ごした人間にとって、エッチな新書判ブックスは決して忘れることのできない存在なのです。

『恋びとたち4 プライベート写真術』
（佐内順一郎／二見書房）
『恋びとたち』シリーズになっているが、彼女とのプライベート写真を撮ろうと提唱する内容。ポラロイド写真の特性を利用してアートっぽい写真を撮る方法など『Jam』編集長らしいアバンギャルド思想も垣間見える。

『隣りのお姉さん100人』（二見書房）
大胆なオールヌードから下着やレオタードまで、100人の女性の露出度は様々。もちろん全員が本当に素人のはずもなく、八神康子のようにビニ本モデルも多い。この本のヒットで「隣りのお姉さん」は流行語にもなった。

『盗撮混浴温泉の旅』
（大森堅司・加藤賢三／ベストセラーズ）
混浴温泉も新書判ブックスでの人気テーマ。温泉の中でくつろぐ女性のヌードを盗撮風に撮っている。全国61カ所の温泉旅行記も掲載されているが、そこまでちゃんと読んだ読者はどれくらいいただろうか。1982年刊行。

金髪雑誌

前述の通り、かつてヌードモデルは輸入に頼っていた時期がありました。戦後しばらくの間は、ヌードになる日本人女性も少なく、かつグラマラスな肉体となると、どうしても外国人には敵わなかったのです。50年代後半からのグラマーブームも、主役は海外の女優やヌードモデルでした。

60年代に入ると『平凡パンチ』(平凡出版)や『週刊プレイボーイ』(集英社)といった若者向け週刊誌が登場し、ヌードグラビアが目玉となっていましたが、創刊当時はやはり外国人モデルばかりが掲載されていました。また『キネマ旬報』(キネマ旬報社)や『スクリーン』(近代映画社)といった映画雑誌も別冊では海外のお色気映画、ポルノ映画を特集し、外国人女性好きに愛読されていました。海外では60年代後半からポルノが解禁され、輸入ポルノ映画が盛り上がっていたのです。海外のポルノ雑誌を輸入し、修正したものも数多く出回っていましたが、当時は性器はもちろんヘアも厳禁だったため、修正も大きいものでした。マジックでべったり塗られたその部分が、バターでこすると消せるなんてウワサを聞いて、必死になって試したという経験も、現在50代以上の男性なら覚えがあるのでは(笑)。これ、マジックだけじゃなく、その下の印刷も落ちてしまったりするのですが…。

1975年に創刊された『日本版プレイボーイ』(集英社)は、日本の雑誌界に大きな衝撃を与えました。Ａ４判のワイドサイズで全ページオールカラー。内容も一流の粋を集めたゴージャス極まりないものでした。こうしたハイクオリティな大人向けの雑誌は、それまでの日本には存在しなかったのです。さらに米国本誌『プレイボーイ』と提携したトップモデルのヌードグラビアのクオリティにも驚かされました。どうしても貧乏臭さが抜けないそれまでの日本のヌードグラビアとは全く違う世界がそこにはあったのです。『日本版プレイボーイ』は創刊号45万8千部が、わずか3時間で完売するという大ヒット雑誌となりました。

こうなると、他の出版社も指をくわえて見ているわけにはいきません。『日本版プレイボーイ』を意識した外国人モデルのヌードグラビアを中心とした雑誌が次々と創刊されるのです。『Mr.ダンディ』(サンデー社)、『ギャラントメン』(日本メールオーダー)、『クールガイ』(蒼竜社)、『V-CUP』(蒼竜社)、『ターゲット』(辰巳出版)、『マイハスラー』(笠倉出版社)といった雑誌が書店を賑わしましたが、予算の都合によるものなのか本家ほどのゴージャス感を出すことは叶いませんでした。とはいえ、『ギャラントメン』などは『日本版プレイボーイ』のライバルとなるべく、テレビCMまで打つという鳴り物入りの創刊だったそうです。

いずれも創刊当初は外国人ヌードグラビアを中心とした大人向けの〝総合ビジュアル誌〟という体裁でしたが、次第にポルノ色が強

『**バチェラー**』
(1978年11月号／大亜出版社)
芸能雑誌から金髪ポルノ雑誌へと転身した時期の号。ほぼ全編にわたって、外国人モデルによるカラミのグラビアが満載。後に巨乳雑誌となる同誌だが、まだこの頃は乳房へのこだわりは特に見られない。

くなり、エロ本化していきました。売上げが芳しくなければ、エロ度を上げることになるのは、こうした雑誌がたどる運命なのです。

『バチェラー』(大亜出版)は、1977年の創刊時は芸能色の強い非エロの若者向け総合グラフ誌でしたが、全く売れなかったことから4号目から大きく路線変更。海外ポルノ雑誌へと大変身し、成功を果たします。さらに70年代の終わりからは日本初の巨乳雑誌としての地位を築き、なんと現在も刊行中。今年で創刊47周年という日本で最も歴史あるエロ雑誌となっています。

70年代までは、外国人ヌードと海外ポルノは、今よりもっと身近な存在だったのです。80年代に入ると、日本人女性の体格が欧米化してきたこともあって、海外モデルのニーズも少なくなり、こうした「金髪雑誌」も姿を消すことに。『Mr.ダンディ』などは、日本人中心の普通のエロ本へ変貌するなどして00年代までしぶとく生き延びました。

それでも1982年創刊の『GENT』(笠倉出版社)、1984年創刊の『DICK』(大洋書房)などは人気を集め、『バチェラー』を加えて、〝金髪誌御三家〟として長く愛されることになります。そういえば日本最初のAV専門誌である『ビデオプレス』(大亜出版)も1982年の創刊時からしばらくは海外ポルノの情報が中心でした。当時はまだ国産AVが少なかったためで、表紙も外国人女性だったほか、巻頭特集は「躍動するポルノ大陸　ビデオ・イン・USA」というアメリカのポルノビデオの現状のルポ。誌面の3分の1以上を欧米のポルノ情報が占めるというのは、その後のAV雑誌の姿からは考えられないでしょう。

こうした金髪雑誌は、ヌードグラビア以外にも海外の様々な情報が掲載されており、読者にとってはそれも楽しみの一つでした。80年代までは、やはり日本は文化的に後進国であるという意識が強く、海外の流行をいち早くキャッチすることが〝お洒落〟だったのです。『GENT』創刊号を見ると、巻頭記事の「ポルノ・ニュース・スクランブル」からいきなりシーメール（両性具有）、アニマルポルノ、チャイルドポルノ、少年売春、ボンデージ、アナルセックス、手足切断といったディープな話題のオンパレード。さらに欧米の映画や音楽、芸術などの記事も多く、金髪雑誌は、先進的なカルチャー誌でもあったのです。舶来品をありがたがるという開国以来の習性が、そこにはあったのでしょう。

しかし90年代に入り、インターネットによって海外の情報が容易に入手できるようになると、金髪雑誌のニーズも失われていきました。現在では定期刊行物としては『バチェラー』を残すのみというのが現状。これは金髪雑誌のみならず、エロ雑誌自体が壊滅しているわけですが…。それでも最近はミア・楓・キャメロンやメロディー・雛・マークス、リリー・ハート（エマ・ローレンス）、ジューン・ラブジョイといった白人AV女優の人気も高まっていることから考えると、再び金髪時代がやって来るかもしれませんね。

『GENT』
（1982年5月号／笠倉出版社）
創刊号は外人モデルのヌードグラビアがメインだが、記事ページの充実が印象的。欧米のポルノ事情だけではなく、ビニ本特集など国内ネタも多い。この頃のエロ雑誌の常で音楽ページがマニアック。

ビニール本

80年代初頭に空前のブームとなったビニール本（ビニ本）とは、大人のオモチャ屋（ポルノショップ）や、ビニ本専門店で販売されるオールカラーのエロ写真集のことです。立ち読みできないようにビニール袋に入れられていたため、こう呼ばれるようになりました。

1980年頃のビニ本ブームというのは、実に凄まじいもので、ビニ本屋に客は殺到し、新刊が出ればあっという間に完売。テレビやラジオ、週刊誌でもビニ本を特集し、あげくは当時大人気だったロックバンド・横浜銀蝿が「ビニボンRock'n Roll」なんて曲を出してしまうほどでした。なぜそんなに人気があったのかといえば、当時の常識からすれば、その写真がびっくりするほどの過激度、露出度だったから。とはいえ、実際のところパンツの生地から陰毛が透けて見える…といった程度だったのですが。

よく「ビニ本の元祖」といわれるのが、1971年に松尾書房から発売された『下着と少女』です。実際はビニ本の元祖というよりも、その前身ともいえる通販グラフ誌の元祖という方が正しいでしょう。ビニ本の定義としては、ビニール袋に入って売られているということよりも、一般の書店流通以外の販路で売られているエロ写真集ということの方が重要だからです。そりゃそうです。ビニールに入れられて売られている本がみんなビニ本であれば、漫画単行本もすべてビニ本になってしまいますからね。

60年代から輸入したポルノ雑誌を大人のオモチャ屋や雑誌広告による通販などで販売した、「通販グラフ誌」というものが出回り始めます。「本場アメリカンポルノ直輸入！」なんて広告を出しているんですが、実際は海外から仕入れたエロ本を複写しただけの海賊版だったということも多かったそうです。そうした中で日本人モデルの通販グラフ誌も作られるようになり、その元祖といわれるのが『下着と少女』なのです。ただ、実は同誌の第一集は『ワイルドプライベート』というエロ雑誌の総集編で、『下着と少女』自体も当初は書店でも販売されていました。ただ、その後は通販や大人のオモチャ屋などでベストセラーとなり、累計25万部を売り上げたそうです。そして、第二集からは撮り下ろしとなってシリーズ化。この成功を見た他社も通販グラフ誌というジャンルに乗り込んで来たというわけです。そして、この通販グラフ誌が、大人のオモチャ屋などで販売される際にビニール袋に入れられるようになり、それがビニ本と呼ばれたのでした。以前は売れ残りのエロ本を数冊まとめて袋に詰めたり、輸入したエロ本を袋に入れて販売し、それらは「袋物」などと呼ばれていたとか。エロ本を袋に入れて売るということは、古くから行われていたのです。

いずれにしろ、70年代後半くらいから、この通販グラフ誌＝ビニ本はジワジワと人気を集めていきました。それは、やはり書店で販売されているエロ本に比べて、露出度が高かったから。とはいえ、前述の通りにパンツの生地から陰毛がぼんやりと透けるくらいのレベルだったのですが、当時の日本は陰毛がわいせつの境界線。つまり、陰毛が見えたら「わいせつ物」とされてしまう時代だったのです。だからうっすらとはいえ、陰毛が見えるということは大きな事件でした。

ビニ本出版社各社はビクビクしながらも、アッチがここまでやったなら、ウチはもう少し透けさせるか、と透け具合を競うようにエスカレートさせていったのです。この過程でパンツの布地が二重になっている股間部分から生地を1枚剥がし、透けやすくするという手法が生み出されます。この発明により「スケパン革命」が起こったのでした。

ビニ本がここまで過激度を競うようになったのは「自販機本」というライバルの存在が大きかったでしょう。自販機本というのは、文字通り自動販売機で売られるエロ本のこと。今でもごく一部のエロ本自動販売機は残っていますが、当時は自販機専用のエロ本が作られており、それが自販機本と呼ばれていたのです。店頭で気まずい思いをすることなくエロ本が買えるということで、自販機本は70年代半ばから人気を集めました。全盛期には全国で2万台もの自販機が設置されていたそうです。ちなみに現在、全国の書店数は1万1千軒。いかに当時、エロ本自販機が多かったかが分かるでしょう。そんな自販機本に対抗するために、ビニ本は露出度で差別化を図ります。自販機本は取次を通して流通していたため、あまり過激なことはできないということを逆手に取ったわけです。

70年代末にスケパン戦争が勃発し、一部のマニアの間でビニ本が注目を集めますが、それが社会的なブームとなったのは1980年です。きっかけは9月に発売された『慢熟』(恵友書房)の大ヒット。一説には10万部以上の売上げを記録し、増刷しても増刷しても予約だけで売り切れてしまったそうです。『慢熟』のモデルは岡まゆみ。実は撮影直前にドタキャンしたモデルの代わりに出演した子だったそうですが、この本の撮影後にカナダで行われたミス・ヌード・コンテストで2位に選ばれたため、編集者は急遽表紙にそのことを書き加えました。すると、ミス・ヌード・コンテスト2位の女の子が出演しているビニ本ということでマスコミに報じられ、大きな話題になったのです。『慢熟』を見てみれば、なんと陰毛がスケスケ！　この時期のビニ本としてはそれほど過激な露出ではありませんが、それまでビニ本を知らなかった一般客にとっては衝撃でした。そこで一気にブームに火が点き、ビニ本専門店も次々と開店しました。

そんな中、ブームに乗って店舗を拡大していた神保町の芳賀書店が、わいせつ図画販売の罪で摘発されてしまいます。しかしこの報道すら話題となり、ブームはさらに過熱。70年代末には十数社しかなかったビニ本出版社も、この頃には１００社以上に増加していました。

『下着と少女』（松尾書房）
１９７１年発売。書店売りの雑誌『ワイルドプライベート』の総集編で28人のモデルが登場。まだ露出度は低いが、同社のエロ本はモデルのレベルが高く人気だった。第二集からは撮り下ろし中心となり「透け」カットも掲載。

『慢熟』（恵友書房）
１９８０年発売。ミス・ヌード・コンテスト2位の岡まゆみ出演のビニ本ということで、空前のヒットを記録。薄いパンティの生地越しに陰毛がハッキリと透けているだけで、当時は衝撃だった。
※写真は修正しています。

1981年に入ると過当競争から過激度もアップし、陰毛どころか性器が透けて見えるまでにエスカレート。そうなると警察も黙っていません。それまでは摘発されても罰金程度で済んでいたところが、社長や社員が逮捕される事態に発展します。ビニ本出版社は業界団体を結成し、自主規制に乗り出しますが、それでも当局の追求は厳しく、1981年3月には芳賀書店常務取締役に実刑の判決が出されたほか、6月には『慢熟』のモデル・岡まゆみがわいせつ図画販売幇助の疑いで逮捕されるという事件もありました。

さらにそこへ、新たな敵として登場したのが「裏本」です。裏本とは、無修正のポルノ写真集。つまり、完全に非合法な存在です。1981年の夏頃から、新宿・歌舞伎町などで出回りはじめ、当初は街頭で業者が通行人に声を掛けて販売していましたが、そのうちにビニ本専門店でもこっそり扱われるようになります。最初は茶封筒に入れられて販売されていたため、「茶封筒本」などと呼ばれていたようです。

ビニ本屋では、もちろん店頭に並べることはできなかったため、店員が常連客に声を掛けて店の奥からこっそり持ってくるのが定番の販売スタイルで、他にも高速道路のパーキングでトラックの運転手に売りつける、競馬場や競輪場でタタキ売りするといった、ゲリラ的な販売も行われたそうです。

何しろ無修正です。女性器も、セックスしている接合部も、はっきりくっきりと見えているのです。陰毛や性器が透けて見える、見えないで騒いでいたビニ本とは次元が違います。当初は数万円という高価な値段で取引されていた裏本ですが、それでも飛ぶように売れました。こうなると、グレーゾーンではあるものの、一応は正規の商品であるビニ本は対抗できません。逮捕されるかどうかのギリギリを攻めていたところを、裏本はあっさりと超えていったのです。

世間の注目も、ビニ本から一気に裏本へと移り変わっていきました。初期のヒット作である『金閣寺』『ぼたん』などは、いかにもケバい水商売風のモデルでしたが、次第にテレビ番組に出演していた人気ビニ本モデルや、独自の美少女モデルなども登場するようになり、そのレベルはどんどん上がっていきました。追い詰められたビニ本出版社は次々と撤退。そして、彼らが活路を見出したのがアダルトビデオでした。

宇宙企画はハミング社、VIPは群雄社、KUKIは九鬼と黎明期のAV業界をリードしたのは、ビニ本出版社を母体としたメーカーだったのです。そして、ドラマ『全裸監督』でも描かれていたように、クリスタル映像、ダイヤモンド映像で一世を風靡した村西とおる監督も、ビニ本業界の大物でした（彼は裏本の方も手掛けていましたが…）。この時期はビニ本出身のAV女優も多く、日本のAVの歴史にもビニ本は大きな役割を担っていたわけです。

さて、裏本とAVの台頭によって、影が薄くなってしまったビニ本ですが、それでも細々と生き残ってはいました。スカトロモノやカセット付きなど、企画にこだわったビニ本が多く作られ、根強いファンに支えられていたのです。そして1983年に第二次ビニ本ブームとも呼べる盛り上がりが訪れます。そのきっかけとなったのが、飛鳥書房の『ベール&ベール』です。それまでのビニ本は、パンティからどれだけ股間が透けて見えるかを競う「透けパン」が基本でしたが、この『ベール&ベール』では、股間を隠すのは極めて薄い布（ベール）一枚だけ。布というよりも目の細かい網といった方がいいかもしれません。そして、そのベール越しに性器の形状がはっきりと見えるのです。それはそれまでの「透けパン」とは、まったく次元の違うレベルの見え方でした。当然のように大ヒットし、そうなると他社もそこに追随。こうしたビニ本は「ベール本」と呼ばれるようになります。

実は筆者が初めてビニ本屋に足を踏み入れたのも、この時期でした（まだ高校生でしたが）。中身が見られないビニ本は表紙が命なので、表紙からしてかなり過激。女性器が丸見えの表紙がズラリと並んだ店内は、童貞の高校生にはあまりに刺激的な光景でした（笑）。しかし、考えてみると（一応）合法的に営業している店舗でこんな光景が繰り広げられていたことは、後にも先にもこの時だけだったでしょう…。

ネットで無修正が当たり前に見られる現代に改めて見ても、この時期のベール本の丸見え感は凄まじいものがあります。言い訳程度にベールが一枚かけられているものの、その形状はほぼ丸見え。むしろ、その一枚が余計にエロさを醸し出しています。

このベール本最盛期を「第二次ビニ本ブーム」とすることが多いのですが、実際は第一次に比べて盛り上がりはずいぶん小規模でした。何しろベール本に参入していたのは4~5社程度。あまりに〝ヤバい〟ので、みんな尻込みしていたのではと思われます。

　1985年に新風営法が施行されると、取り締まりはさらに厳しくなり、ビニ本屋は次々と廃業。ビニ本も、局部をベッタリと真っ黒に消した「スミベタ本」ばかりになっていきます。新作も作られなくなり、裏本にスミベタ修正を施したビニ本や、既存のビニ本を再発（しかも局部の修正を濃く）した「再生本」がほとんどという状況になります。こうなるとファンもビニ本から離れていき、1986年にはビニ本のメッカといわれた芳賀書店が取り扱いの中止を宣言。こうしてビニ本は、その歴史に幕を降ろしたのです。

　ちなみにライバル的な存在だった自販機本も80年代半ばに姿を消しましたが、裏本は意外にしぶとく2006年まで生き延びています。

　70年代から80年代にかけて一世を風靡したビニ本は、前述の通り、後のAVにも大きな影響を与えた日本のアダルトメディアにおける重要な存在なのです。

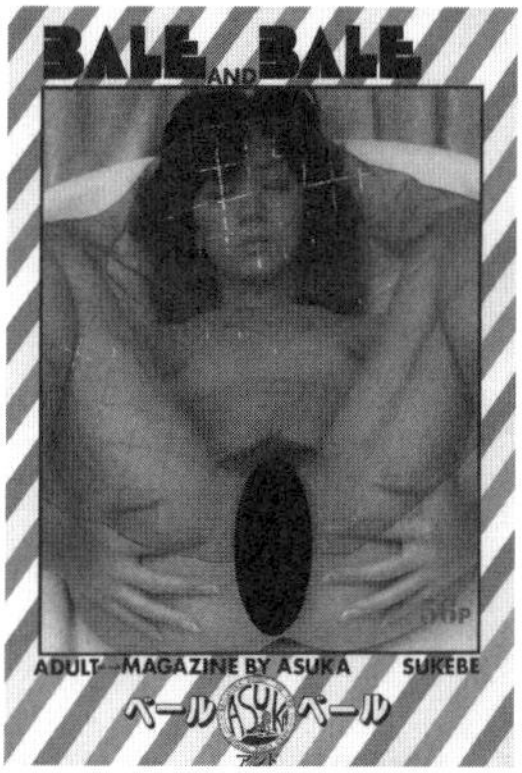

『ベール&ベール』（飛鳥書房）
1983年発売。モデルは麻生めぐみ。表紙からして紫色の激薄ベール越しに性器が丸見えというそれまでのビニ本の常識をはるかに超える露出度で業界を震撼させた。これを機に「ベール本」ブームが到来。
※写真は修正しています。

自販機本

70年代半ばから80年代にかけて思春期を送った男性なら、誰しも強く印象に残っていると思われるのがエロ本の自動販売機です。前述の通り、80年代初頭の最盛期には全国で2万5千台もの自動販売機が設置されていたといわれ、これは当時の書店よりも多い数です。それくらいたくさんのエロ本自販機が、街中にあったんですね。実はこの自販機、昼間はマジックミラー効果で何を売っているのか分からないようになっているのですが、夜になると中のライトが点灯し、ずらりと並んだエロ本の表紙が見えるようになります。前を通る青少年への影響が考慮されていたわけですね。

筆者も中学生くらいの時には、早朝に「ちょっとマラソンしてくる」などと言って家を出て、人けがないのを見計らってこっそり購入したものです。当時は自販機でお札が使えなかったので、ちょっと高い本を買う場合百円玉をたくさん入れる必要があり大変でした。グズグズしていると、誰かに見られてしまう！　しかも購入するとブザー音が鳴って、さらに大きな音を立てて本が取り出し口に落ちてくるのです。最初の頃は、これに驚いて逃げ出してしまったことも…なんて、この年代の男性であれば、みんな思い出を語れるはずです。

エロ本自販機が登場したのは70年代半ば。最初はおつまみの自動販売機を利用して週刊誌などを売ったのが始まりだったそうです。そのうち、利益率の高いエロ本を販売するようになり、それが大当たりして、あっという間に大ブームとなりました。そうしたエロ本自販機では、自販機専用のエロ本を売っていました。自販機でしか買えないエロ本というものが存在しており、それが通称「自販機本」です。

見た目が似ていることもあって、ビニ本と混同されることもありますが、ビニ本はビニ本専門店や通販で販売、自販機本は自販機で販売という違いがあり、内容的にはビニ本の方がハード。ビニ本は陰毛や性器が透けて見えたりもしてましたが、自販機本はその辺はあまり期待できませんでした。まぁ、作っている出版社は同じだったりもしたんですが。

2万台以上の自販機があるとすれば、1台あたり5冊売れれば10万部になる計算。とにかく売れるので、版元は大量の自販機本を作っていました。編集者が1人で毎月何冊も作るハメになり、人手が足りないので、ヒマそうな若者をどんどん投入。エロ本の自動販売機は、表紙だけがガラスの向こうに並んでいて、中身は見せません。つまり表紙がエッチであれば、内容がどうであれ売れるのです。そうなると、表紙と数ページのヌードグラビアさえエッチにしておけば、後は好き勝手なことをやってもいいのだな、と考えた編集者がいました。かくして自販機本は若い編集者たちが暴れまわるアナーキーなメディアとなっていったのです。

自販機本は3種類に分類できます。まず、グラビア記事や漫画などで構成された雑誌タイプ。いわゆるエロ雑誌ですね。それから写真中心のグラフ誌タイプ。これがよくビニ本と混同される奴ですね。表と裏のダブル表紙になっている本もありました。そして、エロ漫画誌。当時は劇画が中心で「三流劇画」なんて呼ばれたりして、書店でも販売されました。

雑誌タイプの自販機本の中にはサブカル色の強いものも多く、中でも１９７９年に創刊された『Ｊａｍ』(エルシー企画)は、日本のサブカル雑誌の源流ともいわれる伝説の雑誌です。創刊号では、山口百恵の自宅のゴミを誌面で公開するなんて企画をやって、社会問題化してます。手紙とか生理用品まで掲載しており、当時としても完全にアウトな内容。その他も、ドラッグや陰謀論、パンクバンドの記事ばかりでとにかくトンガリまくった雑誌でした。そして、これを読んで「エロ本でこんなことまでやっていいんだ!」と思った他誌の編集者たちが、どんどんエスカレートしていったのです。

蛭子能収や桜沢エリカなど、当時の先鋭的な漫画家を多数起用していたのが『ＥＶＥ』(アリス出版)で、特に本物の死体写真をコラージュした根本敬の漫画は話題を呼びました。もはやエロ色はほとんどないハードコアなサブカル雑誌『ＮＯＩＳＥ１９９９』

『Jam』Vol.1(エルシー企画)
山口百恵のゴミ漁り企画で社会問題化したことでも知られる過激な自販機本。その他、女性器を超拡大した写真が何ページも続いたり、パンクバンドの大特集をしたりと、その自由過ぎる誌面は後のエロ本に大きな影響を与えた。

『EVE』Vol.20(アリス出版)
根本敬の死体コラージュ漫画で知られるが、他にも蛭子能収、平口広美、桜沢エリカ、杉作J太郎など先鋭的な漫画家を多数起用。「最後のサブカル自販機本」との異名を取る。

（アリス出版）なんてのもありました。編集長の佐山哲郎氏はジブリ映画『コクリコ坂から』の原作者としても知られています。パンクバンドの記事がやたら多かったのが『フライングボディプレス』（土曜出版社）。あのスターリンを最初に取り上げたのは同誌だったはず。靖国神社で傷痍軍人がセーラー服少女をレイプするなんてグラビアは、今なら炎上間違いナシでしょう。というか、そういうヤバイ企画ばかりやってたのが自販機本の世界だったのです。

『少女アリス』（アリス出版）は、その後に訪れるロリコンブームの火付け役となった雑誌。ヌードグラビアのモデルは、もちろん18歳以上なのですが、ロリコン漫画の始祖・吾妻ひでおの連載があったり、街角の少女のスナップ（盗撮）があったり、少女愛についてのエッセイがあったりと、同誌がロリコン文化の礎を作ったといってもいいでしょう。

『少女アリス』Vol.12
（アリス出版）
後のロリコン文化の発火点となったといわれる伝説の自販機本。自ら撮影もする故・川本耕次編集長の美意識が全編を貫く。吾妻ひでおの漫画連載も話題となった。当時の制作費はすべて込みで35万円だったという。

グラフ誌タイプでも、男優が全編フランケンシュタインのマスクを被っている『エロスフランケンシュタイン』（エルシー企画）とか、裏ビデオの名作「洗濯屋ケンちゃん」を（おそらく勝手に）再現したグラフ版『洗濯屋ケンちゃん』（アリス出版）など、ユニークな企画も。ストーリー仕立てになってるものが多いのが、自販機グラフ誌の特徴です。まぁ、当時自販機本は売れに売れていたので、会社としてはとりあえず売れるなら内容に文句はいわないという状況だったようです。

羨ましいですね（笑）。とはいえ、もちろんこうしたとんがった雑誌はごく一部で、ほとんどの自販機本はベタなエロ本だったわけですが…。

集金時には百円玉が重すぎて、袋が持ち上がらなかったというエピソードがあるほどとにかく売れた自販機本ですが、80年代後半には姿を消すこととなります。その理由の一つは、各地方自治体の青少年保護育成条例が厳しくなり、街に自販機を置けなくなったこと。筆者のようにこっそり購入するけしからん青少年がいたためですね、すいません。そしてもう一つの理由は、80年代初頭からさらに過激なビニ本のブームにより、読者離れが起こってしまったことです。

こうしてエロ本自販機は台数を減らし、自販機本の売上げも減少。１９８５年を境に自販機専用のエロ本は作られなくなってしまいました。現在残っているエロ本自販機は、ＤＶＤやオナホールなどの大人のオモチャが中心で、エロ本も書店で販売されているものだけが扱われています。つまり自販機本とは、わずか10年足らずしか存在しなかったアダルトメディアなのです。しかし、自販機本で培われた過激な編集方針は書店売りのエロ本へと受け継がれ、80～90年代のエロ本文化黄金時代を築くことになりました。

そして、今でもわずかに残っているエロ本自販機は、密かな支持者によって支えられています。購入する時に店員と顔を合わせたくなかったり、インターネットができなかったり、理由は様々ですが、今もエロ本自販機を必要としている人は確実に存在しているのです。

『フライングボディプレス』Vol.1
（土曜出版社）
『Jam』に影響を受けたらしく、全編コラージュを多用したパンク感覚にあふれた自販機本。実際にアンダーグラウンドなパンクバンドの情報も多い。ひさうちみちおの漫画や、なぎら健壱のオナニー記事なども面白い。

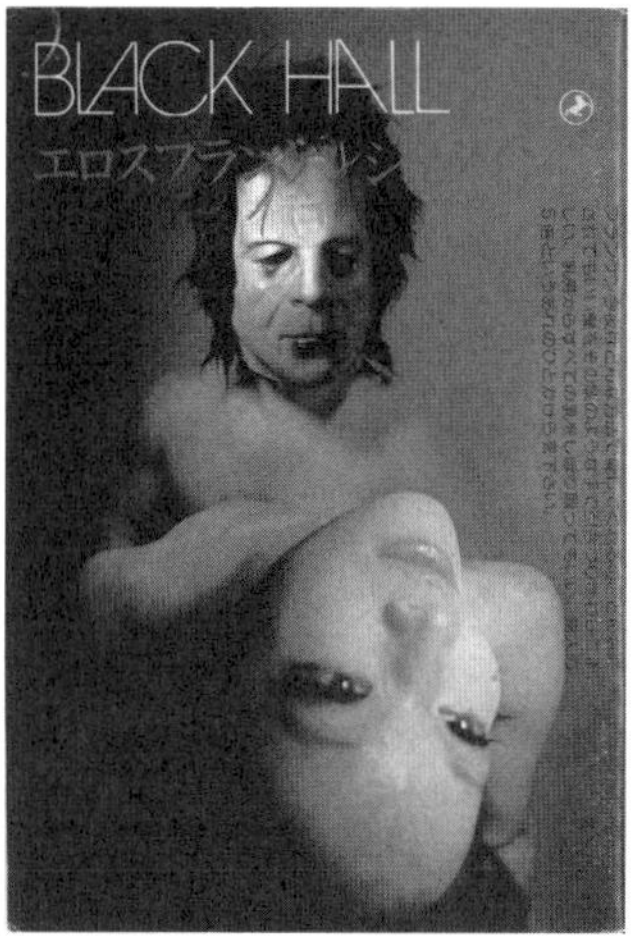

『BLACK HALL エロスフランケンシュタイン』（エルシー企画）
男優がなぜかフランケンシュタインのマスクを被っているという、ユニークなオールカラーのグラフ誌。写真はかなりアートっぽい撮り方だ。ラストは、犯されていた女が逆襲してフランケンを足蹴にするというオチ。

『洗濯屋ケンちゃん』（アリス出版）
人気裏ビデオを勝手に再現したグラフ誌。もちろん出演者は別人だ。こういったイージーなノリも自販機本の魅力ともいえる。本家ビデオの画撮や、裏ビデオレビュー、大人のオモチャのカタログといったページも。
※写真は修正しています。

裏本

裏本とは、無修正のポルノ写真集のことです。つまり局部も丸見え。もちろん日本では違法なので、アンダーグラウンドでこっそり流通していたのですが、最盛期には年間100タイトルを超える裏本が作られていたほど大きな盛り上がりを見せていました。

その始まりは1981年。茶封筒に入れられた無修正の写真集が新宿・歌舞伎町などで秘密裏に流通。当初は「茶封筒本」などと呼ばれ、女性が下着姿で大股開きをしている写真の中の数カットが無修正というものでしたが、やがて男女のセックスを大胆に撮影したものへと変化していきました。無地に『ぼたん』『金閣寺』『法隆寺』といったタイトルが印刷されただけの無愛想な表紙が特徴で、それらは次第に「裏本」と呼ばれるようになったのです。

何しろ陰毛が見えれば「わいせつ物」だと摘発されてしまう時代。その少し前にブームとなっていたビニ本は、パンティの布地越しに陰毛が透けて見えるというだけで騒動になっていたほどです。それが性器も接合部もモロ見えというのは、あまりにも衝撃的。当初は1冊1万円ほどとかなり高価でしたが、それでも飛ぶように売れたようです。この〝非合法な〟裏本は、当初繁華街の路上で業者が通行人に声を掛けるなど、ゲリラ的に販売されていましたが、そのうちにアダルトショップやビニ本屋でこっそり扱うようになりました。また普通の古本屋が深夜にだけ店頭に出して販売するということもあったようです。

黎明期の裏本は、いかにも水商売・風俗嬢といった感じのケバいモデルがメインでしたが、次第に普通っぽい美少女が登場するようになり、人気が加速。1983年には『半分少女』という裏本が登場し、アイドルと見間違うような幼い顔立ちの可憐な美少女がきっちりと本番を見せたことから大騒ぎとなりました。ほかにも『薫』『秋桜少女』『Ｔｈａｎｋ　Ｙｏｕ』などの美少女裏本が次々と登場。中でもサイパンロケを決行した1984年発売の『マリア』に出演した通称・マリアは大人気となり、出版社から正規の写真集まで発売され、さらには名前を変え、ＡＶアイドルとしても活躍しました。実は筆者も高校生の時に、彼女の3冊目の裏本である『少女ケイト』をリアルタイムで入手しています。くっきりとした切れ長の目が印象的な美貌と、どアップで写し出された性器の生々しさのギャップ、ずっぽりと突き刺さった接合部の淫らさなど、まだ童貞だった少年にはインパクトがあり過ぎましたねぇ（笑）。

この頃、裏本界の最大勢力とされたのが、後にＡＶ監督として

『半分少女』
これほどあどけなく愛らしいモデルが裏本に出るとは！と、業界に衝撃を与えた名作。当時は10万円のプレミア価格で取引された。後にAV女優としてもデビューしたが、そちらではあまり人気が出なかった。

『少女ケイト』
裏本『マリア』で一躍超人気となったモデルの第3弾。本来はショートカットの彼女にカツラをかぶせて黒髪ロングにしたことで新たな魅力を引き出し、本作も大ヒット。後に渡瀬ミクの名でAVデビューした。

活躍した村西とおる氏が率いるグループ。当時は毎月億単位の売上げだったそうです。しかし、無修正の裏本は当然非合法な存在のため、当局も黙っていません。販売店や制作グループの摘発も相次ぎ、村西とおる氏も1984年にわいせつ物頒布の容疑で逮捕されます。こうした厳しい取り締まりの影響で80年代後半には、裏本の勢いも失速。その黄金期はわずか3年ほどでした。

90年代に入ると裏本は完全に過去のものとなってしまいます。作られる数も、全盛期の5分の1以下になり、「再生本」と呼ばれる過去の裏本を複写したものが出回るようになります。未使用のボツ写真を使ったものや、オリジナルの製版フィルムを再利用したものならまだしも、販売されていた裏本をカメラで撮影しただけの安易な複製本も多く出回り、裏本のレベルはどんどん低下。ファンも急速に離れていきました。

ところが90年代後半になると、AV業界にインディーズブームが巻き起こり、新規の業者が多数参入。そして、彼らはAV撮影の〝ついでに〟裏本用の写真も撮影するなどして、AV女優の裏本を制作するようになります。人気女優の無修正が見られるということで、こうした裏本は通常よりも高額だったにもかかわらず、飛ぶように売れました。

また、90年代後半に普及し始めたインターネットにも、裏本は影響を与えています。当時「無修正画像が見られる!」と話題だったインターネットですが、この頃の日本人女性による無修正画像の大半は、裏本からの流用だったのです。当時の脆弱なネット回線では高画質な画像は望むべくもなく、むしろそれが宣伝となり画質の良いオリジナルの裏本を求めるユーザーが増えたのでした。また、ネットを利用した通販など販売ルートが広がったことも追い風となり、裏本は再び活力を取り戻していったのです。

90年代に落ち込んだ裏本のリリース数も2000年には年間100タイトル近くにまで盛り返します。有名AV女優の出演作も珍しくなくなり、モデルのレベルもかなり高くなっていました。しかし、2004年後半を境にこの勢いは急激に減速。2005年になると全く新作がリリースされない月も増え、2006年にはついに新作の発売が完全に止まります。この原因の一つは、2004年以降の歌舞伎町浄化作戦に代表される大規模摘発で、これにより主な販売先だった裏ビデオ屋（裏DVD屋）が壊滅。流通ルートが途絶えてしまったわけです。それまでも裏ビデオ屋の摘発は日常茶飯事でしたが、この浄化作戦は特に徹底したもので、歌舞伎町以外の繁華街からも裏ビデオ屋は姿を消しました。その後復活し、細々と営業を再開する店もありましたが、もう裏本の新刊が作られることはありませんでした。

簡単にコピーできるDVDに対して、印刷という工程が必要な裏本はコストがかかり過ぎるということでしょう。また、エロの主流が動画に移ったことも大きかったようです。こうして80年代初頭から、アンダーグラウンドのアダルトメディアとして密かに愛され続けてきた裏本は、25年にわたる歴史に幕を下ろしたのでした。ところが、最近になってネットオークションなどで、かつての裏本が数万円以上のプレミア価格で取引されることが増えてきています。印刷物ならではの魅力が、再び注目されているのかもしれません。

風俗誌

90年代、東京を中心に空前の風俗ブームが巻き起こりました。イメクラ、性感ヘルスといった新しいタイプの風俗店が次々とオープンし、客が押し寄せたのです。そしてそこで働く風俗嬢たちは、風俗アイドル＝フードルなどと呼ばれ、一般誌のグラビアなどでも活躍するほど人気を集めました。こうしたブームを支えたのが風俗誌です。90年代後半の最盛期には30誌以上の風俗誌が発行され、書店のエロ雑誌コーナーの多くのスペースを占領するまでになりました。

60年代から週刊誌や実話誌といった雑誌には風俗情報が掲載されていましたが、専門誌が登場したのは意外に遅く80年代になってから。その第一号だと思われるのが、『ミューザー』（おおとり出版）です。同誌はトルコ風呂（ソープランド）の専門誌で、元々は『旅と酒』（永田社）という文字通り旅行と酒をテーマにした雑誌が路線変更して生まれた『おとこの読本』の改題第一号の特集「いま、トルコ」が好評だったことから、『ミューザー』創刊に至りました。『おとこの読本』も、トルコ以外にピンサロやノーパン喫茶などを特集しており、こちらを風俗誌第一号としてもいいかもしれませんが、媚薬など風俗以外の特集もあったので、ここでは『ミューザー』を風俗専門誌第一号と位置づけようと思います。

『ミューザー』創刊号は北海道から沖縄まで全国1，425軒の風俗店を網羅したリストや吉原、雄琴、金津園といったトルコ街25カ所のイラストマップ、トルコロジスト広岡敬一による「トルコ30年史」など、専門誌の名に恥じない充実した内容。小沢昭一やカルーセル麻紀（トルコ嬢とレズ気分で遊ぶのだとか）、ドンキーカルテットの飯塚文雄なども寄稿しています。『ミューザー』は1992年まで12年にわたって刊行されましたが、1987年に始まるエイズパニックによるソープランド業界の沈下により休刊。とはいえ、休刊号のリストに掲載されているソープランドは1,373軒あり、それほど減っていないという気もします。ちなみに2022年の時点で、届け出ているソープランドは全国で1,199軒です。

『ミューザー』は、ガチのマニア誌という色合いが強く、写真はほとんどありませんでした。こうしたマニア向けソープランド情報誌としては、1996年に風俗カメラマンの樹水駿が創刊した『ナンバーワンギャル情報』（ファンタジー、後にフェンス。2009年に休刊）がその系譜を継いだ存在といえます。

写真を中心とした総合風俗情報誌としては、1983年創刊の『元気マガジン』（セルフ出版、後に白夜書房）が元祖ということになるでしょうか。ファッションヘルス、キャバクラ、ホテトル、ラッキーホールといった新しい風俗が次々と生まれていた時代であり、それを反映した明るく軽いノリの誌面は、それ

『ミューザー』（1980年12月号／おおとり出版）
「日本で唯一のトルコのためのトルコ専門誌」として創刊。全ページモノクロで写真も少ないが情報量はかなりのものでマニア向け。トルコ街マップや全店リスト、各店の広告なども、現在では貴重な資料といえる。

までの湿度の高い風俗マスコミとは一線を画しています。わずか2年と、その寿命は短く雑誌としては成功したとはいえませんが、「なめだるま親方」の愛称で親しまれる島本慶を筆頭に、女性風俗ライターの先駆けであるあべしょうこ、現在はAV監督として活躍するラッシャーみよしなど、後に風俗ライターの第一人者となる面々が数多く参加し、後続の風俗誌に与えた影響は大きかったのです。創刊号の時点では顔出しで登場している女の子はほとんどいなかったのですが、1985年の休刊号では堂々と顔出ししている子が大幅に増え、この2年間で風俗嬢の意識が大きく変わったことが分かります。

1983年から1984年にかけては歌舞伎町のノーパン喫茶「USA」に在籍していたイヴが人気を集め、テレビ番組で特集を組まれたり、レコードデビューや主演の成人映画が公開されるなど、アイドル的な活躍を見せていました。風俗嬢が芸能人のように扱われる時代がやってきたのです。そして、その後の風俗誌のあり方を決定づけたのが1986年創刊の『シティプレス』（東京三世社）でした。ワイングラスを持ち、ハイヒールを履いた女性の下半身のみを後ろから撮影した写真を使った表紙は、まるでファッション誌のように洗練されていて、それが風俗誌だとは信じられないほど。風俗嬢の写真は全てカラーにするなど、ビジュアルに力を入れた誌面も

『元気マガジン』（1984年5月号／白夜書房）

当時としては異色の明るいムードの風俗誌。トルコからピンサロ、ノーパン喫茶、ホテトル、マントル、SMクラブなど風俗のジャンルが細分化され始めた時期ともあって誌面もバラエティに富んでいる。

衝撃的でした。80年代に入り、風俗をバイト感覚で始める若くて可愛らしい女の子が増加。そして、その流れは『シティプレス』のビジュアル路線に見事にハマりました。

その年、『シティプレス』創刊の一カ月後に登場したのが『ナイトマガジン』（ナイタイ）です。70年代から、全国の繁華街では、その街の風俗店情報を掲載する地元密着のナイト誌・ナイト新聞が発行されていました。すすきのの『すすきのTOWN情報』、名古屋の『ザ・プレイマガジン』、岐阜の『ナイトインぎふ』、博多の『中洲通信』などが有名ですね。新宿・歌舞伎町で1981年に創刊された『歌舞伎町タイムス』もそうしたナイト誌の一つでしたが、それが発展したのが『ナイトマガジン』です。その後『ナイタイマガジン』に誌名が変わり、『シティプレス』と並んで全国規模の風俗誌となっていきます。

『ナイトマガジン』創刊号には「特選ニッポン夜遊び列島図鑑」という特集があり、歌舞伎町、渋谷、六本木、池袋、横浜、すすきのといった繁華街を紹介しているのですが、そのイラストマップには風俗店以外の店やランドマークも描かれていて、中年以上の世代には、かなり懐かしいものです。何しろ、今から37年前の風景ですからね。あれもあった、これもあった、という話だけで何時間も潰せます（笑）。

80年代には、この他にも『おとなの特選街』（ベストセラーズ）や『おとこの特選街情報』（大洋書房）、『おとこの遊び専科』（青人社）といった風俗を中心としたアダルト情報誌もたくさん作られました。そして元号が昭和から平成へと変わり、90年代に突入すると、前述のように空前の風俗ブームが到来します。イメージクラブ、性感マッサージ、性感ヘルスといった新しい風俗店が生まれ、すごい勢いで増えていったのです。素股やアナル舐めといった、それまでのファッションヘルスでは味わえないような過激なプレイを手頃な価格で楽しめて、しかも女の子は若くて可愛い子ばかりとなれば、人気が出るのも当然でしょう。この「平成風俗ブーム」の主役となったこうした新興の風俗店は、雑誌の取材にも積極的だったこともあり、風俗誌に限らず一般誌などでも風俗嬢を扱う企画が増えていきました。

『元気マガジン』創刊時は風俗嬢のほとんどが顔を手で覆ったり、そむけたりした写真でしたが、この時期になると多くが顔出し、それどころかグラビアにも堂々と登場。こうした風潮を受けて、風俗誌のビジュアル化も進みます。1988年に『夜遊び探検隊』(メディアックス 創刊時は『夜遊び探検隊』)、1993年に『MAN-ZOKU』(笠倉出版社)、1994年に『ヤンナイ』(大橋書店)、そして1995年に『ナイトウォーカー』(サン出版)といった雑誌が次々と創刊されました。

どの雑誌でも風俗嬢はアイドルのような扱いをされていましたが、中でも『夜遊び隊』は、少女向けファッション誌のような、ポップでガーリーなセンスが突出していて、当時風俗嬢の間でも「『夜遊び隊』に載りたい」という声をよく聞きました。反対にやたらと大股開きを多用し、エゲツないまでに過激な写真を売りにしていたのが『ヤンナイ』です。こちらは風俗嬢には評判は悪かったんですが(笑)、〝実用的〟だと読者の評価は高かったようです。風俗誌は、それぞれに個性のある誌面を競いながら、風俗ブームの過熱と共に盛り上がりを見せていったのです。次々と新しい風俗誌が創刊される一方、『MAN-ZOKU』がより判型の大きい『デラMAN』、『ヤンナイ』がSMに特化した『ヤンマニ』を出すなど派生誌も数多く生まれました。名古屋の風俗誌『シティヘヴン』(ワークスジャパン)が東京進出、なんてこともありましたね。90年代末の最盛期には、30誌以上の風俗誌が発行されるなど、乱立気味ではありましたが…。

この頃、人気の風俗嬢は、風俗アイドル＝フードルと呼ばれ、80年代のイヴのように、一般マスコミにまでその活躍の場を広げるほどに注目されていました。AV女優よりも、フードルの方が知名度が高い、なんてこともあったほどです。しかし2004年、都内の風俗街が一斉に摘発され、それは全国へと波及。平成風俗ブームで主役だったイメクラや性感ヘルスの多くは風営法の許可を取っていない無許可店だったため、そのほとんどが閉店に追い込まれました。そうした容赦ない摘発により、10年以上続いたブームは終焉を迎えます。それは当然、

『ナイタイマガジン』(1995年5月号／ナイタイ出版)
平成風俗ブームを牽引した雑誌の一つ。最盛期は9万部以上の実売を誇っていた。洗練していった他誌に比べて、雑然とした誌面が特徴だった。発行元のナイタイは、週刊新聞の『ナイタイレジャー』なども刊行していた。

『シティプレス』
(1986年6月号／東京三世社)
ビジュアル重視の風俗誌の先駆け。オールカラーの風俗嬢カタログは見応えがあるが、ラサール石井、いしかわじゅん、なんきんなども登場する記事ページも充実。AVやビニ本に出演している風俗嬢の紹介コーナーもある。

風俗誌にも影響を与えたのです。

さらに追い打ちをかけたのが、インターネットの普及。風俗情報サイトが台頭し、風俗店もそれぞれ自店のホームページを持つようになります。風俗情報はネットで得る時代が到来したわけです。リアルタイムで情報を更新できるインターネットは風俗との親和性が高く、入店した新人の情報や当日の出勤情報もいち早く告知できます。取材から発売まで、タイムラグが出てしまう雑誌は分が悪かったのです。掲載誌が発売された頃には、その女の子は既に退店済み…なんてことが、当たり前だったのですから。

00年代の終わりには、ほとんどの風俗誌は姿を消していました。『ナイタイマガジン』を発行し、風俗メディアの雄ともいえる存在だったナイタイ出版も2009年に倒産。現在、首都圏で販売されている風俗誌は、『MAN-ZOKU』(現在の発行はプレジャー・パブリッシング)一誌のみです。2000年頃は広告も多く、電話帳のような厚さだった同誌も、今はパンフレットのような薄さになっています。

風俗誌は情報に重点を置いていたため、その存在意義がネットに取って代わられるのは仕方のない面はあったのですが、読み物としての面白さを追求するかたちで、2003年に誕生した『俺の旅』(ミリオン出版)にも、最後に触れておきましょう。体験取材ルポを中心とした誌面が支持され、他の風俗誌が姿を消していく中でも部数を伸ばしていったのですが、2019年に大手コンビニがエロ本の取り扱いを取り止めたことで休刊に追い込まれてしまいました。

風俗誌は、基本的に情報誌だというその性格上、保存されることも少なく、古本市場にもあまり出回りません。その存在が思い起こされることもなく、記録もあまり残っていないのです。研究するのもなかなか難しいのですが、80〜90年代のアダルトメディアにおいては避けては通れない、重要な存在だったといえるでしょう。

『夜遊び隊』(1998 年 7 月号/メディアックス)
まるで女性ファッション誌のようなポップでガーリーなデザインセンスの誌面で、風俗嬢から絶大な人気を獲得。現役風俗嬢に漫画を連載させるといった試みにも積極的だった。風俗ブームが去った後には熟女系に移行。

『MAN-ZOKU』
(1995 年 8 月号/笠倉出版社)
『ナイタイ』から独立したスタッフが創刊し、一時期は電話帳ほどの厚さを誇るまでに。現存する唯一の風俗誌。この号の表紙となっている可愛手翔は、平成風俗ブームを代表するフードルの 1 人で、後に A V でも活躍した。

『ヤンナイ』(1984 年 12 月号/大橋書店)
大股開き連発の過激な写真とエゲツないコピーでエロ本としても実用的だと評判だった。この創刊号ではテリー伊藤が表紙に登場。記事やコラムも充実していたが、なぜか一時期、一水会の鈴木邦男も連載していた。

投稿写真誌

エロ本は、基本的にプロのスタッフがプロのモデルを撮影して制作されるものですが、素人が素人を撮影するジャンルがあります。それが「投稿写真誌」です。

投稿写真が大きなブームとなったのは、1981年の『アクション・カメラ術』(ベストセラーズ)が100万部というベストセラーになったことが始まりでした。同書はプロカメラマンの馬場憲治が、街でのパンチラ盗撮や自分の彼女のヌード写真を撮ろう、と提唱した本で、これはそれまでプロのカメラマンに独占されていたエロ写真を、アマチュアに解放しようという宣言でもありました。

それ以前も『奇譚クラブ』(曙書房、天星社、暁出版など)などのSM雑誌や、『ホームトーク』(ホームダイヤモンド)などのスワッピング雑誌にはマニアが撮影したプレイ写真や、読者からの投稿ヌードが掲載されていましたが、それはあくまでもマニア向け。それが大きなムーブメントとなったのは、やはり『アクション・カメラ術』がきっかけだったといえるでしょう。ギプスの中にカメラを仕込んでスカートの中を撮影、鏡を仕込んで隣の部屋を盗撮など、現在なら一発アウトなテクニックまで紹介されていますが、それもまた革命的だと受け入れられる時代だったのです。

同書のヒットを受けて、同年に創刊されたのが『セクシーアクション』(サン出版)。テニスや新体操の女子選手、チアガールなどのパンチラや股間ショットを盗撮した投稿写真がメインの雑誌で、これまた10万部以上の超人気雑誌となり、スポーツ会場での盗撮は社会問題となりました。

こうした「アクション写真」と並んで、当時の投稿写真のメインとなっていたのは、アイドルのパンチラ写真。その嚆矢となったのは、やはり1981年に話題となった1枚の写真でした。とある屋外ステージ（おそらくデパートの屋上）で歌う河合奈保子を高校生が撮影したもので、偶然吹いた風でスカートがめくれ上がり、彼女の白いパンティがはっきりと写っていたのです。

この〝幸運な〟写真を高校生は1枚5百円で周囲の学生たちに販売。飛ぶように売れたその写真の噂を聞きつけて『青春カタログ』（現代新社）という雑誌がそれを掲載し、大きな話題となりました。当時のアイドルはミニスカートが常識で、屋

『アクション・カメラ術』（馬場憲治／ベストセラーズ）
著者の馬場憲治は、石川さゆりの元夫としても知られている。パンチラや股間のアップなどの写真も豊富に掲載されており、エロ本としても十分楽しめる。盗撮のテクニック解説は、今なら犯罪幇助に問われるかも。なぜか推薦文をタモリが書いている。1981年刊。

『セクシーアクション』
（1981年9月号／サン出版）
エロ本はどんなに売れても10万部を越えられないという定説をひっくり返す大ヒット雑誌に。編集部には「こういう雑誌を待っていました」というマニアの熱い声が数多く寄せられたという。古本市場では高値で取引されている。

外ステージでの営業ショーは主戦場でした。つまり、パンチラのチャンスはかなり多かったのです。こうして「アイドルパンチラ写真」というジャンルが誕生します。

1984年には、アイドルパンチラ投稿をメインとした、その名もズバリ『投稿写真』（考友社出版、後にサン出版）が創刊。ほぼ同時期に白夜書房から『スーパー写真塾』と『熱烈投稿』が相次いで創刊されます。これらの雑誌では投稿が採用されると3千円〜1万円の賞金がもらえたことから、アイドルのショー会場にはプロカメラマン顔負けの撮影機材を構えた若者たちが増加。彼らは「カメラ小僧」と呼ばれ、投稿写真誌で賞金稼ぎにしのぎを削るようになっていきます。『投稿写真』『熱烈投稿』といった雑誌の多くはA5判というコンパクトサイズでした。親や教師の目を避けて隠しやすいサイズだったのは、こうした雑誌が「少年向けエロ本」という性質も持っていたからです。

1979年創刊のアイドル雑誌『BOMB!』（創刊時は読者投稿中心の誌面だった）が、中高生に人気だったことを意識して、同じA5判にしたと思われる『写真時代Jr.』（白夜書房）が、こうした「少年向けエロ本」の元祖といえるでしょう。1981年に創刊したサブカルエロ本の最高峰『写真時代』の大ヒットの余勢を駆って、1982年に誌名通り「写真時代の子供」としてスピンアウトしたのが同誌です。表紙と巻頭グラビアは伊藤つかさ。そして中森明菜や北原佐和子、川田あつ子のグラビアが続き、早見優や小泉今日子、堀ちえみなど10人の新人アイドルを紹介するコーナー、そして女性トリオのシュガーが自分たちで写真を撮り合う企画もあります。ここまで見るとアイドル雑誌のようですが、その後は荒木経惟の写真日記やヌード撮影、超望遠レンズでの着替え盗撮、チアガールのパンチラ盗撮、海辺での水着盗撮、杉森昌武の予備校生ヌードなどお色気系企画のオンパレード。さらには久住昌之の写真4コマ漫画やヒカシューのメンバーが木に吊るされるなどワケの分からないページも多く、本家『写真時代』などに代表されるこの時期の〝白夜書房エロ本〟そのものの誌面です。それでいて「受験戦争に勝ち抜くための健康講座」や女子高生の本音（？）投稿、高校写真部の紹介などのコーナーもあり、校内の様子や修学旅行の写真投稿を求めるなど、明らかに中高生を読者に設定していることも分かります。松田聖子のそっくりさんＡＶ女優として売り出していた水沢聖子のヌードグラビアページに「18歳以上の人は、ぜひそのビデオを買ってみよう」と書かれていたりもしました。

この『写真時代Jr.』の投稿コーナーが独立したのが『スーパー写真塾』です。Ａ５

『投稿写真』
（1984年10月号／考友社出版）
アイドルのパンチラ写真をメインとした投稿誌として創刊。創刊時のキャッチフレーズは「カメラBOYの悪漢マガジン」で、最高35万部の人気雑誌に。次第にアイドル誌色を強め、1999年には『トップスピード』に誌名変更した。

『写真時代 Jr.』
（1982年8月号／白夜書房）
人気雑誌『写真時代』の兄弟誌として創刊。伊藤つかさ、中森明菜、北原佐和子など人気アイドルが登場するも、後半はエロ本的な記事が多く、「少年向けエロ本」というジャンルを切り開いた。1987年に休刊。

判「少年向けエロ本」の代表的な存在ですが、実は創刊時はＢ５判変形と少し大きめでした。創刊号の表紙はアイドルの水野きみこ。堀江しのぶやアイドル水泳大会での早見優、桑田靖子、岡田有希子の水着ショット（ご丁寧に股間のアップまで！）もありますが、本誌のメインはその後に続くイベントなどで撮影したアイドルの投稿写真です。そう、この頃「投稿写真」といえばカメラ小僧が撮影したアイドル写真のことで、特にもてはやされたのはパンチラ写真。この創刊号でも大磯ロングビーチのステージで、真っ赤なパンツを大胆に見せる小泉今日子の写真が掲載されています。

『スーパー写真塾』創刊の１カ月前には、前述の『投稿写真』が創刊。こちらもヌードは少なめですが、パンチラ度は『スーパー写真塾』以上に高く、「少年向けエロ本」の要素は十分です。創刊号から「所ジョージのスッゴイデスネ〜!!写真教室」というコーナーが連載され、ブレイクしつつあった頃の所ジョージ（29歳！）が投稿された写真にコメントをつけていくという企画をやっています。こうした雑誌において芸能人や文化人による投稿写真コーナーは定番化し、例えば『スーパー写真塾』では遠藤ミチロウ、電気グルーヴ、田口トモロヲなどがページを担当していました。さらに翌年の１９８５年には『熱烈投稿』が創刊。エロ要素の強いアイドル誌である『ザ・シュガー』(考友社出版)や、よりエロ色が濃厚な『Ｄｏｎ'ｔ！』、

『スーパー写真塾』（１９８４年11月号／白夜書房）『写真時代Jr.』の投稿コーナーが独立して創刊。２０１６年まで続く長寿雑誌となった。90年代以降は10代モデルの過激なセミヌード写真をメインとしていたが、末期は熟女誌に。電気グルーヴや田口トモロヲなども連載していた。

（サン出版）『女の子 あーしたい こーしたい』（ワニマガジン）なども、「少年向けエロ本」として人気がありました。

90年代に入る頃には『投稿写真』『熱烈投稿』『スーパー写真塾』の〝投稿写真誌御三家〟も、『投稿写真』はアイドル系へ、残りの2誌はブルセラ系へと路線が分かれ、アイドルパンチラ写真は衰退していきました。『熱烈投稿』『スーパー写真塾』は当初、中高生向けエロ本だったのが、次第に「女子中高生」が登場する大人向けのエロ本へシフト。ところが、1999年の児童ポルノ禁止法の施行により、こうした過激な女子高生グラビアの掲載が難しくなっていきます。

そうした中で、次に投稿写真誌の主流となったのが妻や恋人、またナンパした女性のヌードやセックスを撮影した写真です。これらをメインに扱う雑誌として、まず1987年にサン出版から『投稿ニャンニャン写真』が創刊されます。翌1988年には『ニャン2PRESS』（少年出版社）、そして1989年には『アップル写真館』（三和出版）、『熱写ボーイ』（東京三世社）が続き、さらに『ニャン2PRESS』がリニューアルした『投稿ニャン2倶楽部』（白夜書房。後にコアマガジン）が登場しました。誌名に「ニャンニャン」という言葉が目立つのは、当時はこうした写真を「ニャンニャン写真」と呼んでいたためです。

これは1983年に人気アイドルだった高部知子（当時15歳！）が、裸でベッドに入り笑顔でタバコを咥えた写真が雑誌『フォーカス』に掲載された事件が由来。この記事の中に「ベッドで二人仲良くニャンニャンしちゃった後の、一服である」という文章があり、以降セックスを意味する言葉として「ニャンニャン」が使われるようになったのです。

　では『投稿ニャン2倶楽部』の創刊号を見てみましょう。表紙には「露出プレイはやめようと思ってもやめられない… 淑女よりの破廉恥告白 投稿・見られるの大好き日記」のキャッチが踊っています。後に編集長の名前にちなんで「夏岡文体」と呼ばれるようになるサディスティックな独特の文章センスは、まだ確立されていないまでも、『スーパー写真塾』などの少年向けエロ本とは明らかに違ったアダルトな過激さです。投稿されている写真も人妻が多く、かなり年齢層は高め。駅のホームや砂浜での露出や、公園での放尿といった野外プレイ、緊縛やローソク責めなどのSMプレイの投稿も既にコーナーができています。

　こうして「ニャンニャン系投稿写真誌」は90年代に全盛期を迎えました。『投稿ニャン2倶楽部Z』(白夜書房)、『ナンパ熱写隊』『発熱にゃんにゃんPRESS』(東京三世社)、『おげれつ倶楽部』(ユ

『投稿ニャン2倶楽部』
(1989年7月号／白夜書房)
写真の過激さと「夏岡文体」と呼ばれる独自の言語センスで、投稿誌の最高峰としてマニアに長く親しまれる。『Z』『ライブWindows』『うぶモード』など姉妹誌も数多い。現在は『新生ニャン2倶楽部』としてマイウェイ出版から刊行。

『投稿アップル写真館』
(1989年6月号／三和出版)
白夜書房の『投稿ニャン2倶楽部』と並んで二大投稿誌として親しまれた。誌名はAV雑誌『アップル通信』の増刊だったことから。創刊当時は、パンチラなどの盗撮投稿の割合も高かった。2000年からは大洋図書に移籍。

ニ報創）…。野外露出専門の『ララダス』（メディアックス）のほか、SM系の『マニア倶楽部』『割り切った私たち』（三和出版）もニャンニャン系といえるでしょう。数十誌が乱立し、10万部を超える雑誌も珍しくありませんでした。

投稿者の数も増加し、競い合うようにプレイも過激化していった背景には、カメラの普及、特に1986年に発売されたレンズ付きフィルム「写ルンです」の影響があるといわれています。カメラを買わなくてもいつでも誰でも写真が撮れるため、ニャンニャン写真を撮影するハードルも低くなったのです。しかし、街のDPEサービスでは局部の写っているヌード写真は現像してもらえません。そこで撮影者は投稿写真誌に投稿し、代わりに現像してもらっていたわけです。送られてきたフィルムを現像すると、前半はディズニーランドなどでのデート写真で後半はラブホテルでのハメ撮りということも多かったとか。投稿者は現像ができる、編集部は投稿写真が集まる、ある意味でウィン・ウィンなシステムが構築されていたのですが、これも90年代後半から現像不要のデジカメの登場で崩れていきました。

さらにインターネットの普及により、エロ本全体が失速。あれほど乱立していた投稿写真誌も次々と休刊、もしくは路線変更を余儀なくされます。それでも『ニャン2』を始めとする主要な投稿写真誌がわずかに存続したのは、投稿者と投稿写真誌の特殊な関係性によるものでした。投稿写真誌にとって優良な投稿者を集めることは最重要課題。投稿される写真の質によって誌面のクオリティが左右されるからです。そして、投稿者にとっては投稿写真誌に掲載されることは、大きな名誉であり、ステイタスでもありました。単に自分たちの行為を見てもらいたいだけなら、インターネットで公開すればいいのです。しかし、有名雑誌に掲載されるということは、そこに〝選ばれた〟という意味が出てきます。各誌はランキングを設け、投稿者同士のライバル意識を煽り、中にはファンがつく人気投稿者もいたほど。2007年に児童買春・児童ポルノ禁止法違反の疑いで逮捕された札幌の小学校教頭は、アスピリンスノーというペンネームで投稿写真誌ではカリスマ的な存在でした。彼は17年間にわたって投稿雑誌で活躍し、1,800万円の賞金を獲得したそうです。しかし、600人もの女性に金を渡し、モデルにしていたため、儲けはほとんどなかったと思われます。それでも彼をそうした行動に駆り立てたのは、誌面で編集者や読者から寄せられる称賛の声があったからでしょう。

ステイタスのある雑誌に載ることが投稿者の価値につながる、そうなると投稿は有名雑誌に集中し、数多くあった投稿写真誌も淘汰されていきます。00年代から10年代に入ると、エロ本をめぐる状況はさらに厳しくなり、有名な雑誌もそのほとんどが休刊へ追い込まれていきました。

2013年には『投稿ニャン2倶楽部』が、わいせつ図画頒布の疑いで摘発され、休刊。すぐに『DVDニャン2倶楽部』として復活するも、2015年に版元のコアマガジンが素人投稿雑誌からの撤退を表明し、『スーパー写真塾』やロリ系の『うぶモード』は路線を変更して継続するも、同誌は休刊。それでも2カ月後にマイウェイ出版に移籍し、『新生ニャン2倶楽部』として復活します。他の投稿写真誌もWEBやムックなどに形態を変えながら、何とか生き延びていきました。

　ところが2022年に突然施行されたいわゆる「AV新法」が、投稿写真誌の息の根を止めることになります。「AV新法」では、「性行為映像制作物」は撮影の1カ月前までに契約し、公開は撮影の4カ月後と定められています。これはAVに限らず素人の投稿動画にも適用されますが、撮影の1カ月前の契約など素人相手の撮影において現実的ではありません。写真だけなら適用外ですが、00年代以降投稿写真誌も動画がメインとなり、付録のDVDが重視されるようになっていました。それが裏目に出たともいえるでしょう。つまり、本物の素人による投稿動画は現実的に不可能となってしまったのです。こうして投稿写真誌は、思わぬかたちで終焉を迎えることとなりました。しかし、ネット上には「AV新法、何それ?」とばかりに、違法な素人動画が蔓延しているのが現実なのです。

『ララダス』
(1996年11月号／メディアックス)
過激化する投稿写真の中でも露出プレイが人気だったことから専門誌も登場。この頃はインディーズAVでも露出がブームとなっていた。公園や街頭、観光地などで大胆に脱ぎまくり、読者の度肝を抜いた。

『投稿キング』
(2002年6月号／ワイレア出版)
『桃クリーム』別冊として1999年に創刊し、『ニャン2』『アップル』と並んで「投稿御三家」といわれる存在にまで成長。定期刊行ではないが、『別冊投稿キングDVD』として2023年まで刊行される息の長い雑誌に。

AV雑誌

80年代の終わりから90年代にかけて、AV雑誌がエロ本の中心的な存在であった時期がありました。多くの類似誌が乱立し、覇を競ったのです。AV雑誌の第一号といわれるのが1982年に創刊された『ビデオプレス』(大亜出版、現・ダイアプレス）です。日本で最初のAVといわれる作品が販売されたのが1981年なので、その1年後にはもう専門誌が創刊されていたことになります。とはいえ、この時点ではまだ国内のAVの記事は少なく、大半が海外のポルノ情報でした。80年代初頭は、まだ「エロ」は輸入頼みだったのです。

ちなみに、この頃はロマンポルノやピンク映画といった成人映画を短縮編集してビデオソフト化したものが中心であり、オリジナルに撮り下ろされた（つまり現在のAV）作品は「生撮り」と呼ばれていました。『ビデオプレス』創刊号には、当時発売されていた成人向けビデオ521本のリストが掲載されていますが、そのうち「生撮り」は、わずか139本しかありません。しかし、その後「生撮り」はすごい勢いで増加していきます。

AV雑誌は1983年に『ビデオ・ザ・ワールド』(白夜書房、後にコアマガジン）が創刊。独自の批評性（忖度無くキツイことも平気で書く!）で幅広いファンに支持された雑誌で、あの田中康夫がぜひ書かせてくれと申し出たこともあったとか。創刊時はAV市場がまだ成熟していなかったからか、麻薬や奇形、密教といったアングラっぽい記事が誌面の半分近くを占めていたのも時代を感じます。そして1984年にはポップで明るい『ビデパル』（フロム出版）や美少女路線の『ビデオボーイ』（英知出版）、さらに『ビデオエックス』（笠倉出版社）とAV雑誌が続々と創刊しました。

1984年の時点で、AV＝生撮りという状況になり、生撮りという名称も使われなくなります。ほとんどが撮り下ろしのオリジナル作品になったわけです。ちなみに、アダルトビデオ＝AVという名称が定着したのも1984年頃。それまではポルノビデオ、ピンクビデオ、アダルトソフトなどと呼ばれ、統一した名称はありませんでした。『洗濯屋ケンちゃん』などの裏ビデオの方が先に有名になったため、対比の意味で「表ビデオ」などと呼ばれることもあったほどです。

AV雑誌の代表的存在といわれる『オレンジ通信』（東京三世社）は1982年の創刊ですが、当初は普通のエロ本で、次第にビニ本、裏本、裏ビデオの情報誌となり、1987年頃にAV情報をメインで扱う雑誌となりました。1984年創刊の『アップル通

『ビデオ・ザ・ワールド』（1983年11月号／白夜書房）
あくまでもAVを「作品」として評価するという独自の視点が、多くの読者に支持された。女優だけではなく、監督や業界関係者へのインタビューも読み応えがあった。後期は無修正作品の記事が多くなる。2013年に休刊。

『ビデオプレス』（1982年6月号／大亜出版）
AV雑誌の元祖。創刊号は誌面の半分は海外ポルノの情報というのが時代を感じさせる。1983年からナンバーワン女優を選ぶ「ビデオクィーンコンテスト」を実施。初代ビデオクィーンに選ばれたのは八神康子で、その後三連覇。

信』（三和出版）も全く同じ経緯をたどっています。この2誌に並んで同じ果物の名前が付いていることから「フルーツ本」などと呼ばれた『さくらんぼ通信』（ミリオン出版）は、1985年創刊と後発だったこともあり、最初からAV情報が中心でした。

90年代に入るとバブル崩壊の影響もあり、AVにも不況の波が押し寄せます。メーカーも人気女優のギャラが高騰し、高い制作費が必要となった単体物（AVアイドル物）よりも、安く作れる企画物に力を入れるようになっていったのです。

また、ちょうどバクシーシ山下、カンパニー松尾、ゴールドマンといった20代の若い監督たちが、それまでとは違う新しいセンスの企画物AVを撮り、話題となっていました。こうした監督たちの動きを追っていたのが、もともと批評性の高い誌面に定評のあった『ビデオ・ザ・ワールド』です。同誌の年間ベストには毎回彼らの作品が入選しており、読者投票による『オレンジ通信』の年間ランキングとは対照的でした。

90年代後半になると、レンタルショップ中心の既存AVとは別に、マニアショップや通販などで販売されるマイナーなAVが少しずつ増えていきます。こうしたAVは「インディーズビデオ」と呼ばれ、これにいち早く注目したのが『ビデオメイトDX』（少年出版社、後にコアマガジン）でした。同誌も1990年の創刊時はAV女優のグラビアやインタビューをメインにした普通のAV雑誌でしたが、90年代半ばからインディーズビデオの記事が増加。やがてインディーズビデオ専門誌として注目されるようになります。

この頃、従来のレンタルAVはインディーズビデオを敵視というか、蔑視していて、「ウチの作品はインディーズと同じページで扱うな」「一緒にしないでほしい」とクレームをつけてくるメーカーもあったとか。00年代に入ると、インディーズビデオはさらに盛り上がりを見せ、レンタルAVに負けない地位を築きます。そして、『インディーズ王』(東京三世社)、『ビデオインディーズ徹底攻略』(司書房)、『AVフリーク』(ジェイディーメデューサ)、そして『DMM』(ジーオーティー)といったインディーズを中心とした雑誌も増えていきました。既存のAV誌でも、インディーズを扱うことが増え、もはやそれを無視してAVを語ることができなくなっていたのです。

勢いが増して大きなメーカーも増えたインディーズビデオは、やがて「セルビデオ」と呼ばれるようになります。マイナーなイメージのインディーズ(独立系)という言葉が似合わなくなっていたのです。一時期は単体女優に強いレンタルAV、企画系に強いセルAVといった棲み分けもありましたが、次第にセルメーカーも人気の女優を擁するようになります。セルAVメーカーの雄であったソフト・オン・デマンドの専属女優・森下くるみが『オレンジ通信』の

『ビデオメイトDX』(2002年7月号/コアマガジン)
インディーズ(セル)AV情報誌の中心的存在。同じ版元の『ワールド』とはひと味違う視点での編集姿勢は読者や業界関係者からも熱く支持された。なにかと事件やトラブルの多いインディーズ業界を把握するには必須の雑誌だった。

『オレンジ通信』
(1988年2月号/東京三世社)
AV情報誌のトップ的存在だった。毎年2月号に掲載される年間ベストの特集は、AV業界で最も影響があった。やはり後期は無修正記事が多くなり、2009年に休刊。

1999年度アイドル賞を受賞したのは象徴的な出来事でした。レンタルAVでデビューした女優がある程度活動した後、過激なセルAVに移籍してさらに人気を高めるといったシステムが機能していた時期もありましたが、いきなりセルメーカーからデビューすることも珍しくなくなり、セルメーカーの女優がレンタルAV系雑誌の表紙を飾ることも増加。勢いは完全にセルAVにありました。

そして、AV雑誌の世界でも新勢力が台頭し始めていました。セルAVの情報誌として2000年に創刊された『DMM』(ジーオーティー)が創刊3号目にして、それまで550円だった定価を、なんと290円にする大幅値下げを断行したのです。さらに2003年創刊の『出るまで待てない!!』(ソフト・オン・デマンド)はDVD付きで480円、2006年創刊の『NAO DVD』(三和出版)はDVDの付録付で350円と、極端な低価格化が進行。2006年には『DMM』も290円という値段はそのままに、DVD付録を付けるに至ります。実はこの3誌、バックにAVメーカーが付いていたために、こうした低価格を実現できたのでした。

老舗の『オレンジ通信』も2004年からDVDを付けて対抗しますが、価格は990円と低価格戦争に参入することはできません。2007年には『アップル通信』が、2009年には『オレンジ通信』が、そして2010年には『ビデオメイトDX』も休刊に。2013年には、ついに『ビデオ・ザ・ワールド』も30年の歴史に幕を下ろすことになります。『ビデオ・ザ・ワールド』の最終号である2013年6月号は、90ページという薄さにもかかわらず880円という価格。

この時期の『DMM』がオールカラーで226ページ、200分収録のDVD付きで290円ということを考えると、どんなに内容が優れていても勝機はありません。この年には『ベストビデオ』（三和出版）の別冊として2003年に創刊し、本誌休刊後（2010年）も続いていた『ベストビデオスーパードキュメント』も休刊しています。

そして2024年現在、AV雑誌は『DMM』が改題した『FANZA』、『出るまで待てない!!』がリニューアルした『月刊ソフト・オン・デマンド』のみ。最盛期には数十誌が乱立していたAV雑誌が、わずか2誌しか残らなかったのです。いや、他のエロ本の壊滅状態から見れば、2誌残っているだけでもすごいのかもしれませんが。

00年代以降、AV情報は、ネットで入手する時代となっています。「FANZAニュース」や「デラべっぴんR」といったWEBマガジンがAV女優のインタビューを掲載するなど、かつてのAV雑誌的な役割を担っているともいえますが、それ以上にFANZAなどのユーザーレビューが、ファンにとっては信頼できる情報となっているようです。

長年、AV雑誌で原稿を書いてきた筆者のようなライターにとっては、なんともやるせない気持ちになってしまう状況なのですが…。

『月刊DMM』（2000年7月号／ジーオーティー）アダルト配信サイト「DMM」（当時）の雑誌として創刊。DVD付きで290円という過激な低価格路線を押し進めてナンバーワンAV誌へ。2018年に『月刊FANZA』へと誌名変更。現存する数少ないAV情報誌である。

女性向けのアダルトメディアで、最初の商業的な成功例だといえるのは「レディースコミック」ということになるでしょう。レディースコミックの元祖は、1979年創刊の『BE・in LOVE』（講談社。後に『BE LOVE』）とされていますが、これは少女漫画を卒業した年齢の女性向けのコミック誌であり、いわば『ヤングジャンプ』や『ヤングマガジン』の女性版に当たるものでした。

女性向けコミック誌に本格的なセックス表現を持ち込んだのは、1985年創刊の『La・comic』（笠倉出版社）が最初です。翌年創刊の『Feel』（祥伝社）と共に、その登場は漫画界に衝撃を与えました。OLや主婦という大人の女性が主人公であり、男女が全裸で絡み合う具体的なセックスシーンを描いた漫画ばかりが掲載されていたからです。その後も、同様の雑誌が各社から次々と創刊され、レディースコミックは市場を形成していきます。

当初はセックス描写もそれほど過激ではなかったのですが、それまで『少女コミック』などの少女漫画誌で活躍していた森園みるくが『Feel』などで、生々しく官能的な作品を発表したことを機に、レディースコミックの描写はどんどんエスカレートしていきました。

1990年に創刊した『コミック・アムール』（サン出版）はそうした傾向に拍車をかけた雑誌です。「サン出版社史」（非売品）によれば、『コミック・アムール』は会長の肝煎りで「大人の女性を満足させるポルノ誌」をコンセプトに作られたといいます。確かにSMなどを含むアブノーマルで過激な表現を全面に出した作品が多数掲載され、さらには人気男優しみけんと読者のセックスを写真で実況するなどの企画、バイブレーターのプレゼントなど、まさに「女性のためのエロ本」と呼ぶべき誌面を展開していました。

そもそも同誌の版元のサン出版は1978年に日本最初の女性向け少年愛雑誌『June』（創刊時は『Comic Jun』）を創刊していますが、実はこちらも「女性向けエロ本」というコンセプトがあったそうです。まだBL（ボーイズラブ）という言葉もない70年代、竹宮恵子の『風と木の詩』などの少年愛を描いた少女漫画が盛り上がっていたことに注目していた当時のアルバイト編集者が企画を出したのが創刊のきっかけでした。『June』は当初売れ行き

『La・comic』（1986年11月号／笠倉出版社）

すべての漫画がOLや主婦が主役のラブストーリーであり、全裸でのセックスシーンがあるという雑誌は画期的だった。後に『ミステリーLa・comic』、さらに『ラ・コミック』に改題されて2003年まで刊行された。

『Feel』（1987年6月号／祥伝社）

1986年の創刊時は「微笑Comic」となっていた。1989年に姉妹誌として現在も刊行中の『FEEL YOUNG』が創刊され、後のヤングレディース誌の中心的存在となる。漫画配信サイトの『FEEL Web』など「FEEL」の名は今も残っている。

が伸び悩み、1年足らずで休刊に追い込まれますが、熱心な読者の声に押されるかたちで1981年に復刊。1982年には小説を中心とした別冊『小説JUNE』も創刊されます。当時は、こうした少年愛をテーマにしたジャンルを「やおい」と呼んでいましたが、『June』はやおい文化の中心的存在となり、後にこの流れが、BL（ボーイズラブ）へとつながっていきます。

話をレディースコミックに戻しましょう。『コミック・アムール』の過激路線は女性読者に受け入れられ、実売50万部という大人気雑誌へと成長します。その勢いを追うように、レディコミはどんどん露骨な性描写をエスカレートさせていきます。全盛期の90年代前半には、月刊誌が80誌以上も乱立するまでに盛り上がりを見せました。レディコミ雑誌を出版している版元の多くがエロ本系出版社だったことも、その過激化の一因だったといえるでしょう。

1992年には全編、読者の告白体験をもとに漫画化した『愛の体験告白』（サニー出版）が登場。現在にまで続く体験告白路線がここで生まれます。他にもホラーやミステリー色を強めた雑誌や、不倫シチュエーションにこだわった雑誌、SM中心の雑誌、性描写は少なめでストーリーをメインにした雑誌など、細分化も進んでいきました。ところが90年代後半になるとブームは沈静化します。乱立していた雑誌は次々と休刊し、1年ほどでその数は半数程度に激減しました。

その理由としては、雑誌が増えすぎて粗製乱造になり読者に飽きられたとも、バブル崩壊によりメインの読者層であった主婦の財布のヒモが固くなったともいわれています。

特にレディコミ誌はダイヤルQ²の広告収入が大きく、出版社にとってもおいしい媒体だったのですが、売上部数の低下にともなって広告主のレディコミ離れも加速。もともと単行本やキャラクタービジネスなどの副産物もなかったこともあり、出版社の見切りも早かったのです。こうしてレディコミバブルは10年ほどで終焉を迎えました。

ただし、それは女性が「エロ」に興味を失ってしまったということではありません。むしろ、女性向けエロの市場は、さらに大きくなっていきます。90年代に「やおい」と入れ替わるように盛り上がって行ったのが、BL（ボーイズラブ）というジャンルです。やおいとBLの間に明確な線引きはありませんが、やおいがパロディなどの二次創作が中心で男性キャラ同士の性愛行為を描いたもの（やおいの語源が、ヤマなし、オチなし、意味なしの略）で、BLはもう少し広い意味での男性同士の恋愛を描いたもの、

『コミック・アムール』（1990年12月号／サン出版）

アブノーマルなセックスを大胆に描いた過激な路線で実売50万部という大成功を収め、レディコミの描写をエスカレートさせた。看板作家は、矢萩貴子と渡辺やよいだった。風俗求人情報コーナーのタイトルは「愛情広場」。

『June』（1979年8月号／サン出版）

創刊時は『Comic Jun』だったが、アパレルメーカーのJUNから抗議があり『June』に変更された。Juneブランドではコミックスの他、画集、写真集、ムック、カセットテープ、CDが発売されるなどマルチメディア展開も。

という感じでしょうか。したがって、セックスシーンの無いプラトニックな恋愛まで含まれるわけです。ＢＬはやおい同様、同人誌を中心に広がっていきましたが、商業誌でも勢力を拡大していきます。『Ｊｕｎｅ』を出版していたサン出版は１９９７年に『ＢＯＹ'Ｓ ピアス』というＢＬ誌を創刊。耽美を大事にしたソフトな内容の『Ｊｕｎｅ』に比べて同誌は過激で直接的なエロ表現が売りでした。この路線も読者に受け入れられ、人気雑誌となります。

また90年代後半にはＴＬ（ティーンズラブ）というジャンルも登場。ＢＬは男性同士の性愛を描いたものですが、ＴＬは男女の性愛を描いたもので、いわば普通の恋愛漫画、恋愛小説ともいえますが、具体的な性描写を含むものを特にこう呼びます。ティーンズラブは、もとはティーン向け雑誌に掲載されていた読者体験漫画から派生したものですが、特に登場人物が10代（ティーン）に限られるわけではなく、むしろ最近は大人のキャラが中心となっているようです。ＢＬも現在は少年よりも大人の男性キャラ同士ということが多くなり、どちらもジャンル名称とズレてしまっているのが面白いですね。

00年以降は、紙よりも電子書籍が中心となったことで、より女性読者が触れやすくなり、「エロの入り口がＢＬだった」という女性はずいぶん増えたようです。ちなみに、かつてエロ本で名を馳せた出版社のほとんどが、現在は実写系のエロ本からは撤退し、ＢＬをメインとしています。エロ本業界末期を描いた映画『グッドバイ、バッドマガジンズ』でも、舞台となるエロ本編集部が、どんどんＢＬ編集部に追いやられていく様が描かれていました。

『BOY'S ピアス』
(1997年11月号/サン出版)
BL雑誌に過激な性描写を持ち込んでヒット。『小説ピアス』『BOY'Sキッス』など派生誌も数多く生まれ、なんと大人のオモチャを付録に付けた『おもちゃピアス』という雑誌まであった。現在はJUNET WEBなどの配信サイトで電子版として刊行されている。

『Love Jossie』Vol.134
(2024年/白泉社)
「ちょっとオトナな少女漫画」、いわゆるティーンズラブの電子雑誌として2015年に創刊された。セックスシーンも多いが、それほど過激な描写はない。ちなみに、ティーンズラブといっても現在はキャラも読者も成人が中心。

写真文庫

80年代は、今よりももっと文庫本が脚光を浴びていた時代。文庫サイズのヌード写真集も人気を集めていました。親や教師の目からも隠しやすく、何ならポケットにすら入るそのサイズは、当時の青少年にはありがたい存在だったのです。また、500円前後という低価格も若い世代にはうれしいものでした。そんなヌード写真集文庫の中でも最も知られているのは、二見書房の社内レーベルであるマドンナ社から発行されていた『マドンナメイト写真集』でしょう。

『マドンナメイト写真集』は、1985年に創刊された官能小説のマドンナメイト文庫の写真集版として誕生。記念すべき第一巻は、にっかつ新人女優コンテストに入賞し、ロマンポルノデビューした城源寺くるみでした。その『マドンナメイト写真集 城源寺くるみ』のそで（カバー折り返し）には、こんな文章が書かれています。

エキサイティングなニュータイプの文庫『マドンナメイト』がついに創刊された。蘭光生、館淳一、摩耶十郎、友成純一、原真佐紀というパワーあふれる人気作家の力作ぞろい。

この強力ラインナップに毎回『色』を添えるのが、フレッシュなマドンナが大胆なポーズで迫る撮り下ろし写真集。

創刊を飾るマドンナは、いまや映画、TV、ビデオで人気急上昇の城源寺くるみ。海外ロケで、その魅力を密着取材。

次回のマドンナは、可愛らしさのなかに淫らな『オンナ』の部分を秘めている森田水絵、第三回配本のマドンナは杉原光輪子。いずれも、映画、TV界が期待する、ハードな大型新人。

第三回配本分まで予告されているのが面白いですね。このように、『マドンナメイト写真集』は、基本的に月1冊のペースで1995年5月まで刊行されました。文庫サイズ写真集としては、小学館が1982年から篠山紀信撮影による『激写文庫』を創刊し、ヒットさせているため、同シリーズもコンパクトなヌード写真集という新しいニーズを見込んで創刊されたのでしょう。ただし、『激写文庫』はB6判変型で文庫版よりも若干大きいサイズでした。『マドンナメイト写真集』が発売された後に、『激写文庫』も文庫版サイズで復活しているので、もしかしたら逆の影響もあったのかもしれませんね。

前述の『~城源寺くるみ』は、南の島での海外ロケを決行しています。初期は海外ロケによる撮影が多く、二見書房の意気込みと、当時のエロ本業界の勢いを感じさせます。城源寺くるみはボリュームのあるショートヘアと、ぽってりとしたコケティッシュな唇が印象的な女の子で、南の島のビーチでは肉感的なオールヌードを惜しげもなく披露。室内でのカットでは、オナニーをイメージさせるようなセクシーな表情も見せてくれます。ヘアヌード解禁以前の撮影なので、もちろん陰毛は見えていませんが、それでも当時の青少年にとっては十分に刺激的な内容でした。

その後『マドンナメイト写真集』は、小林ひとみ、中川絵里（中川えり子）、新田恵美、菊池エリ、中沢慶子、秋元ともみ、桂木麻也子、立原友香、沙羅樹、冴島奈緒、前原祐子、東清美、斉藤唯、村上麗奈、豊丸、美穂由紀、後藤えり子、松本まりな、樹まり子、林由美香、庄司みゆき…など、人気女優を起用。ちょうどＡＶ女優（当時はビデオギャルなどと呼ばれていた）がアイドル的な人気を得ていく時期であり、主要な人気ＡＶ女優のほとんどが登場している同シリーズは、ＡＶファンにとって必須アイテムでした。また、ラインナップの中には堀江しのぶのような脱がない水着アイドルも含まれていましたね。

ユニークだったのは、毎年『マドンナメイト・カタログ』という総集編を出していたこと。これは1年間のマドンナメイト刊行物のダイジェストで、特筆すべきは女優のヌードグラビアと交互に、マドンナメイト文庫の官能小説の一部が掲載されていることです。官能描写とヌード写真が相乗効果となって、なかな

『激写文庫 吉川とも子』
（1982年／小学館）
『GORO』の人気連載「激写」から生まれたミニサイズの写真集。吉川とも子は素人モデルだったが、その清楚な佇まいで人気があった。くっきりと付いたビキニの水着跡がエロティックだった。撮影はもちろん篠山紀信。

『マドンナメイト写真集 城源寺くるみ』
（1985年／マドンナ社）
マドンナメイト写真集の記念すべき第1号。前年ににっかつ新人女優コンテストに入賞し、デビューした城源寺くるみが、南の島のビーチで大胆な裸身を披露している。撮影は米本光穂。250ページ以上とボリュームあり。

か楽しめました。

　このヒットに続けとばかりに、当然のように他社も追随し、数多くのヌード写真文庫が誕生しています。実は『マドンナメイト写真集』よりも数カ月前に創刊していた近代映画社の『近映文庫』、背表紙のデザインがマドンナメイトそっくりの『ビーナスメイト写真集』（少年画報社）、ＳＭ路線までカバーした『ピラミッド写真文庫』（ピラミッド社）、美少女路線で一斉を風靡していた英知出版の『Ｂｅｐｐｉｎ文庫』といったところが、当時の主な写真文庫です。

『マドンナメイト写真集』自体は、単体の綺麗なヌードグラビア路線でしたが、次第にマンネリ感が出てきたのか、１９９１年からは『マドンナメイト・ハード』のタイトルで、ストーリー仕立てで男優との絡みがある過激路線へとシフトチェンジしていきます。レイプやボンデージ、痴漢、レズといったテーマで新境地を開き、桜樹ルイ、森川いづみ、藤本聖名子、白石ひとみ、沢口梨々子、美里真理といった、当時の人気女優を起用するものの、それでも勢いは徐々に衰え、１９９５年3月発売の『沢

『マドンナメイト・カタログＰａｒｔ１』
（１９８８年／マドンナ社）
マドンナメイト文庫が創刊してから2年間の全作品の総集編。写真集47冊、小説１１５冊をダイジェストで収録している。グラビアと官能小説が交互に登場する構成が斬新だった。３８０ページもの大ボリュームもうれしい。

『近映文庫　聖女隊』
（１９８５年／近代映画社）
近代映画社の文庫ということでヌード以外にも、ブルース・リーやイングリッド・バーグマンなどの映画スターの写真集も刊行。聖女隊は真衣、恵利、亜美の3人組で成人映画出演の他、レコードも出していた。撮影は平野弘。

木ゆうな 幻想曲』を最後に刊行はストップしてしまいます。

90年代前半といえば、ヘアヌードの実質的解禁から始まるヌード写真集ブームの全盛期です。155万部という未曾有の売上記録を打ち立てた宮沢りえの『Santa Fe』を筆頭に数十万部のベストセラー写真集が次々と生まれていました。大判が当たり前の写真集に慣れた目には、文庫版サイズは余りにも小さく、迫力に欠けるように感じられたのかもしれません。90年代後半以降も、文庫版のヌード写真集はポツポツと作られ、2001年には内藤啓介撮影によるおしゃれヌード『ちんかめ』(宝島社文庫)のようなヒット作も生まれているのですが、やはり80年代のような輝きは取り戻せないようでした。

ちなみに本家マドンナメイトでも、2003年に『マドンナメイト・ビジュアル』の名称で、文庫版サイズの写真集を復活させています。実は、筆者の撮影による『デジハメ娘。』という本もその一冊として発売されました。4人のAV女優の素顔に迫ったドキュメントタッチのハメ撮り集です。他にも人気女優2人のカップリングによる『ノーカット 灘 ジュン&南波 杏』や、乳房のアップばかりを集めた『おっぱい主義!』などが、発売されましたが、残念ながら『マドンナメイト・ビジュアル』は、それっきりで終了してしまいます。こっそりと隠し持つのに優れた文庫版ヌード写真集でしたが、そのメリットはもはやスマホに置き換えられてしまったのでしょう。しかし、久しぶりに『マドンナメイト写真集』をパラパラとめくってみると、当時の青くさい興奮が甦ってきます。このサイズだからこそ感じられる魅力というものも、確実にあるのです。

『ピラミッド写真文庫　田中露央沙』
(1990年／ピラミッド社)
マドンナメイト文庫に対抗するように人気AV女優の写真集を続々リリースしていた。ピラミッド社は大陸書房の社内レーベル。田中露央沙はダイヤモンド映像の専属女優で肉感的なボディで人気があった。撮影は山本隆夫。

『Beppin文庫 愛美がいっぱい
早川愛美写真集』
(1987年／英知出版)
早川愛美は宇宙企画の看板女優。ビーチや野外でのショットや、ランジェリー、レオタード、浴衣、セーラー服などのコスチュームもあり、バラエティに富んでいるが、『Beppin』誌グラビアの総集編か？　撮影は前場輝夫。

『マドンナメイト・ビジュアル　デジハメ娘。』
(2003年／マドンナ社)
8年ぶりに復活したマドンナメイト写真集だが、残念ながら続かなかった。「デジハメ娘。」は筆者が撮影（ハメ撮り）と文章を担当し、森下由希、青山るみ、黒木あみ、妹川尚子の4人をデジタルカメラで撮り下ろしている。

官能小説文庫

「ズリネタは動画が当たり前、写真なんかじゃ興奮しない」といわれてしまう時代ですが、それでも文章によるエロは根強い人気があります。ネットでも18禁小説の投稿サイトが活況です。

エロ描写をメインとした小説、いわゆる官能小説の人気が爆発したのは80年代のこと。それまでもエロティックな小説は人気がありましたが、規制が厳しかったため、その描写が「わいせつ」だとして度々摘発されていました。『チャタレイ夫人の恋人』や『四畳半襖の下張』を巡る裁判の話をご存知の方も多いでしょう。いずれも今読んでみると、どこが「わいせつ」なのか全く分からないんですけどね。

70年代には、川上宗薫、宇能鴻一郎、泉大八、富島健夫、阿部牧郎といった作家がポルノチックな小説を書きまくり、そして売れまくりました。「あたし、ジュンと来ちゃったんです」という宇能鴻一郎の独特の文体なんかは、印象深いんじゃないでしょうか。ただ、この時期の彼らの小説は一般的な小説誌に掲載され、単行本も一般的な出版社から出ていました。表紙も抽象的なイラストだったりして、パッと見には普通の小説と区別がつきません。内容的にはかなりハードなSM小説を書いていた団鬼六も、単行本の装丁はおとなしめ。だから未成年でも買いやすくて、個人的にも助かりました（笑）。

ところが1985年に「フランス書院文庫」が誕生し、官能小説の世界は大きく変わります。フランス書院（実は真面目な出版社の子会社）は70年代から海外の翻訳ポルノ小説を出していた出版社で、中でもトー・クンの『女教師』『義母』などは、この分野で初めてのベストセラーとなりました。当初はフランス書院文庫も、海外作家の作品と日本人作家の作品を半分ずつの割合で出していました。ちなみに第一回発行のラインナップを見ると日本人作家の作品が『叔母・二十五歳』『淫妻（みだらづま）』『母（ママ）』『母・美保』、海外作家の作品が『姉の寝室』『母と娘・輪姦』『女教師』『未亡人』と、熟女寄りの作品が多かったことが分かるでしょう。しかし、次第に日本人作家の、しかも凌辱や調教を中心としたSM系の作品が増えていきます。蘭光生、綺羅光、杉村春也などが当時の人気作家。みんなSM雑誌出身です。中でも綺羅光の『女教師・二十三歳』は、このジャンルでは異例ともいえる30万部超えの大ヒットとなりました。

同じ年、二見書房も「マドンナメイト文庫」を創刊。こちらもSM系の作家を揃えたハード路線です。そして、「ケイブンシャの大百科」シリーズで知られる勁文社も「グリーンドア文庫」で参入します。さらに光文社の「CR（コンパクト・ロマン）文庫」、コスモ出版の「トマトノベルス」など、ハード官能小説の文庫が次々と創刊していきました。

これらの官能文庫は駅や空港の売店などに並べられ、サラリーマンの出張のお供としても人気を集めます。「フランス書院文庫」では成人向け漫画、「マドンナメイト文庫」や「グリーンドア文庫」ではAV女優などのヌード写真集も文庫版で出していたので、この時期は文庫というサイズが特に注目されていたわけです。１９９３年には「フランス書院文庫」が二次元的というかオタク向けというか、アニメ絵的な挿絵を前面に出したいわゆるライトノベル的な小説を扱う「ナポレオン文庫」を創刊。官能文庫の世界をさらに広げました。

しかし21世紀に入ると、官能文庫にも陰りが見え始めます。２００２年勁文社倒産に伴い「グリーンドア文庫」が終了。「フランス書院文庫」や「マドンナメイト文庫」も以前のような勢いが見られなくなりました。官能小説のこの頃の動きとしては、睦月影郎に代表される官能作家たちが、官能文庫ではなく、徳間文庫や講談社文庫などの、一般出版社の文庫シリーズで活躍するようになっていったのです。ある意味で70年代の状況に戻ったといえるかもしれません。また小説の内容においても変化が見られました。それまでの官能文庫では、女性を凌辱し、調教するようなSM的な作品が人気でしたが、00年代頃から女性が男性を誘惑してきたり、ラブラブに愛し合う「甘々物」といわれる作品が増えていったのです。

創刊40年を迎えた老舗官能小説雑誌『特選小説』（辰巳出版）の編集長（当時）に、どんな小説が売れているのか聞いたことがあるのですが、「以前のような凌辱物は少なくなりましたね。熟女や人妻に誘惑されるというものが基本です。男性が常に受身なんですよ。田舎を舞台にしたものも人気があります。みんな官能小説にも癒しを求めているんでしょうね」（『ＮＡＯ ＤＶＤ』２０１１年３月号）という答えが返ってきました。官能小説にも癒やしを求める時代なのです。まぁ、考えてみれば、読者も高年齢化が進み、現在は60代以上が中心だと聞きます。そうなれば、あまりハードな作品を読むのはしんどいというのも頷けますね。ほとんどが熟女物というのも、年齢層を考えれば自然でしょう。

黒を強調した装丁でハードなイメージが強かった「フランス書院文庫」も、２０２１年5月に発売された新刊5作のうち、凌辱的なのは『孕ませ衝動【人妻と美母娘】』と『名家の穴母娘【鎌倉麗夫人と令嬢】』のみで、あとは『初体験別荘　彼女の母&娘姉妹と…』『清楚なのに夜はすごく乱れる六人の人妻』『こんな私でいいんでしょうか　義母と叔母とシングルマザー』と、人妻や熟女が誘惑してくる作品になっています。

若い頃からフランス書院文庫のハードな作品に興奮していた筆者としては、寂しい限りです。

ひたすら女性を辱めていく羞恥調教小説を得意とする仲の良い某作家も、最近は本来大好きな〝そっちの路線〟では書かせてもらえず、別のペンネームで女性が誘惑してくるコミカル路線の仕事ばっかりだと嘆いていました。

また、いつかハードな官能小説が主流になる時代は来ることがあるのでしょうか。フェミニズムが叫ばれる現在の風潮では、凌辱物は厳しい面もあると思いますが、実は女性読者の多い電子書籍では凌辱物が人気だとか。意外と女性の凌辱ファンって多いんですよね。女性読者が増えれば、凌辱小説ブームの復活もあるかも…？

エロ漫画　冬の時代

エロ漫画最大の危機といわれたのが１９９０年の「有害コミック騒動」ですが、その前段階として１９８９年に起こった東京・埼玉連続幼女誘拐殺人事件に端を発する「おたく弾圧」がありました。３人の女児を誘拐・殺害し、さらにその遺骨を遺族に送りつけるという異常な行動をとった犯人・宮崎勤が、いわゆる「おたく」であったことから、「おたく」が社会から敵視されるような状況になったのです。オタクカルチャーが主流となった00年代以降の世代には信じられないでしょうが、マンガが好き、アニメが好きというだけで、〝ヤバイ奴〟として白い目で見られる状況があったのです。日本では80年代には、むしろ先進的なイメージすらあったロリコン趣味が非難されるようになったのも、この事件がきっかけでした。

この頃、ホラー映画やホラー漫画もブームだったのですが、事件の影響で乱立していたホラー漫画雑誌なども次々と休刊。１９９０年の夏頃から、全国各地で過激な性表現の漫画に対する抗議運動が盛り上がりを見せるようになります。

きっかけとなったのは、同年8月に東京都生活文化局婦人計画課が発表した「性の商品化に関する研究」という報告書。これには、調査対象雑誌に掲載されていた漫画１,２２１作中、６０８作に性的行為の描写があるといった内容が報告されており、これが新聞や週刊誌などで報道され、全国に「悪書追放運動」が広まっていったのです。同年9月には朝日新聞が「貧しい漫画が多すぎる」と題した社説を掲載し、漫画批判の追い風となります。この社説内で「貧しい漫画」の対比として手塚治虫を引き合いに出しているんですが、手塚治虫の漫画に秘められた恐るべき変態性を知らないんでしょうね（笑）。そして、多くの漫画が各都道府県の青少年保護育成条例に基づく「有害」図書指定を受けることになります。有害図書とは、18歳未満の青少年にとって好ましくないと判断された出版物のこと。つまり、18歳未満への販売が規制される一方、成人に対して売ってはいけないということではありません。しかし、大手出版社は有害指定された漫画を出荷停止し、連載も打ち切りました。この時に〝消された〟漫画としては『いけない！ルナ先生』（上村純子）や『ANGEL』（遊人）、『冒険してもいい頃』（みやすのんき）などがあります。それまで有害指定図書は、グラビア誌や劇画誌などの、いわゆるエロ本に限られていたのですが、この時は大手出版社の一般向け漫画にまで及んだので、その衝撃も大きかったのです。

しかし、実際のところ『いけない！ルナ先生』なんて、裸を見る、見ないというレベルのエッチさで、直接的な性行為は全然出てこない〝寸止め〟漫画にもかかわらず、成人指定というのは、どうなんだという気はしましたね。まぁ、セックスに至らない分、変態的にエロいんですが（笑）。

そして1991年1月に出版業界は、「成年マーク」の表示基準を決定します。この本はオトナ向けですよ、という表示をすることで青少年を〝被害〟から守ろうというわけですね。この成年マーク、現在でもエロ本の表紙にはしっかり書かれてます。

脱線しますが、ちょっと面白いのは、一見するとエロ本に見える本でも成年マークが付いていない本があるのです。2019年に大手コンビニが成人向け雑誌の取り扱いを止めるということで話題になりましたが、もともと成年マークが付いた本はコンビニでは売っていませんでした。だから厳密にいうと、コンビニで売っていたのは「エロ本」ではなかったわけです。エロ漫画誌の代表的な存在といわれる『快楽天』(ワニマガジン)も、あれは実は一般誌でした。現在は、みんな成年マークが付いて書店のみでの販売になっていますが…。

ところが同年2月に、高岡書店、まんがの森、書泉という都内の書店3軒が、「わいせつ図画販売目的所持」の容疑で摘発され、店長など5名が逮捕されるという事態に発展。対象となったのは同人誌でした。この頃、同人誌は性器も無修正で描いていたためで、以降同人誌でも修正が必須になっていきますが、一部の同人誌即売会はエロ系を締め出すなどの過剰反応を見せます。さらに書店員が逮捕されたということで、書店側も過剰な反応を示すことに。同人誌だけではなく、エロ系の漫画を排除するという動きが見られたのです。メジャー系の漫画誌では性的描写のある作品が連載終了に追い込まれ、そして美少女コミック誌も休刊が相次ぎます。これが「エロ漫画冬の時代」です。

一方で、有害指定されたために絶版・回収・廃棄という処分をされてしまった山本直樹の『Blue』が、版元を変えて成年マークを付けて発売されたら大ヒットという逆転現象も起こります。成年マークを付けても売れる、むしろ過激な表現を期待されて売り上げが伸びる状況になり、美少女コミック市場は再び活況を取り戻していったのでした。

２００２年にはビューティ・ヘアの『蜜室』（松文館）がわいせつ物にあたるということで、作者や社長などが逮捕され、最高裁まで争ったものの有罪が確定するという事件がありました。２０１０年には、漫画やアニメのキャラクターも「非実在青少年」として、内容によっては不健全図書に指定して青少年への販売を禁じるという改正「青少年育成条例」が問題になります。〝18歳未満に見えるキャラ〟のエロを規制するということに多くの作家、出版社、そして読者が反対運動を展開し、結果否決に追い込みました。さらに２０１９年には前述の通り、大手コンビニが成人向け雑誌の取り扱いを中止し、これによりエロ漫画雑誌はコンビニから姿を消すことになります。しかし、既にエロ漫画の大半が電子書籍に移行していたため、ダメージはそれほど大きくなかったようです。

現在、電子書籍市場では出版社を通さない同人エロ漫画も大人気。数十万部というベストセラー作品も生まれているようです。これまでに何度も危機を迎えてきたエロ漫画ですが、もはや日本を代表するカルチャーとして（海外ではＨＥＮＴＡＩと呼ばれている）、その存在感を増しているのです。

「いけない！ルナ先生」
（上村純子／１９８６年）
住み込み家庭教師のルナ先生が中学生の主人公に「カラダを張った」エッチな授業をするという漫画。たわいない寸止めエッチな内容なのだが、性癖に影響を与えられた人は確かに多いかもしれない。

「蜜室」
（ビューティ・ヘア／２００２年）
確かに修正は薄いが、当時のエロ漫画の基準に照らして、特にこの作品が過激ということはない。たまたまやり玉に挙がってしまっただけのようだ。ちなみに、現在でも古本で普通に購入できる。

マニア誌

エロ本にはマニア誌というジャンルがあります。マニアックな性癖を持った人向けの専門誌のことで、その元祖といわれているのが、「SM雑誌」(26ページ)でも紹介した1947年創刊の『奇譚クラブ』(曙書房、他)です。創刊当初は普通のカストリ雑誌(現在の実話誌的な粗悪な印刷の雑誌)だったのですが、次第にアブノーマルな要素を強め、SM雑誌の源流となります。『奇譚クラブ』以降、多くのSM雑誌が創刊されるのですが、こうした雑誌はSMだけではなく、ゲイやフェチといった「普通のエロ」からはみ出した性嗜好のジャンルをすべて網羅した誌面となっていました。つまりSM雑誌は〝全ジャンルマニア誌〟としての性格も持っていたのです。

SM雑誌以外で変態趣味を全面的に扱っていた雑誌としては、1981年創刊の『ビリー』(白夜書房)が有名です。当初はサブカルチャー色の強い雑誌として創刊したのですが、死体、ロリコン、切腹、奇形などあらゆる変態趣味を扱うようになり、カルト雑誌として一部で熱狂的な支持を集めました。同じく白夜書房の『ヘイ!バディー』も1980年の創刊時は普通のエロ本だったのですが、ロリコン専門誌に路線変更して人気化。以降のロリコンブームの牽引力となりました。ロリコン雑誌としては1979年創刊の『少女アリス』(アリス出版)の方が早いのですが、こちらは自動販売機のみで発売される、いわゆる自販機本だったという違いがあります。

1982年にはスカトロ専門誌の『スカトピア』（群雄新社）が創刊。版元の群雄新社（群雄社）は元々ビニ本出版社で『女子便所』などのスカトロ系ビニ本がヒットしていたので、その流れで作られたのでしょうが、谷崎潤一郎や三島由紀夫らの文学のスカトロシーンを分析するといった、非常に真面目な姿勢が感じられる雑誌でした。

マニア誌が最も盛り上がりを見せたのは90年代に入ってから。業界をリードしたのは『SMマニア』『マニア倶楽部』といったSM誌を出していた三和出版です。同社は、1992年に日本初の熟女専門誌『熟女クラブ』を創刊。00年代以降はエロ本で最も大きなジャンルとなる「熟女」ですが、当時はあくまでもマニアな嗜好だとされていました。80年代までは「若い女の子のヌードに喜ぶのが普通」で、そこから外れたものはすべて「変態」扱いだったのです。

そして、1993年には『お尻倶楽部』が登場。お尻とスカトロをテーマにしたかなりディープな雑誌なのですが、最高7万部という部数を叩き出すほどの大ヒットを記録します。現在の『サンデー毎日』誌と同じくらいの部数というと、その凄さが分かるでしょうか。表紙や巻頭グラビアに人気AV女優を起用するなど（彼女たちは◯ンコはしません）、マニア誌らしからぬメジャーな味付けの編集方針もあったのでしょうが、性的に奔放だった90年代という時代を象徴する出来事でもあります。三和出版は、この他にも医療プレイ専門誌『カルテ通信』や、おもらしやオムツなどをテーマにした『おもらし倶楽部』、オムツ専門誌『おむつ倶楽部』、お尻叩きと浣腸メインの『おしおき倶楽部』、そしてスカトロ抜きのお尻雑誌『お尻倶楽部Jr.』などのマニア誌を次々と創刊。00年代に入り多くのエロ雑誌が失速していく中、針刺しなどのハードプレイに特化した『秘性』や、女装美少年雑誌『オトコノコ倶楽部』といったヒットを飛ばし、今もマニアたちに愛されています。

個人的に好きだったのは、2000年創刊の『アイドロイド』(コアマガジン)。「仮想愛玩人造美人専門誌」、つまり3DCGの美少女キャラや、等身大人形（ラブドール）の専門誌です。この頃、ラブドールへの注目が高まっていたこともあり、誌面も次第にラブドール中心になっていきました。人間のモデルを撮るように本格的なライティングで撮られたラブドールのグラビアは、不思議な現実感があって何とも魅力的。愛好家たちのむしゅめさん（愛好家は自分のラブドールをこう呼ぶ）との生活レポートも彼らの愛情が伝わってきて感動させるものがあります。読んでいるうちに、思わず自分もラブドールが欲しくなってしまいました。数十万円という価格で思いとどまりましたけど(笑)。

00年代以降、エロ雑誌が壊滅していくと、当然マニア誌も姿を消していきます。こんな嗜好を持っているのは自分だけかもしれない…、という悩みを抱えていたマニアたちに、「そういうのが好きなのは、君だけじゃないんだよ」と勇気を与え、同好の士とのコミュニティを築いていったマニア誌ですが、インターネットが普及し、誰でも手軽に偏った趣味の情報にアクセスできるような時代になると、その役割は終わったといっていいでしょう。

でも、こうやって昔のマニア誌の古本を見ていると、日本中のマイノリティたちの思いが集結した熱さがヒシヒシと感じられるのです。みんな最新号の発売日を指折り数えて楽しみに待っていたのです。マニア誌は希望の光だったのです。

『**お尻倶楽部**』（1996年7月号／三和出版）
アナルとスカトロという極めてマニアックなテーマを追求しながらも、絶頂期には7万部という大ヒットを記録。編集長以下スタッフの真摯なこだわりがマニアたちの厚い信頼を得ていたのだ。

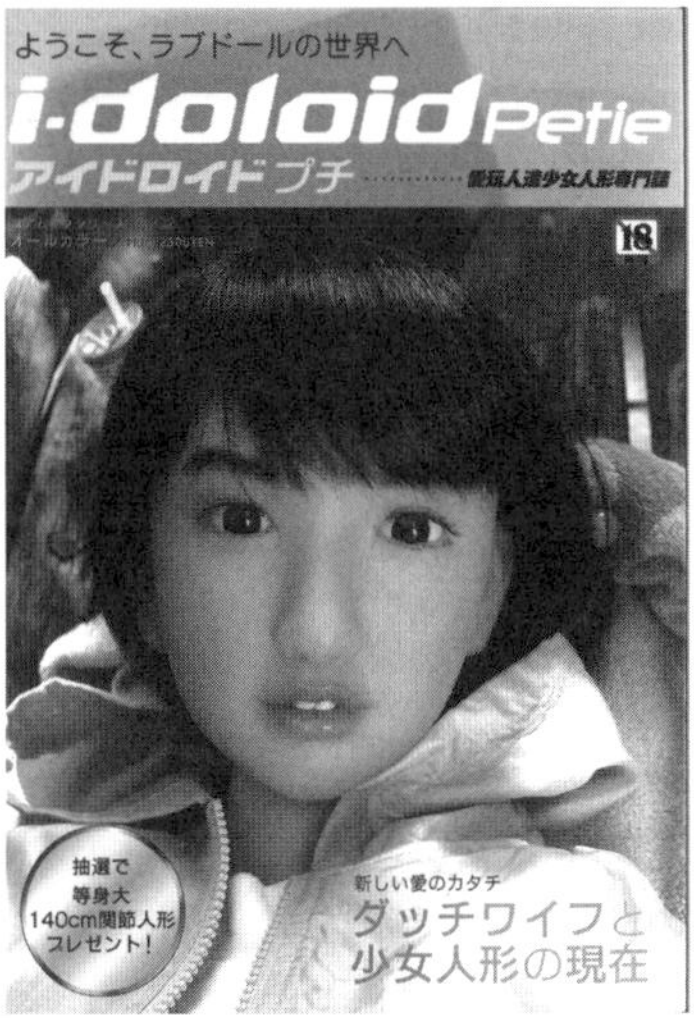

『**アイドロイド プチ**』（2004年／コアマガジン）
ラブドールブームを支えたムックシリーズ。『アイドロイド』『アイドロイド プチ』『アイドロイド　ビスタ』と誌名を変えつつ通巻22号まで発行された。モデルのように撮影されたグラビアが圧巻。

女性向けエロ本

女性向けの雑誌においてセックス関係の記事が登場し始めたのは意外に早く、60年代には『主婦と生活』（主婦と生活社）などで「最高の快感を味わうテクニックのあれこれ」といった「夜の夫婦生活」についての袋とじ記事が掲載され、人気を博していました。また1971年創刊の『微笑』、1977年創刊の『新鮮』（共に祥伝社）はヌード写真も大胆に使った過激なセックス記事を連発。完全に女性向けエロ本ともいえる内容でした。『新鮮』などはチンコのサイズを測るペニスゲージを付録に付けたりして、かなり攻めていましたね。

女性誌があくまで夫婦のセックスをテーマにしていたのに対し、思春期の女の子の好奇心にアプローチしたのがティーンズ誌です。80年代の十代少女向けの雑誌はセックスのハウツー記事や体験談などを盛んに載せていました。ファッション誌として現在も人気の『ポップティーン』（富士見書房。現・ポップティーン）も、80年代には「彼を喜ばせるフェラチオテクニック」などを掲載。そして最も過激だといわれていた『ギャルズライフ』（主婦の友社）などは、その内容が国会で糾弾され社会問題になるほどでした。1980年には大人気の女性誌『ａｎａｎ』が「セックスできれいになる」というセックス大特集をしたことで話題となります。この号が飛ぶように売れたことで、他の女性誌も次々とセックス特集をするようになったのです。

そうした女性誌の動きとは別にレディースコミック（レディコミ）のブームというものもありました。1979年に創刊された『BE in LOVE』(講談社)を皮切りに、少女漫画よりも上の年齢層を狙った女性向けの漫画誌が次々と誕生。たちまち100誌以上がしのぎを削る市場に成長しました。そして競い合うようにセックス描写も過激化。一部のレディコミ誌は「女性用エロ漫画誌」と呼ぶにふさわしい誌面となっていったのです。ストレートな女性向けエロ本としては、このあたりが始まりだといってもいいかもしれませんね。過激なレディコミ誌は、だいたいエロ本出版社が作っていましたし…。

そんな中で登場したのが1993年に創刊された『綺麗』(笠倉出版社)です。表紙には大きく「セックスを楽しんじゃえ!」のキャッチコピーが書かれています。表紙をめくるとその通りに、いきなり全裸の女性と男性のベッドシーン。男性は胸毛もじゃもじゃの外国人というところも注目ポイントでしょう。さらに男性ヌードやSMプレイのハウツー、ヌード写真満載の告白記事と続きます。そしてこの雑誌の目玉記事は、本当のカップルが出演する「私たちのSEX」や、女性3人がAV男優をいたずらしまくる「オトコの体イジリまくり」などの読者参加コーナーです。ちなみにカップルで「私たちのSEX」に登場すると、出演料10万円がもらえたそうです。

この読者参加企画は、次第にボリュームアップしていき、創刊から10年後の2003年の号になると、お好きな男優とデートしてセックスできる「AVギャルソンと1日デート」、希望のシチュエーションでエッチできる「あなたもレディコミヒロイン」、SMプレイしてもらえる「調教ルーム」、乱交パーティの「えっちちパーティ」、レズを体験できる「彼女とだったらしてもいい」と5コーナーも募集しています。AV男優に憧れる女性というのは、当時から多かったんですね。しかしこの頃の『KIREI』（途中でこの表記になりました）は、写真もエグいし記事もエグい。「魂のエクスタシー、それがSM」「男なんて、フェラテクでイチコロ」「乱交パーティで、私のレズ性が目覚めた‼」「吉原で色白美少年クンを食べた私」と露骨すぎるタイトルが並んでいます。男性のエロ本に比べると、より実践的な内容が多い印象です。

他にも『Fuu』（マガジンボックス）、『パンプス』（ダイアプレス）、『HIMITSU』（スポーツアイ）といった類似誌が続々と創刊。女性向けエロ本という新しいジャンルが定着するかと思われたのですが、エロ本自体が衰退していったこともあり、00年代には全て休刊してしまいました。

2009年には女性向けAVメーカー「シルクラボ」が誕生。イケメンAV男優（エロメン）とロマンチックなドラマを前面に出して成功しましたが、いま一つ広がりはないようです。スマホ時代になってAVを見る女性はかなり増えている一方で、女性用AVがいまいち盛り上がらないのは、実は作り手の勘違いがあるのかもしれません。AV配信サイトの検索ワードランキングを見ると、女性の第1位が「クンニ」なのはともかく、第2位は「痴漢」。他にも「中出し」とか「アナル」とか「レイプ」とか、なかなかハードなワードが並んでいます。男性のトップ3が「熟女」「巨乳」「人妻」なのと比べると女性の方が過激。これは海外の調査でも似たような感じです。このことから女性は意外にハードなエロが好き、という傾向がうかがえます。もし女性用エロメディアを作るとしたら、かなり過激な内容の方が受け入れられやすいのかもしれません。

　最近、女性のエロの入り口はその多くがBL（ボーズラブ）で、中高生くらいの時にこれらの漫画を読んでからエッチに目覚めたという話はよく聞きます。そして今やBLは巨大なマーケットを築いており、かつて男性向けエロ本を作っていた出版社は、BLにシフトした会社が多いのです。そしてBLの作家は、ほぼ女性。つまり女性が、女性向けのポルノを作っているわけです。実は日本は、先進的な女性向けポルノ大国ともいえるわけです。

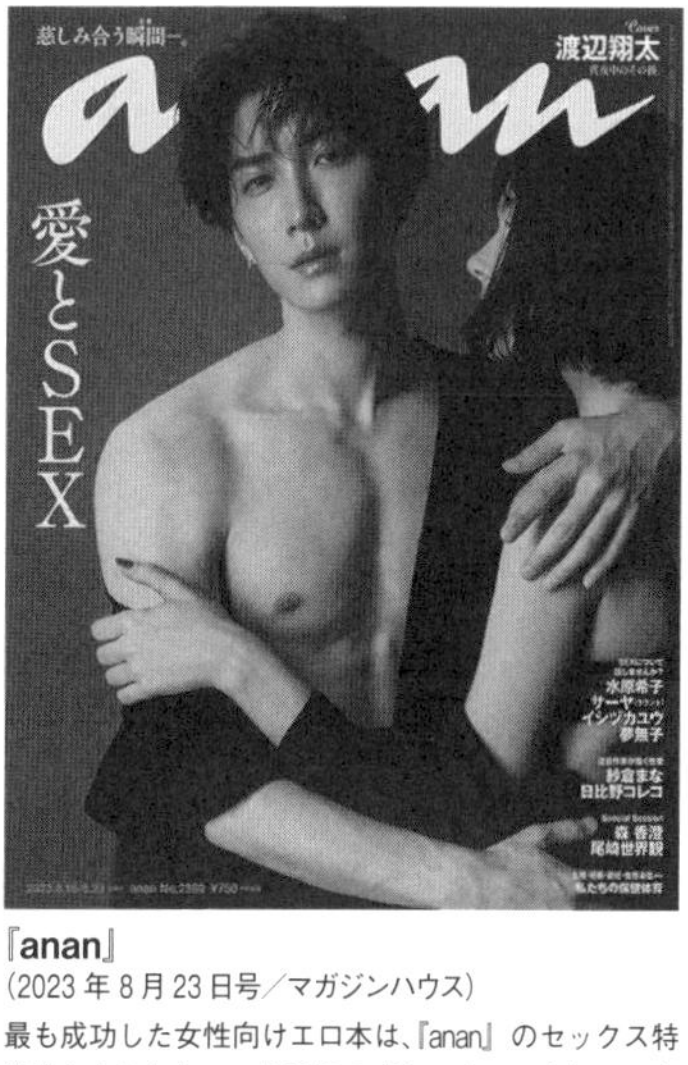

『anan』
（2023 年 8 月 23 日号／マガジンハウス）
最も成功した女性向けエロ本は、『anan』のセックス特集号かもしれない。1989年の「セックスできれいになる」特集から始まり、毎回大きな話題を呼んでいる。AV女優出演のDVDが付録に付いていた時期もあった。

『綺麗』（1995 年 1 月号／笠倉出版社）
本格的な女性向けエロ雑誌の先駆け。応募してきたカップルがセックスを誌上公開したり、女性読者がＡＶ男優と「体験」するという過激な読者参加企画が話題を呼んだ。類似誌が短命に終わる中、2003年まで刊行された。

類似誌

一つヒットが出れば、二匹目のドジョウを狙って似たようなものが出てくるというのが世の常です。特にアダルト業界は、昔から大胆にネタをパクるのが当たり前…みたいなところがあります。例えば、ビニール本の元祖といわれる『下着と少女』がヒットすると、すぐに『少女と下着』なんてのが出ました（笑）。今でもAVなどでは、『彼女が3日間家族旅行で家を空けるというので、彼女の友達と3日間ハメまくった記録（仮）川上奈々美』がヒットすると『出張で居ない三日間、パイパン巨乳の彼女は俺の親父に寝取られ種付けプレスされていた。晶エリー』とか『両親がいない三日間、大好きな妹を監禁拘束して犯し続ける』みたいに、「3日間」をタイトルにした作品が死ぬほど量産されています。まぁ、こうして類似したものがたくさん生まれることで、ジャンルというものが形成されていくわけです。

さて、このようにジャンルを築いたといえば、1970年に創刊した東京三世社の『SMセレクト』から始まるSM雑誌があります。SM雑誌自体は、それ以前にも『奇譚クラブ』や『裏窓』といった雑誌があったのですが、『SMセレクト』はあくまでもマニアを対象にした先行誌とは異なり、写真多めのエロ路線でヒットしました。最盛期は15万部以上も売れたというのですから、マニア誌としては破格な存在です。当然、すぐに類似誌がたくさん作られました。司書房からは

『SMファン』、三和書房からは『SMマニア』。これらの雑誌に共通するのは今では珍しい新書判サイズ（ポケット版）だったことです。面白いのは、元祖である『SMセレクト』がこの判型だったのは当時、東京三世社で『MEN』『PINKY』という新書判サイズの雑誌を出していたからなんですが、実はこれ当時人気だった雑誌『ポケットパンチOh!』（平凡出版）をマネた類似誌だったんですね。類似の連鎖が起きたわけです。

さて1981年に、白夜書房から『写真時代』という雑誌が創刊されました。カリスマ写真家の荒木経惟を前面に押し出した写真雑誌です。写真雑誌ではありますが、ヌードあり、パロディあり、心霊あり、奇形あり、女装あり、芸術あり…と、もう何がなんだか分からないカオスな雑誌でした。特に裸が多いうえに当時は厳禁だった陰毛なんかもチラチラ写っていたので、過激なエロ本として人気があったのです。しかも表向きは写真雑誌なので、買いやすい（笑）。というわけで大ヒットとなり、そうするともちろん他社も追随することになります。三和出版からは『流行写真』、辰巳出版からは『写真生活』、平和出版からは『新風写真』、そして東京三世社からは『ザ・写真』が創刊されました。誌名からしてそっくりですが、A4判という大判で女性タレントの顔のアップの表紙、そして過激なヌード多めのカオスな誌面というところも『写真時代』をトレースしています。元祖の荒木経惟に対抗して、『写真生活』ではスターリンなどのパンクバンドの写真を撮ったりハメ撮りしたりとアナーキーな活動をしていた石垣章を看板カメラマンにしたり、『流行写真』は山本晋也や浅井慎平を引っ張り出してきたりと、類似誌もいろいろと面白い試みをしていたんですが、その中でも『ザ・写真』の長岡直人による「写真紀行」シリーズはユニークでした。全国の有名観光地にモデルを連れて行き、ヌード写真を撮るというもので、例えば創刊号では、雪の降る港で青函連絡船をバックに全裸で立っていたり、居酒屋で地元の酔客の中に全裸でいたり、パンツ一丁で朝市を闊歩したりと、過激な露出をしながらも、地元の人たちがニコニコとヌードモデルと触れ合っていたりで妙に和んだムードがあるのです。ところが1985年8月号で、東京・上野のアメ横でこうした撮影をしたことが問題となって、東京三世社の社長や『ザ・写真』の編集長が逮捕されるという事件となってしまいました。同誌は当然休刊。そして、その影響で類似誌も次々休刊となります。本家の『写真時代』は生き残りますが、やはり1988年4月号が「わいせつ図画販売」容疑で回収となり、休刊することになりました。

1984年にベストセラーズから創刊された『ザ・ベストマガジン』も、多くの類似誌を生んだ雑誌です。『ザ・ベストマガジン』は、大原麗子や加賀まりこ、岩下志麻といった超大物女優の顔に水をぶっかけるという衝撃的な表紙で話題となりました。内容的には女、セックス、金、車、スポーツといった男の興味のあるものを全て網羅しており、そのストレートなアプローチが受けて、なんと最盛期には100万部以上という売り上げを記録しています。そうなれば、もちろん類似誌が続々と創刊。『ザ・トップマガジン』(大亜出版)、『ザ・ヒットマガジン』(三和出版)、『ザ・ビッグマガジン』(大洋書房)、『ザ・ナイスマガジン』(司書房)と、誌名も表紙ロゴもそっくりな雑誌が次々と登場しました。あまりに露骨な誌名のパチモン感は笑ってしまうほどですが、内容は本家とずいぶん違い、単なるエロ本という感じだったのが、ちょっとトホホ…。それもまた類似誌っぽくて味わい深いものがありますが。

　類似誌の方が生き残ってしまうという例もあります。1994年に創刊された『GON!』は、虚実入り交じったB級ニュース（「尾崎豊は生きている!」とか「日本一まずいジュースを探せ」とか「ツチノコを食べたぞ」とか）を極小級数文字でギュウギュウに詰め込んだ異形の雑誌で、鬼畜サブカル全盛の90年代に大人気でした。その類似誌として誕生したのが『ギャオス』（竹書房）、『まんぱち』（宙出版）、そして『ブブカ』（コアマガジン）でした。『ギャオス』と『まんぱち』は早々に休刊したのですが『ブブカ』は路線変更して、お宝発掘誌、アイドルのヤバいネタスクープ誌となり、そして現在は正統派アイドル雑誌へと華麗なる変貌を遂げ、今なお健在。本家の『GON!』は、次第にエロ雑誌色を強めるなど迷走した後に2007年に休刊しました。ただし、別冊として生まれた『実話GON!ナックルズ』は、『実話ナックルズ』として刊行中。このように類似誌や別冊の方が本家よりも長生きしてしまうことも少なくないのが、雑誌の世界なのです。

『ザ・ヒットマガジン』
（1985年9月号／三和出版）
露骨に『ザ・ベストマガジン』そっくりの表紙だが、一般誌である本家とは違って、内容はエロ本そのもの。それでも栗本慎一郎の連載や雁屋哲の対談などもあり、少しでも一般誌っぽさを出そうと努力していることが誌面からうかがえる。シティボーイズがエロ写真を撮る企画も。

付録戦争

エロ本が失速し始めた00年代に、付録戦争が起きていたことを覚えている人はいるでしょうか？その時、圧倒的な人気を誇っていた付録は、なんとパンツでした…。90年代くらいまで、エロ本の付録といえば等身大ポスターが定番で、70年代くらいだとソノシートなんかもありましたね。中でも等身大ポスターを売りにしていたのは、『おとこの遊び専科』（青人社）。桜樹ルイや憂木瞳など人気AVアイドルの等身大ポスターということで話題になり、同誌の売上をおおいに支えました。しかし当時は大判ゆえに印刷が大変だったため、本誌の発行部数に制限がかかったとか。現在でも、この付録はネットオークションなどで数千円のプレミア価格で取引されています。

そんな流れを変えたのが、00年代半ばから一気に増えた付録ＤＶＤでした。買えば数千円するアダルトＤＶＤが千円以下の雑誌の付録に付いてる！と、当時のエロ本読者は大喜びで買いまくり、ＤＶＤが付いていないエロ本は売れないなんて状況になっていました。何しろ３９０円とか２９０円の雑誌にまでＤＶＤが付いたのですから（内容はほとんどがＡＶのサンプル動画でしたが）。

そんな付録ＤＶＤブームに一石を投じたのが、『ザ・ベストマガジンスペシャル』（ベストセラーズ）でした。もともと〝最も売れてるエロ本〟との呼び声も高い人気雑誌でＤＶＤを付録に付けるのも早かったのですが、２００８年8月号で付いた付録は「生脱ぎパンティ」。「誌面で美女が着用した下着」と書いてありますが、もちろん新品です。実はこの時期の『ザ・ベストマガジンスペシャル』は、とにかくパンティネタが多く、この号の表紙にはパンティ、下着といった言葉が11個も書かれています（笑）。その流れで「それじゃ、パンティの実物を付録にしてみるか！」と思いついたのでしょう。そして、これが大ヒット。以降もパンティ付録の号がバカ売れし、『ザ・ベストマガジンスペシャル』はひたすらパンツ付録を連発するようになったのです。

そんな他社のヒットを黙ってみているエロ本業界ではありません。他誌もパンツ付録を追随すると、本家は付録に特化した『ランジェリー・ザ・ベスト』なんてのを創刊します。２００９年7月発売の創刊号ではパンツではなくスクール水着が付録に付いてきました。でもやっぱりスク水より下着の方がニーズがあったのか、２号ではブラジャー、パンツ、ストッキング、ガードルの4点セットを付録に！　以降は複数枚の下着が付くようになりました。「一週間分」ということで7枚付きや、２０１３年の号ではなんと13枚付きにまで膨れ上がります。そうすると他社も「パンティ4枚に加えて、さらにパンツかＤＶＤかチェキかオナグッズが当たるおみくじ付き」や「パンティとブラジャーが7セット！」など、物量作戦で迫ってきます。

そんなに大量の下着ですから、それを収納する段ボールの箱が付いてきて、本誌はそれを挟む形で販売されるのですが、５センチもある分厚い付録箱に対して、本誌は表紙を入れてわずか20ページ（しかもそのうち6ページは広告）と、完全に主従が入れ替わってます。本誌というか、ただの包み紙ですね、これ。

２０１０年頃、コンビニで「食料品を扱う店でパンツが付録というのは、ちょっと…」とクレームが付いたらしく、本家の『ザ・ベストマガジンスペシャル』はパンツ付録を諦め、複数枚のＤＶＤを付ける方向にシフト。しかし、失速はまぬがれずに２０１６年で休刊となってしまいます。ちなみに、最終号である10月・11月合併号では「最後だから」ということなのか、パンツ付録が復活していましたが…。

そして本誌がなくなった後も『ランジェリー・ザ・ベスト』や、やはりパンツ付録メインの『ザ・ベストマガジンスペシャル極』などは、ベストセラーズがエロ本から撤退する２０１８年まで断続的に刊行されていました。そして今でも書店のエロ本コーナーでは、他社のパンツ付きムックは健在。日本人男子はどれほどパンツが好きなのでしょうか。

というように、10年代末期のエロ本業界では付録戦争が起きていたわけです。圧倒的な強さを誇ったのはパンツですが、他にも様々な付録が考案されています。本家『ザ・ベストマガジンスペシャル』がパンツにたどり着く前の２００６年に付録に付けたのが、人気ＡＶ女優の愛液！彼女の愛液の成分を分析して、大量生産したというんですが、まぁ狂ってますよね。これ試してみたんですが、特に匂いもなくただのローションっぽかった記憶があります。『ザ・ベストマガジンスペシャル』は末期の２０１４年にも、切り取って組み立てるとＡＶ女優の実物大おっぱいが完成するペーパークラフトなんて企画をやって本家の意地（？）を見せていました。

ＡＶ雑誌『ＴＥＮＧＵ』（ジーオーティー）が２０１０年に付けたのが簡易オナホール。エロ本との相性はバッチリだとは思いますが、スポンジ製のショボい出来だったので読者の評判はよくなかったようです。美少女ゲーム雑誌でもこの手の付録は盛んで、『PCエンジェルネオ』（GMSパブリッシング）では2011年にゲームの美少女キャラが穿いていたという設定で、なんとニオイが付いたパンツ（ニオイを封じ込めたカプセルが付属）を開発！　さらに2012年にはドライヤーで温めるとホカホカ香るパンツまで作っています…。『ヤングコミック』（少年画報社）の、ぶっかけ定規、ぶっかけパスケースもアイデアの勝利。袋状に二重構造になっていて白い液体が封入されているケースに付属のイラスト（差し替え可）を入れると、美少女キャラがぶっかけられたように見えるという仕組みです。この辺の変態紳士なアイデアは、二次元系の雑誌の方が気合が入っています。

女性向けだって負けていません。BL誌『おもちゃピアス』（ジュネット）第1号の付録は電マ。掲載漫画にオモチャを使ったプレイが多かったことから、作品世界を体験できるというコンセプトだったのかもしれません。ちなみに第2号は、ローターの振動で紙相撲ができる付録と、さらに狂った企画を実現させています。ただ、その後は普通にDVD付録となっていることから、読者ウケはイマイチだったのでしょうか…。

こうしたぶっとんだ付録が連発されたのも、エロ雑誌という文化の断末魔的なもがきだったと考えると少し寂しくなります。こういう「ブツ」の面白さは、ネットや電子書籍では味わえないものですからね。紙の雑誌ならではの魅力を改めて評価したくなります。

『ザ・ベストマガジンスペシャル』(2006 年 8 月号／ベストセラーズ)
ＡＶ女優nao.の愛液を成分分析し、大量生産して付録に付けるというかなり狂った企画。ちなみに成分には「粘度：659.4 PH値：5.6 弱酸性　色：白濁色　匂い：ピーチ系　水分：95%　タンパク質：4570～2370　塩素：507～527」と記載。

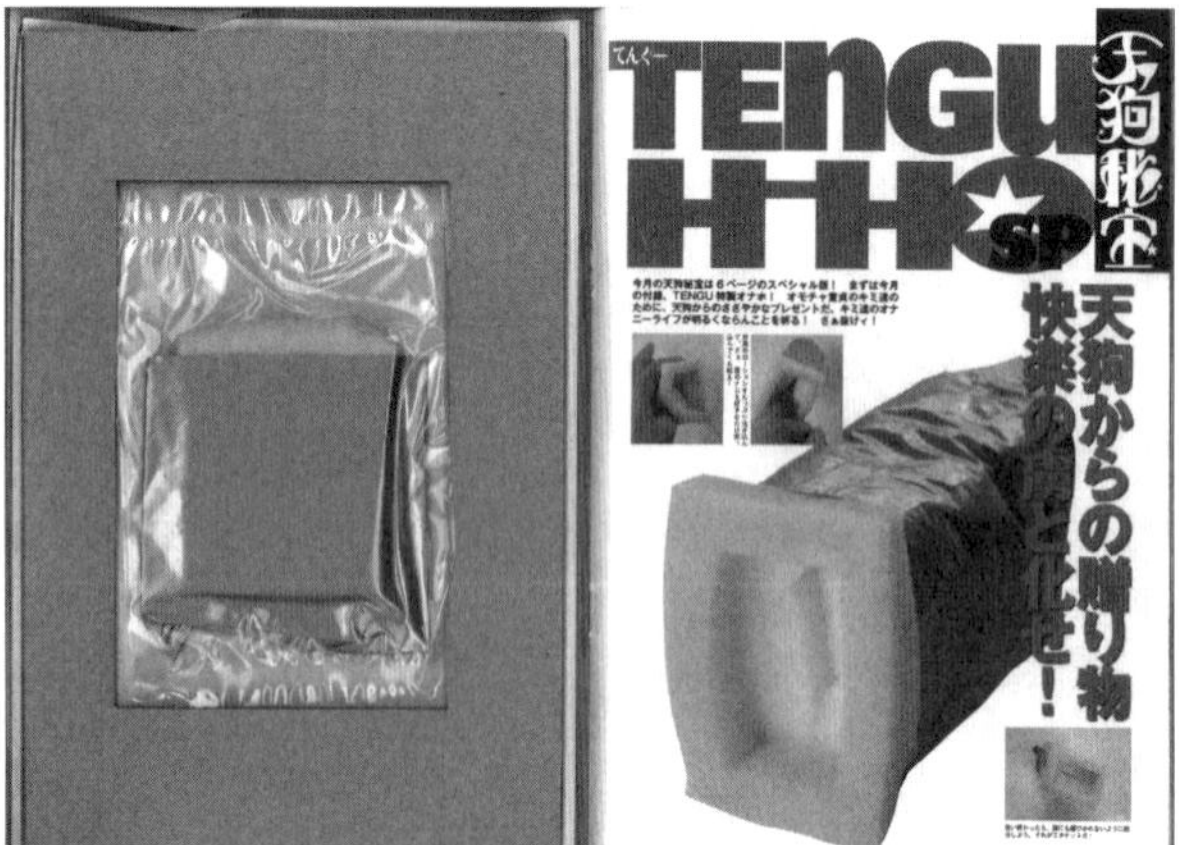

『TENGU』(2010 年 2 月号／ジーオーティー)
ついに登場したオナホールの付録。ただのスポンジに切れ込みを入れただけのような気もするが、ローションを注入して使うとそれなりに気持ち良かったとか。

『ザ・ベストマガジンスペシャル極 Vol.2』(2017年／ベストセラーズ)
上下ランジェリー１組にパンティ４枚が付録。セクシー過ぎる形状の下着ばかりで、パッと見は何がなんだか分からない（笑)。しかしこの下着、買った読者はどうするのだろう…。

『つぼみのひみつ』(2012年／ダイアプレス)
「つぼみチャン着用のスク水」が付録。もちろん着用済みのスク水ではない。しかし付録パンツにしろ、このスク水にしろ、買った人はどうやって楽しむのだろうか。やはり自分で着用するのか？

ブルーフィルム

手のひらのスマホを少し操作すれば誰でも簡単に無修正のポルノ動画を見られる時代ですが、その元祖ともいえる存在が「ブルーフィルム」です。簡単にいえば、無修正のポルノ映画。19世紀に映画が発明されるとすぐにエロティックな映画が作られ、20世紀初頭には早くもハードコアなポルノ映画も撮られているというから、新しいメディアができればすぐそこにエロを入れたくなるという人間の業は、かなり深いものがあるようです。

日本にも大正時代には輸入されて秘密の上映会が行われており、同時に国産のブルーフィルムも作られ始めていました。なんと昭和初期には『すゞみ舟』というポルノアニメまで作られていたというから驚かされますが、ブルーフィルムが全盛期を迎えるのは戦後のこと。終戦から2年後の1947年には、もう秘密上映会が行われていたという記録が残っています。戦後、国内で撮影されたブルーフィルム第一号は京都で作られた『情慾』という作品です。空き巣に入った復員兵が女学生を犯すという内容が時代を感じさせますね。

そして50年代に入ると、ブルーフィルムを見せるための小規模な映画館も登場。こうした映画館は「シキ」と呼ばれ、浅草から吉原にかけて100軒以上が存在したというから、その人気はかなり高かったようです。そのほか、料亭や閉店後のダンスホール、さらには温泉街のストリップ劇場などでもブルーフィルムは上映されていました。もちろん非合法の秘密上映なので、看板を出して堂々と営業するわけにはいきません。繁華街などでポン引きが好き者そうな男性に声を掛けて客を集めていたそうです。また、知り合いのグループによる貸し切り上映会もあり、この場合は政治家や会社役員といったお偉方も多かったようで、そんなところに警察の手入れが入って大騒ぎになったという話も…。

こうなってくると需要と供給の関係から、国内でも数多くのブルーフィルムが撮られるようになります。その中でも名作といわれたのが、1951年に作られた『風立ちぬ』という作品。潮来を舞台にした情緒あふれる内容で、野坂昭如らが高く評価するなど、今なお語り継がれる伝説のブルーフィルムです。この作品を撮影したのが高知の制作グループで、監督は「ブルーフィルムのクロサワ」と呼ばれるようになり、その後も名作を数多く撮りました。

しかし、60年代に入るとその収益に目をつけた暴力団がブルーフィルム業界を牛耳るようになり、粗製乱造されるという状況に。そうなると、しっかりと作られた質の高い海外作品に人気が移り、次第に国内で撮られる新作は減少していきました。そして80年代に入り裏ビデオが登場すると、ブルーフィルムはその役割を終えていったのです。

ちなみに、日本で「ブルーフィルム」の名称が定着したのは、1960年に翻訳されたグレアム・グリーンの小説『ザ・ブルーフィルム』がきっかけだといわれています。それまでは「猥映画（Y映画）」「秘密映画」などと呼ばれており、ブルーフィルムという呼び方はずいぶん後になってついた名称です。アメリカではブルーフィルムの他に、「ブルームービー」「スタッグ・フィルム」「スキン・フリック」といった呼び方が一般的でした。なぜ「青」なのかというと、検閲でわいせつなものを青色でチェックするという習わしがあったからだそうです。

さて、裏ビデオなどと違って現在では見るのも難しいブルーフィルムですが、先日某所から数本発見され、筆者も見せてもらう機会がありました。なんと地方の旅館の倉庫から出てきたとか。やはり、秘密上映会をやっていたのでしょうね。そのうちの1本が『夢』という作品。モノクロでかなり初期に作られたもののようです。もちろん音声はありません。布団で寝ようとしている1人の女性。手が股間に伸びて、何やら艶かしく動いています。するといきなり、セックス中の男女の股間が画面いっぱいに映し出されます。広げられた女性の股間に出し入れされる男根。今のAV用語でいうところのハメシロもバッチリです。女性もしっかり感じている表情。途中で正常位から側位に代わったりもしますが、男は一切顔を映さず、ひたすら股間のアップのみ。後半などは正常位で上下する男の尻ばっかりが映っています。ラストはちり紙で股間を拭く女性。どうやら、彼女のオナニー中の妄想だったようです。布団の端の置かれた紙に「終」の文字が書かれているエンディングはなかなかですが、7分ちょっとの短編にもかかわらず前半3分は女性が寝転んでいる様子が延々映っているだけというのは、構成に問題がある気がします（笑）。

もう1本の『狩りの時刻』は、カラー撮影なので60年代の作品でしょうか。絨毯の上のスケッチブックにマジックでタイトルが書かれているシーンからスタート。2人の女性が並んで寝転んでいるのですが、1人の女性はなぜか全裸。そしてもう1人は漫画雑誌を読んでいます。しばらくすると、2人は見つめ合い抱き合ってキスをします。ブルーフィルムにレズ物、結構多いんですよね。全裸の子の方が若くて身体つきも綺麗。もう1人はちょっとオバサンっぽいルックスです。若い子がオバサンのオッパイを舐めたり乳首を触ったりしていると、そこに唐突に浴衣姿の男が乱入。そして3Pが始まるんですが、男がやっぱり若い子の方にばっかりいくんです（笑）。若い子がクンニされている横でオバサンがオナニーしてたりして、ちょっと切ない。そしてクンニされてる女の子の顔の上に跨って顔面騎乗したりして、これはレズの嫉妬なんですかね。でも、若い子もしっかり舐めてあげてます。オバサンも男に跨ってやっちゃいますが、結局男は若い子の方に中出し。開いた股間から、白い精液が流れ出るラストカットは、かなり生々しいです。こちらも9分ちょっとの短編でした。

ハイビジョンの高画質でアイドル顔負けなほど可愛いAV女優の無修正が簡単に見られる現代の目から見れば、画質は悪いわ、音声は無いわ、撮り方はひどいわ、女優のルックスも目も当てられないレベル…なわけですが、このいかがわしいムードにブルーフィルムらしさを感じられて、結構楽しめます。何よりも無修正なんてそう簡単には見られなかった時代の男性が、これを見た時の興奮や感激はものすごいものだったのではないかと想像すると、なんだか羨ましい気持ちにすらなるわけです。何でも手軽に見られることがエロにとって本当に良いことなのかなぁなんて、つい考えてしまいますね。

成人映画

80年代にAVが台頭するまで、日本のアダルトメディアの王者は成人映画でした。成人映画とは映画倫理機構（映倫）の審査により18歳未満の観覧を禁じられた「大人向け」の映画作品のことです。なので、役所広司主演のヤクザ映画『シャブ極道』（1996年公開）のように性描写以外でも「青少年にふさわしくない描写」によって成人指定されてしまう映画も含まれるのですが、そうした作品は「R-18」（現在は「R18+」）といわれることが多いですね。映倫が成人指定を始めたのは1955年（当時は「成人向映画」）。都知事として性表現規制を打ち出したことでも知られる石原慎太郎の原作で大ヒットした『太陽の季節』も、実は初期の成人向映画の1本でした。

50年代には、それまでタブーだったセックスやヌードを扱った「ハダカ映画」が次々と作られ、そうした中から「ピンク映画」が生まれます。ピンク映画とは、大手映画会社以外が制作した性描写を中心とした映画のこと。この頃は大手もエッチなお色気映画を作っていたので、区別するために作られた言葉です。

その第一号は1962年に公開された大蔵映画『肉体市場』だといわれていますが、当時はまだピンク映画という言葉はありませんでした。ピンク映画という名称は1963年頃から使われるようになり、当時は「エロダクション映画」なんて言い方もありました。さらには制作費が

300万円程度なことから「300万映画」と呼ばれることも（恐ろしいことに実は現在でもピンク映画の制作費は変わっていないとか…）。

まだまだエロに飢えている時代ということもあり、人々はピンク映画に殺到しました。少ない制作費で高い興行収入を叩き出すことから、参入する会社が続出。1963年には23作品だったピンク映画は、1965年には年間200本以上が公開されるまでに膨れ上がったのです。ベルリン国際映画祭に『壁の中の秘事』を出品し、大きな話題となった若松孝二監督など気鋭の監督らも活躍し、ピンク映画は大きな盛り上がりを見せます。

その一方で大手映画会社は斜陽の時代を迎えており、中でも日活は厳しい状況に陥っていました。そこで日活が打ち出したのが「日活ロマンポルノ」の制作だったのです。大手映画会社の資金力とノウハウをつぎ込んだ成人映画を作れば、それは「300万円映画」と呼ばれたピンク映画とは一線を画した完成度の高いものになる。そんな大手ならではの自負が「日活ロマンポルノ」というブランド名には感じられます。ロマンポルノとピンク映画は混同されがちですが、このように両者のスタンスは大きく異なるものなのです。

日活ロマンポルノの第一弾として1971年11月に公開された『色暦大奥秘話』と『団地妻・昼下りの情事』は大ヒット。以降、日活ロマンポルノは日本のアダルトメディアの王者として君臨することになります。ちなみに「ポルノ」という言葉を最初に打ち出したのは、東映が1971年7月に公開した池玲子主演の『温泉みみず芸者』で、以降も東映はこの名称を使い続けます。

当時は「ポルノ」には「ピンク」よりも上のものというニュアンスがあったのかもしれません。

濡れ場を10分に1回入れるなどのルールを守れば、あとは監督の裁量に任せるという制作態勢があったため、日活ロマンポルノでは先鋭的な作品も多く制作され、根岸吉太郎や村川透、金子修介ら、後に日本映画を支える監督を輩出しています。森田芳光も初期には監督作があるほか、相米慎二も映画業界の第一歩は日活の助監督でした。

田中登監督の1974年作品『㊙色情めす市場』は、個人的に圧倒された一本です。大阪のドヤ街でゲリラ撮影されたというモノクローム映像の強烈なインパクトは、今なお褪せることはありません。伝説のカルト女優・芹明香が最高なので、興味ある方はぜひ。

作品だけではなく、原悦子、宮下順子、谷ナオミ、東てる美、美保純といったポルノ女優も人気を集め、雑誌のヌードグラビアでも、日活ロマンポルノの女優が大活躍。日活の女優は、70年代のオナペット（オナニーのオカズとなる女性）の頂点ともいえる存在だったのです。ちなみに日活は1978年に「にっかつ」と社名を変更したため、日活ロマンポルノも、以降は「にっかつロマンポルノ」という表記になります。

そんなロマンポルノですが、80年代後半にはその勢いを失います。その原因はアダルトビデオ（AV）の登場でした。自宅でこっそり見られるというメリットは、オナニーツールとしては強力なアドバンテージだったのです。いくら興奮しても映画館ではオナニーするわけにいかないですからね（こっそりしてる客もいたらしいですが…）。

黎明期こそロマンポルノ女優の出演したAV作品が人気でしたが、次第にAVでデビューした女の子たちがその人気を上回るようになります。ロマンポルノは、アダルトメディアの王者の座も、オナペットの頂点の座も、AVに奪われてしまったのです。

にっかつは、その対抗策として1985年から、実際に本番をして（それまでの成人映画は、前張りをした疑似性交の演技）ビデオで撮影する「ロマンX」という路線を始めます。AVの特性を映画に取り入れようとしたわけですが、それは焼け石に水でした。ロマンXではAVに対抗することはできず、結局19

『団地妻・昼下りの情事』（日活／1971年）
ロマンポルノ第一作。監督は西村昭五郎、主演はそれまでピンク映画で活躍していた白川和子だが、その後は「ロマンポルノの女王」と呼ばれるようになる。公開当時は連日立ち見が出るほどのヒットを記録した。

『㊙色情めす市場』（日活／1974年）
監督は田中登、主演はこれがデビューとなる芹明香。大阪の旧赤線地帯を舞台に19歳の娼婦を巡る人々の交流を描く。鮮烈なモノクロ映像で撮影されているが、突然カラーになるクライマックスが圧巻。ロマンポルノの最高傑作という声も多い。

88年に、にっかつはロマンポルノの制作を終了することになります。その寿命はわずか17年、制作された本数は約1，100作品でした。

しかし、ロマンポルノ終了以降もピンク映画はしぶとく生き延びます。制作会社も現在はオーピー映画（大蔵映画）一社のみとなり、制作本数も新作は年間36作。上映する映画館も全国で三十数館にまで減少するなど、かなり厳しい状況ではありますが、一般映画館でピンク映画（15歳未満の入場・鑑賞が禁止のバージョン）を上映する「OP PICTURES＋フェス」を毎年開催し、新しい観客層を開拓するなどの動きもあり、AVとは違った「エロティックな映画」としての存在感を見せています。そして、にっかつも2016年から「日活ロマンポルノ リブートプロジェクト」や「ROMAN PORNO NOW」といったプロジェクトで、現在活躍している監督によるロマンポルノの新作を断続的に制作しています。

近年、AVでもドラマをきっちりと描く作品が人気を集めているので、よりドラマを重視した成人映画が再び注目されるという展開も、あるかもしれませんね。

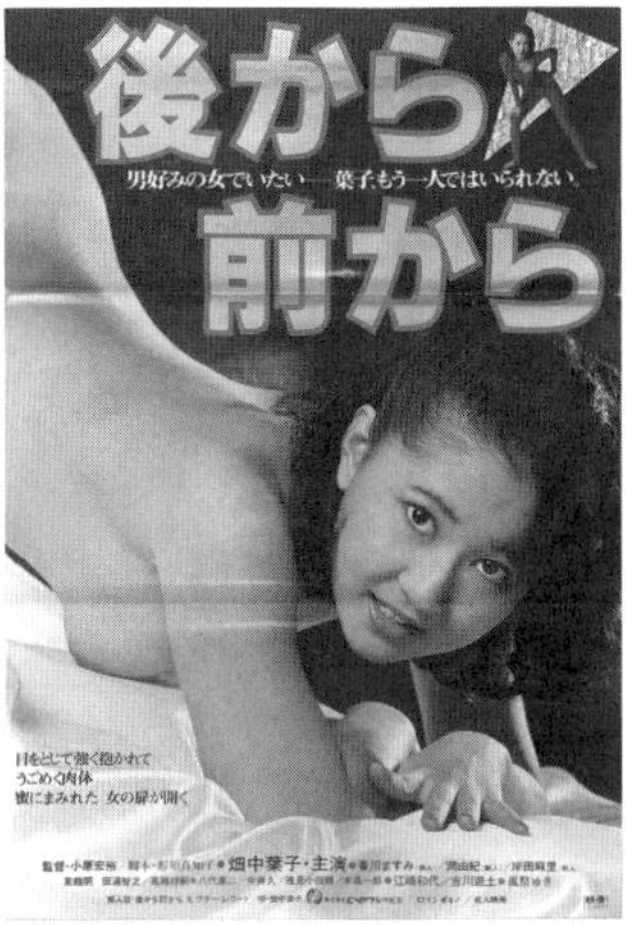

『後から前から』（にっかつ／1980年）
平尾昌晃とのデュエットソング「カナダからの手紙」のヒットで知られる歌手、畑中葉子主演のロマンポルノ第二作。暴走族のトップレディを演じている。同名の主題歌もヒットし、エロティック歌謡の名作とされている。監督は小原宏裕。

『ピンクのカーテン』（にっかつ／1982年）
兄と妹の危うい関係を描いたジョージ秋山の人気漫画を映画化。奔放な妹を大胆に演じた美保純は本作でブルーリボン新人賞を受賞し、スターダムへ駆け上がった。監督は上垣保朗、リリカルで印象的な音楽は原マスミが担当。

OP PICTURES +フェス 2023
現在唯一のピンク映画会社である大蔵映画が、ピンク映画をR15バージョンに再編集し、一般映画館で上映するという映画祭。2015年からスタートした。なかなかピンク映画館には足を運べない女性客や若年層の観客も多い。

エロカセット

ビデオデッキが家庭に普及しきらない80年代までは、カセットテープはメジャーなアダルトメディアでした。お色気トークやセックスの際の音声などを収録したカセットテープで、要は音声のみのアダルトビデオといえばよいでしょうか。当時はビデオのようにエロテープを聞ける設備のあるラブホテルもあったとか。

1960年代から流通し始め、当初は「ピンクテープ」「エロテープ」「シークレットボイス」などと呼ばれていたそうです。1970年には、なんと十万本の売上を記録した『恍惚』というベストセラーまで登場しています。こうしたエロカセットは、大人のおもちゃ屋や古本屋、ディスカウントショップなどで流通していました。

では、70年代後半の商品と思われる『昇天試験』というタイトルのエロカセットを聴いてみましょう。ピアノのBGMに乗せて、修道院の尼僧と神父の許されない関係が語られるラジオドラマ風の作りになっています。尼僧も神父も情感たっぷりにセリフを語っていて、プロの俳優か声優のようです。2人がセックスをしていると思われる喘ぎ声がふんだんに挟まれるのですが、具体的に卑猥な単語などは出てきません。パッケージを見ると、定価は5,200円もするのですが、収録されているのはA面に10分ほどで、B面は無音。メーカー名も書かれていません。同じシリーズの『激聴 今犯されている』は、海外を巡って明日日本に到着する豪華客船で知り合った男女が愛し合うという話。こちらも10分ほどの収録時間です。

この内容から分かる通り、エロカセットはかなり安易に作られているものが多かったようです。そして明らかにヤラセと分かるラブホテル盗聴物なども、エロカセットの主流商品でした。いや、こんなに適当に作られたものでも、エロに飢えていた70年代には貴重だったのです。ちなみに70年代には、8トラックのエロカセットも多数作られています。8トラックとはカートリッジ式のカセットテープで、カラオケ用やカーステレオ用として普及していました。おそらく長距離トラック運転手の夜のお供用として作られていたのではないでしょうか。

80年代初頭には、ポルノ小説の朗読を収録した「ロマンカセット」も登場。テープフレンドという会社が手掛けたもので、当時の売れっ子ポルノ作家7人の短編小説をA面B面に各1話ずつ収録し、10タイトルを発売しました。収録されたのは川上宗薫の「女体奇異」、宇能鴻一郎の「童貞やぶり」、富島健夫の「背徳の部屋」、勝目梓の「天の声」、泉大八の「感じちゃう」など錚々たる面々の人気作家揃いということもあり、わずか半月の間に6万本を売り上げる大ヒットとなったそうです。こうした官能小説の朗読カセットは、その後も80年代後半にミリオン出版が「スナイパーカセットブック」として、蘭光生や糸井悠丹といった作家のSM小説をラジオドラマ化して発売しています。

さて80年代初頭には、もうひとつのエロカセットの流れも産まれています。それが当時人気を集めていたビニール本とエロカセットを組み合せた商品です。ビニ本本誌で視覚を、そしてカセットで聴覚を刺激しようという狙いなのですね。しかし、実際にビニ本を見ながら付録のカセットを聴いてみると、音声がビニ本と全くリンクしていないものがほとんどだったりします。

例えば、後にAVメーカーとして有名になるKUKIから発売された『SUPER SEX TOOL』のパッケージには、「見る聞く！ 同時に2つの方向から感覚を刺激するKUKIのスーパーオナニーツール」などと書かれていました。本には朝田秀子22才と鈴木亜美19才（もちろん後のアイドル歌手とは無関係）の2人が、それぞれシティホテルの部屋でパンティ一枚で悶えている写真が掲載されており、タイトルは「ぬくもりの果実」。彼女たちの穿いているパンティはかなり薄く、陰毛は丸見えといってもいいほどに透けています。これでも当時としては、十分に刺激的だったと思われますね。

一方、カセットテープの方はA面が「熟女たちの生録日記 お気に召すまま」で、B面は「とまどいのファックメモリー 私、淫らになりたいの」が収録されています。A面では美容教室の講師をやっている30代の人妻が生徒の20代女性にレズの手ほどきをする話や、女子大生が家庭教師先で母親にアナルの喜びを教えられる話、そしてB面では女子大生や女子高生のエッチなお正月の話などをラジオドラマ風に収録。70年代の『昇天試験』に比べると、かなり露骨なセックス描写となっていてエロ度も高めとはいえ、本とは全く関係のない内容です。

ラジオ番組風に途中でKUKIの商品のCMが入るのもユニーク。この時期、KUKIはカセット付きビニ本に力を入れていました。ラジオ番組のように読者のお便りを紹介したり、インディーズバンドのレコードをかけるコーナーがあるカセットなども出しています。

エロカセットとして、最も有名なのは、マドンナ社（二見書房）の「マドンナメイトカセット」シリーズでしょう。1985年に創刊されたヌード写真の文庫「マドンナメイト写真集」のカセット版として1987年に誕生したシリーズです。マドンナメイト写真集と同じ文庫版サイズの紙製ケースの中にはカセットテープとナマ写真3枚、そしてB3判の実物大ポスター（なぜか胸や下着を履いた股間のアップで、顔は写っていない）が1枚封入されていました。

全45分のカセットテープには、AV女優によるラジオドラマや、おしゃべり、そして歌などを収録。表紙には「あなたの耳もとで愛を囁きたい」「声だけでアナタをいかせちゃうカセット文庫！」などと書かれており、どんなにエッチな音声が収録されているかと思いきや、これがかなり下らないコントばかりでした。例えば、桂木麻也子編では、番町皿屋敷のお菊さんが皿を数えていると、目玉オヤジがアソコに入ってしまって悶えるとか、海でヌードグラビアを撮影していてウミガメの上に跨ったら気持ちよくなっちゃったといったもの。一応お色気ネタにはなっており女優の喘ぎ声などは入るものの、女優を含む出演者の演技がコミカルでお笑い要素が強すぎるため、あまり実用には向きません。出演女優が歌う曲が必ず収録されているあたりから考えると、AV女優のファンアイテム的な性格の商品だったのかもしれません。

ちなみにAV女優の歌は、すべてこのカセットのためのオリジナル曲。林由美香は「みんな思い出にかえて」、松本まりなは「風に抱かれて」、菊池エリは「ひとりにしないで」と、アイドルポップス調の曲がほとんどで、正直いって歌唱力には期待しない方が良い出来でした（笑）。とはいえそんな内容でも、自分の部屋でAVを見ることができない当時の少年たちにとっては、十分なズリネタだったのです。

他のエロカセットとは違って、大人のおもちゃ屋やビニ本屋といった怪しい店ではなく、普通の書店でも販売されており、価格が980円と安かったのも、ありがたい存在でした。マドンナメイトカセットは、小林ひとみや立原友香、秋元ともみ、樹まり子、黒木香、豊丸など当時のトップAV女優ばかりを起用し、1990年までに36作をリリースしました。こうした商品の他にも、中川えり子のインタビューや朗読を収録した『えり子の本番 今度も入れたまま』（KUKI）、AV「サイコエクスタシー」シリーズの作中で使われる代々木忠監督による催眠テープなど、AVメーカーがプロモーション用に店頭で配布した非売品カセットもありましたね。

90年代に入りCD全盛期になると、こうしたエロカセットも姿を消していきます。その代わりに登場したのが利用料を払うと電話でエッチな音声を聞けるQ2ダイヤルですが、こちらも00年代に入ると規制などにより消えていきました。

では音声によるエロコンテンツが消えてしまったのかというと、実はまだまだ健在なのです。なんとオタク系の同人ソフト界隈では「同人音声」と呼ばれる音声物が近年大きな盛り上がりを見せています。催眠の暗示によってオナニーの快感を増大させようという「催眠音声」や音声によって快感を生じさせる「ＡＳＭＲ」などのブームがあり、今やアダルト系同人音声は、一大ジャンルとして注目されているのです。

エロというと、ついつい視覚にばかり注目してしまいますが、見えないからこそ想像力がかきたてられる音声のエロも独自の楽しさがあります。イヤホンを装着して目を閉じれば、そこはもう卑猥なパラダイスなのです。

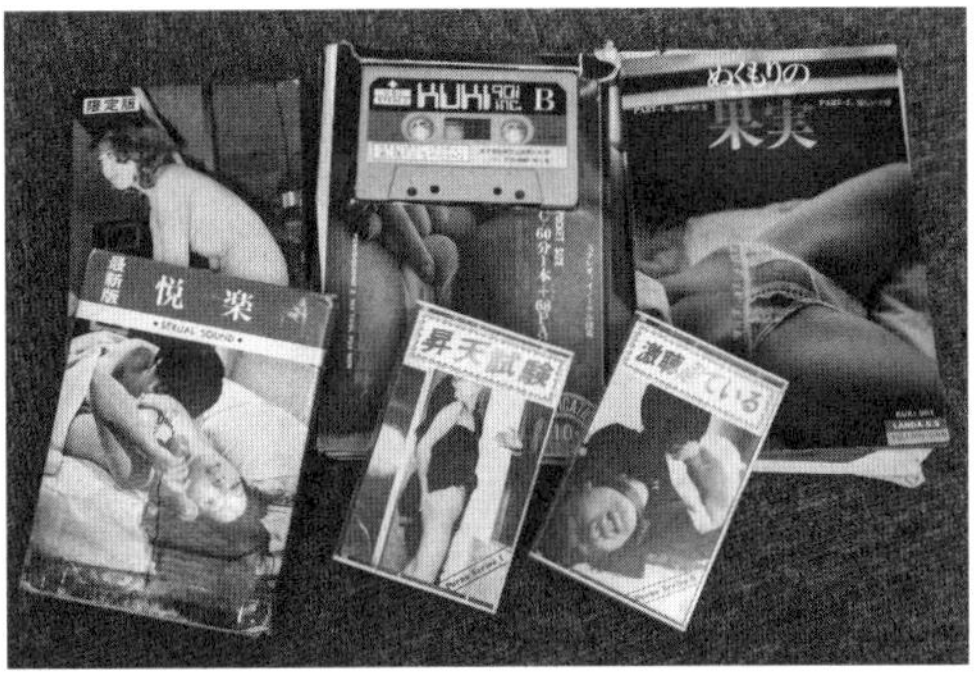

70～80年代に流通していたエロカセット。上段右はKUKIのビニ本付きカセットで、左の2本は8トラック。いずれも内容的には大したことはないのだが、それでもイヤホンでこっそりとエッチな声を聞くことができるというのは、当時としてはかなり貴重なアイテムであった。

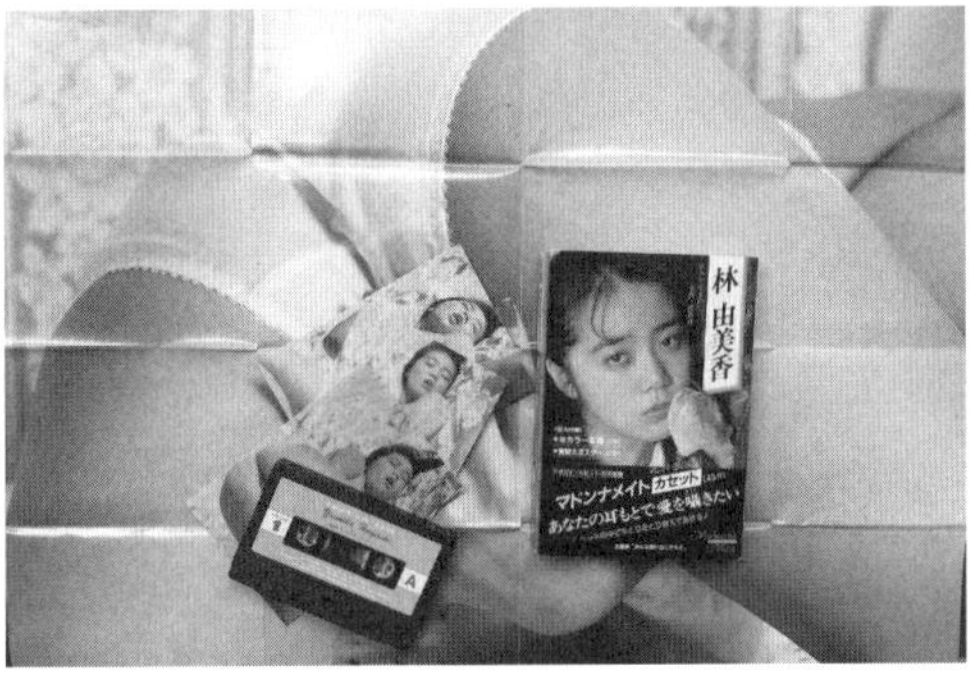

『マドンナメイトカセット 林由美香』（二見書房／1990年）
カセットテープの他に実物大ポスター（なぜか裏表とも股間のアップのみ）と生写真3枚が付録に付いている。故・林由美香のおしゃべりとエッチなコント、オリジナル歌唱曲を収録。独特なコケティッシュな声が魅力的だ。

アダルトビデオ

アダルトビデオ＝ＡＶの第一号は１９８１年５月に日本ビデオ映像（みみずくビデオパック）から発売された『ビニ本の女 秘奥覗き』と『ＯＬワレメ白書 熟した秘園』だといわれていますが、実はそれ以前にも成人向けのポルノビデオは発売されていました。それは成人映画をビデオソフト化したもので、主にラブホテルなどの有線放送で流されていたようです。〝ビデオとして販売する目的でビデオ撮影されたポルノソフト〟として初めて制作されたのが、『ビニ本の女～』と『ＯＬワレメ白書～』というわけです。ちなみに当初は、こうしたビデオ撮影されたオリジナルソフトのことを「生撮り」と呼んでいました。

そして１９８３年にレンタルビデオショップが公式に認められることになり（それ以前はメーカーに無断で貸し出していた）、ビデオソフトは借りて見るものという認識が広がっていきます。そしてレンタル店で取り扱ってもらうには、日本ビデオ倫理協会の審査を受けることが必要でした。つまりＡＶとは、ビデ倫の審査を受けてレンタルショップで借りられるポルノビデオのことを指していたのです。

１９８４年には家庭用ビデオデッキの普及台数が５００万台を突破し、一般化も進んでいきます。初代ＡＶクイーンと呼ばれた小林ひとみ、美少女アイドル路線を確立した秋元ともみ、そしてその特異なキャラクターで文化人としてもマスコミを席巻した黒木香という3人のAV女優がデビューしたのが1986年。テレビや一般雑誌などにもAV女優が度々登場するようになり、AVは市民権を得ていきました。高価だったビデオデッキも10万円を切る商品が登場し、レンタルビデオショップも全国で1万店以上になり、いよいよビデオの時代が訪れたのです。

1989年1月に昭和天皇が崩御し、年号が平成に代わりますが、この時にテレビ番組が放送を自粛した影響で、レンタルビデオショップは史上空前の売上を記録します。テレビがつまらないからビデオでも借りようかと、レンタルショップに客が押し寄せたわけです。当然AVも多く借りられ、市場は拡大していきました。1990年前後がAVの最初の黄金期だといってもいいでしょう。毎月300タイトル以上がリリースされ、若くて可愛らしい新人女優が次々とデビュー。各メーカーは人気女優を取り合うようになり、ギャラは1本数百万円という金額にまで高騰していきました。AV女優のメーカー専属制が広まったのもこの頃です。

しかし、1991年のバブル崩壊はAV業界にも暗い影を落としました。一時期は1万8千店あったレンタルショップも閉店が相次ぎ、1万店を割り込むほどに減少します。別業種の会社が税金対策として営業していたレンタルショップが多かったのも急激に店舗が減った理由のひとつ。レンタルショップが少なくなれば、AVの販売本数も比例して落ち込みます。この直前まで破竹の勢いで業界を席巻していたダイヤモンド映像を始めとしたメーカーの倒産も相次ぎました。その誕生から、凄まじい勢いで拡大を続けてきたAV業界は、ここで最初の曲がり角を迎えたのです。

90年代初頭には企画物ブームもありました。人気女優のネームバリューに頼らず、無名の女優を使って企画の内容で勝負する作品が「企画物」です。ちょうど撮影機材が小型軽量化していたタイミングということもあり、少人数のスタッフでの機動性を活かしたドキュメントタッチの作品が作りやすい状況でした。低予算で済むというのも、人気女優の高騰するギャラに頭を悩ませていたメーカーにとってもありがたかったのです。カンパニー松尾、バクシーシ山下、ゴールドマン、平野勝之といった若い世代の監督たちがこの時期に様々な実験的な試みの企画物を撮

『燃えつきるまで 小林ひとみ』
（VIP／1986年）
AV女優（当時はビデオギャルと呼ばれていた）の存在を世に知らしめた女王・小林ひとみの代表作。2千本売れればヒット作といわれた時代に1万本以上の売上を記録した。

『ビニ本の女 秘奥覗き』
（日本ビデオ映像／1981年）
AV第一号といわれる作品。同時発売は『OLワレメ白書』。ビニ本撮影現場を舞台にしたドラマ物で、主演はピンク女優の青野梨麻。監督もピンク映画で活躍した稲尾実。30分9,800円。

り、ＡＶの可能性を広げました。それはその後のＡＶのあり方にも大きな影響を与えたのです。

90年代後半のＡＶ業界にはインディーズ旋風が吹き荒れます。当初はマニアに向けて作った販売専用のＡＶでしたが、ビデ倫の審査を受けていないため、モザイク修正も小さく、内容も過激なものが多かったことで人気を獲得。00年代前半までは、女優で見るならビデ倫＝レンタル系メーカー、企画で見るならインディーズ＝セル（販売）系メーカーという棲み分けが出来ていたのですが、次第にセル系メーカーが女優のレベルを上げていったことで、やがて立場は逆転してしまいます。

90年代後半からＡＶのフォーマットがＶＨＳからＤＶＤへと移り変わっていったことも影響がありました。レンタルショップではＤＶＤへの移行が遅れたため、レンタル系メーカーもＤＶＤは販売用という変則的なスタンスになり、その一方でセル系メーカーの作品もレンタルショップで扱われるようになりました。00年代後半にはレンタルＶＳセルという図式は既に崩れ、同じ土俵で戦う状況になっていたのです。そうなるとモザイク修正の小さいセル系メーカーの方がユーザーにとっては嬉しいということで、人気は上がっていきました。こうしてレンタル系メーカーは失速し、インディーズからスタートした新興のセルメーカーがＡＶ業界の中心になります。

00年代後半にはＤＶＤよりも高画質の新フォーマット、ブルーレイディスクが登場しますが、ＡＶにおいてはあまり普及しませんでした。それよりも大きな動きとなったのが、インターネットによる動画配信です。動画配信自体は90年代後半から既に始まっていたのですが、00年代に入ると次第にユーザー数も増加し、10年代にはＤＶＤを上回るほどになりました。これはスマートフォンの普及の影響もあるでしょう。いちいちショップへ行かなくても、誰でも手の中のスマホを操作すれば簡単にＡＶを見ることができるのですから。

配信が中心になったことで、女性ユーザーも増加。ショップで購入するという心理的抵抗がなくなったため、女性でもＡＶに触れやすくなったのです。少し前では考えられなかった「ＡＶ女優に憧れる女性」が急増したのもこの頃です。そしてＡＶ女優になりたいという応募者も増え、その結果として女優のレベルがどんどん高くなっていきました。

２０１６年の出演強要問題から端を発したＡＶ業界へのバッシングや、２０２２年に突然施行されたＡＶ新法など、ＡＶを取り巻く環境は厳しいものとなってはいますが、それでもＡＶが今なおアダルトメディアの王者であることは、間違いありません。既に40年を超える歴史を持つ日本のアダルトビデオ。現在は月間２０００タイトル以上が発売され、市場規模は５００億円ほどだといわれています。レンタルからセル、ＶＨＳからＤＶＤ、そして配信へとその形は時代と共に変わりつつも、ＡＶは今後も私たちの性欲に応えてくれるでしょう。

『実録素人ドキュメント 私を女優にして下さい』
（V&R プランニング／ 1991 年）
カンパニー松尾監督が出演希望の素人女性の元へ出向き、8ミリビデオカメラでハメ撮りするロードムービーAV。ロックセンスにあふれるその独特のタッチは、後続の若手監督たちにも大きな影響を与えた。

『50 人全裸オーディション』
（ソフト・オン・デマンド／ 1996 年）
50人の女性が全裸でオーディションを受ける（だけ）という従来のAVの枠をハミ出した企画と、陰毛無修正が話題となり、5万本という空前のヒットに。ここからインディーズAVブームが始まった。

『AV 女優 小向美奈子』
（アリス JAPAN ／ 2011 年）
人気グラビアアイドルだった小向美奈子が、覚醒剤取締法違反での２度の逮捕を経てAVデビュー。大きな話題を呼び、20万本というAV史上最大のヒット作となった。従来の芸能人AVの枠を超えた激しい内容で評価も高い。

裏ビデオ

裏ビデオとは、無修正のポルノビデオの総称であり、もちろん非合法な商品です。その第一号といわれる『星と虹の詩』が制作されたのは1979年。いわゆるAVが誕生したのが1981年なので、その前に作られていたことになります。作品自体はビデオ撮影の撮り下ろしですが、特にストーリーはなく、ケバいお姉さんがセックスしてるだけというもの。関西で制作されたようです。

80年代に入ると関東で制作された裏ビデオが主流になっていき、そして1982年には『洗濯屋ケンちゃん』という大ヒット作が登場します。クリーニング屋の青年・ケンちゃんを主役にしたコメディタッチのこの作品は、映画業界のスタッフの手によるもので、映像も演出も完成度が高かったこともあり、大きな話題を呼びます。ちょうどビデオデッキの普及が広がっていた時期というタイミングもよかったのでしょう。こっそりとビデオデッキの販促物として扱われていたなんて話もあったほどで、一説には15万本が販売され、十数億円の売上があったそうです。もっとも制作グループが出荷したのは、わずか200本で、それが勝手にダビングされて広まっていったのですが…。

この年には本格的なアクションドラマ物『IN SHOOT 恐怖の人間狩り』もヒットし、裏ビデオは世間からも注目されます。裏ビデオの方がメジャーだったために、正規のAVが「表ビデオ」なんて呼ばれていたほどです。

1983年には年間に100タイトル以上の裏ビデオが作られます。この頃から1986年くらいまでが裏ビデオの第一次黄金期だといえるでしょう。裏本で人気だったモデルがレイプされる『極悪非道ホテトルあらし』、女の子が騙されて出演してしまう(実はフェイクドキュメント)『ビデオゴッコ 時には表のように』、海中ファックシーンもある『マリンブルー』、テレビのワイドショー番組のパロディ『ザ・ワイドショー』など、様々な名作が作られました。『サムライの娘』『遊女』『将軍家光』などのように、海外輸出を意識した時代劇の超大作ドラマや、森村誠一のベストセラーをモチーフにした『SM悪魔の飽食』、裏の女王と呼ばれた田口ゆかり主演の2時間ドラマ風の『黒い菊』(ラストにはNG集も!)、北海道ロケの『ミー子のヒッチハイク』など、凝ったドラマ物が多いのもこの時期の特色です。

しかし当初は1本5千円~1万程度で取引されていた裏ビデオですが、次第に値下げ合戦が激化し、3本1万円になり、さらに

『洗濯屋ケンちゃん』(1982年)
空前のヒットを記録した裏ビデオの金字塔的作品。テレビや映画のスタッフの手によるもので、映像的な完成度も高い。青姦シーンの撮影現場は後のディズニーランドだといわれていたが、実は江戸川区臨海町だった。

安くなっていきます。こうなると予算と手間をかけて作っても、採算が取れなくなるということで、次第にホテルの一室でセックスをしているだけ、というような安易な作品が増えていきました。これは、裏ビデオの先祖にあたるブルーフィルムも同じ道を辿っていましたね。１９８７年になると関西を中心に大規模な摘発が続き、業界の勢いは低下。リリース本数自体は年間２５０本以上と増加傾向にはありましたが、出演モデルのルックスに頼ったシンプルな作りの作品がほとんどになっていきます。そして、１９８８年に入ると撮り下ろしの新作は激減し、その翌年にはほとんど無くなってしまいますが、裏ビデオが無くなったわけではありません。この頃から急増したのが「流出」モノでした。

局部にモザイクを入れて発売されるＡＶが、なんらかの理由で修正されないままで裏ビデオとして流通してしまう、それが「流出」モノです。その多くは、モザイクを入れる前に仮編集したワークテープという段階のビデオテープでした。画面に秒数などの数字が出ているのがワークテープで、仮編集用なので元々の画質が悪い上に、そこからダビングが繰り返されているため、時には何が写っているのか分からないほど粗い映像でした。そもそもモザイク修正する前提で撮影されているため局部がほとんど写っていないなど、「裏ビデオ」としては満足できる内容ではないものがほとんどでしたが、それでも有名ＡＶ女優の出演作ということで人気を集めたのです。

その元祖といえるのが、１９８５年に流出した『ザ・サバイバル』。映画『白日夢』などで知られる愛染恭子出演のＡＶが未修正のままで裏ビデオとして流通し、話題となりました。その後、

１９８７年にＡＶクイーン小林ひとみ出演作が流出、さらに無審査ビデオと呼ばれるマイナーメーカーの販売用ＡＶが次々と流出。90年代に入ると樹まり子や林由美香、星野ひかるといった超人気女優の出演作まで流出してしまいます。いずれも画質は非常に粗いのですが、人気女優のアソコが見られる（実際はよく見えないが）ということで大ヒット。そうなると、わざわざ裏ビデオの新作を撮り下ろすよりも、流出モノの方が業者にとってもメリットが大きいということで、裏ビデオは完全に流出モノの時代となっていきます。

バブル崩壊と共に倒産するＡＶメーカーが相次いだことも、流出作品が増えた要因の一つです。中でも１９９１年に倒産したダイヤモンド映像の作品が１９９３年以降に大量流出したのは、大きなニュースとなりました。村西とおる監督率いるダイヤモンド映像は、松坂季実子、桜樹ルイ、卑弥呼などの超人気女優を数多く抱えたトップメーカーであり、その女優たちの出演作も流出してしまったのですから。

こうして90年代は裏ビデオ＝流出モノという構図になって

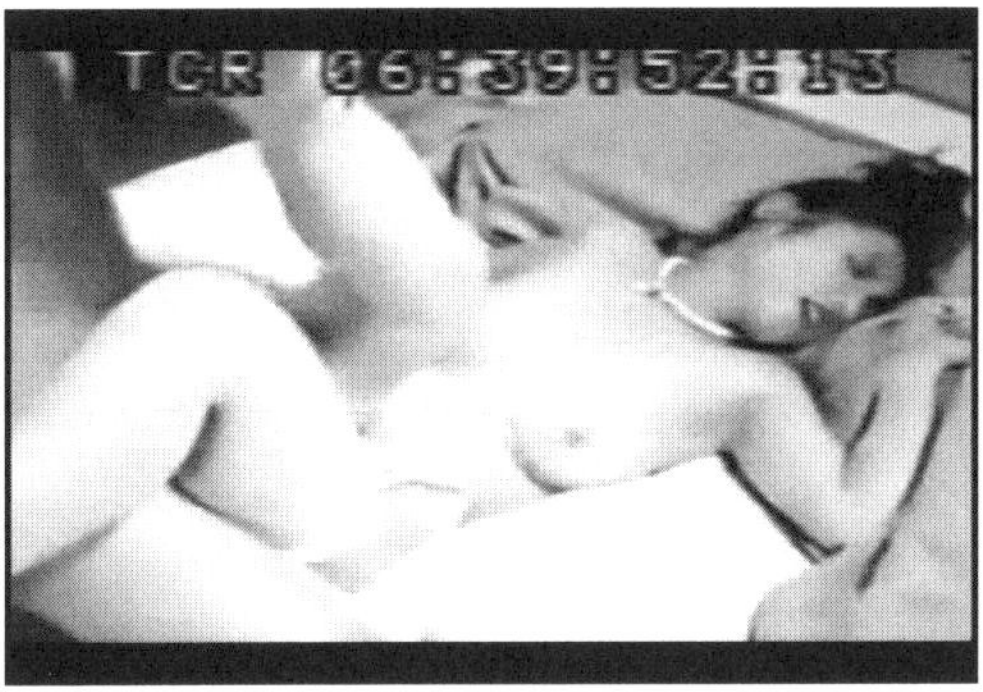

『マリ子 IN 愛ラブ』（1990年）
超人気女優・樹まり子の初流出作。元ネタはKUKIの『失神カルテ』。画質はかなり粗いが、女優人気でこの年最も売れた裏ビデオとなった。当初は3万円のプレミア価格で取引されたとか。濃厚なカラミは見応えアリ。

いくのですが、その一方で『制服少女達の放課後』シリーズや『関西援交シリーズ』などの援交モノも登場し、人気を集めました。こちらは未成年少女のハメ撮りモノということで、ガチの「禁断映像」です。そして90年代末になると、今度は海外発売用として制作された作品が、日本に逆輸入されて裏ビデオとして流通し始めます。当時、人気を集めていたインディーズビデオの素材を海外の業者に販売したものが多かったようです。タイフーンピクチャーズ、サムライビデオ、ツナミビデオなどのブランド名で発売されており、一応正式な商品のため画質も良く支持を得ていました。

さらに2001年には、国産裏DVD第一号となる『D-mode Vol.1 Passion よしおかめぐみ』が発売。鮮明な映像のDVDは、それまで画質の悪さに泣かされてきた裏ビデオファンを歓喜させました。

00年代以降は、海外にサーバーを置く業者による撮り下ろし無修正動画の時代です。99bb、アジアンホット、トラ・トラ・トラ、そしてカリビアンコムや一本道といったサイトが台頭。人気AV女優もどんどん無修正動画に出演するようになります。そのうちに繁華街でこっそり販売される「裏ビデオ」も、配信の無修正動画をDVDに焼いたものばかりに…。もはや「裏ビデオ」という言葉はすっかり死語となってしまったのです。

『スチュワーデス卑弥呼』（1997年）
ダイヤモンド映像倒産後に多くの作品が裏ビデオとして流出し、人気女優のほとんどが被害に遭った。本作は、「ミス日本」東京代表という肩書きを持つ卑弥呼出演作の流出。男優は当時、西条承太郎の名だった監督・作家の二村ヒトシ。

『D-mode Vol.1 Passion よしおかめぐみ』（2001年）
国産裏DVD第一号。主演のよしおかめぐみは、前年に宇宙企画からデビューした小野寺沙希。DVDならではの鮮明な映像が評判となり、当初は13,000円という高額で販売されたが即完売。すぐにDVD-Rのコピー盤が出回った。

『Legend 及川奈央』（2003年）
現役トップ女優である及川奈央の無修正作品が流出したとして、空前のヒットを記録。最初はネットのファイル共有ソフトWinnyで流通していたものがDVD化されたのだった。これ以降、裏ビデオはネットの無修正動画をDVD化したものが主流となっていった。

ブラックパック

80年代のレンタルビデオ店はＡＶが主力商品であり、今よりもずっといかがわしいムードがありました。そして、その中でもひときわ危険なムードを放つコーナーがあったのです。そこに並んでいたのは、黒い紙のパッケージに「変態」「地獄」「アナル」といった単語を多用したおどろおどろしいタイトルが踊る怪しげなビデオ…。それがブラックパックです。ブラックパックが登場したのは80年代半ばのこと。真っ黒な紙のケースに入れられていたことから、この名で呼ばれるようになりました。

ブラックパックは、正規の問屋を通さずビデオを鞄に入れ、レンタルビデオ店を直接訪れて販売する「カバン屋」といわれる人たちによって流通していました。そのため、地方ではあまり見られなかったようです。モデルや監督のクレジットがないのはもちろん、メーカーの連絡先も書かれておらず、その内容もおどろおどろしいパッケージ同様、一般のＡＶとは違った怪しげで過激なものでした。もちろんビデ倫の審査も受けていません。いわばＡＶと裏ビデオの中間的な存在だったのです。この頃、ＡＶは第一次黄金時代を迎えつつあり、多くのＡＶアイドルが誕生。テレビにも進出するなどメジャー化が進んでいましたが、ブラックパックはそんな華やかさと相反するように、極めていかがわしいものでした。ブラックパックがＡＶ情報誌などで取り上げられ、注目されるようになったのは、1985年に発売された『ザ・変態男』（PSプロモーション）がきっかけでしょう。男優の鬼気迫る演技（？）やザリガニを使ったプレイなど、明らかに常軌を逸した過激な内容が話題を呼び、大々的に誌面で取り上げられるようになったのです。

ブラックパックの内容は基本的にはSMなのですが、空気浣腸をしてオナラでラッパを吹かせたり、アソコにバターを塗って犬に舐めさせたり、扇風機に取り付けた張り型を挿入させたりと、SMをも逸脱したまるでギャグのようなプレイも多く、どこかシュールなムードが漂っていたのも特徴でした。その一方で、予定調和のない妙にリアルな暴力性も感じられたりして、一般のAVとは明らかに異なる方面の魅力が感じられたのです。

局部の修正もモザイクなどの画像処置ではなく、シェービングクリームを塗って隠すなどの物理的な方法が主流。そのためチラチラと見えてしまうシーンが多く、それが人気の理由でもありました。ちなみにアナルも丸見えです。当時のビデ倫の審査はモザイクも大きく、陰毛も肛門も全く見えない状況だったことから、その露出度は魅力的だったのです。隠さずに見せられるということでアナル責めの比重が高まり、それがさらにマニアックなムードを濃厚にしていました。

その一方、あまりセックスシーンは重視されていなかったというのも、ブラックパックの特異なところです。これはブラックパックを制作していたスタッフの多くが、ビニ本や裏ビデオなどを手掛けていた人たちで、彼らはセックス（本番行為）を見せなければ警察は大目に見てくれるというラインを実体験から熟知していたからだといわれています。実際セックスを撮ろうとすると、性器をそのまま写すわけにはいかず、修正も必須になってしまいますし。そのため、過激なSMプレイはするものの、フェラやセックスは無しというアンバランスさも、個人的には好きでしたね。

ブラックパックの人気作である1986年発売の『レイプ!! セーラー服乱気流』(スタジオ84)を見てみましょう。ソファの置かれた部屋でテレビを見ていたセーラー服姿の女子高生（岡田麻美）が、SMエロ本をパラパラめくりながらバイブやコーラ瓶でオナニーを始めます。手で隠してしますが、股間は無修正。見えてはいけない部分がチラチラと見えそうです。なぜかそれを覗く1人の男。家にいるということは兄弟なのでしょうか。そして、ここから突然舞台は青いビニールシートで囲まれた部屋に変わり、少女が両腕を天井から吊るされて三角木馬に乗せられながら、覗いていた男に鞭で打たれているシーンとなります。特に説明はないのですが、どうやらこれは男の妄想のようです。ブラックパックでは、このように女の子のオナニーを覗いている男が妄想の中でSMプレイをするというパターンが非常に多く見受けられました。

男は電動ハケでくすぐり責め、開脚吊りでのローソク責め、さらにバイブ責めからの吊ったままでの挿入（おそらく疑似）、しかしそれはあっさり終わって、再びバイブ責め。シェービングクリームで隠した股間へバイブが突き立てられます。さらに男は突然、浣腸器を取り出し、少女へ牛乳浣腸。たまらず少女は男が構える洗面器に大量脱糞。イソギンチャクのようにヒクヒク蠢く肛門のアップにエンドマークが重なります。クライマックスがセックスではなく、浣腸というのもブラックパックではよくある構成でした。やっていることは過激なのに、妙にゆるいムードというブラックパックならではの作品ですね。

1986年半ばには、裏ビデオを制作していた関西のメーカーが「スーパーブラック」をうたって豪華な化粧箱の作品を作りはじめます。モデルの女の子が本気で泣き叫び、本当のレイプとしか思えないような迫力のあるプレイが売りで、通常のブラックパックよりも高価でした。電気ドリルを突きつける『ひとみ叫喚』(歌麿)などの話題作を次々と放ち、マニアの間では絶賛されたスーパーブラックでしたが、それでもマンネリ化からは逃れられず、ブラックパック自体のブームも1987年に終焉を迎えることとなります。

入れ替わるように人気を集めたのが、「シースルービデオ」と呼ばれる無審査ビデオでした。内容的には普通のAVですが、修正が薄いというもので、結局のところ一般のユーザーが見たかったのは、普通のセックスだったということでしょうか。シースルービデオは、その後も地味に作り続けられ、90年代後半には「薄消しビデオ」と呼ばれてブームとなります。

結局、ブラックパックは3年ほどで姿を消し、AVの歴史の中でも、現在その存在を語られることはほとんどありません。しかし、当時を知っている者の間では、今なお伝説としてはっきりと記憶に残っています。あのいかがわしさこそが、本来AVが持っていたものの、失われてしまった魅力のひとつだったように思えるのです。

『レイプ!! セーラー服乱気流』(スタジオ84／1986年)
ブラックパックは黒い紙ケースに入って売られていたために、その名で呼ばれるようになった。パッケージには写真もなく、おどろおどろしい文字だけが書かれているものが多く、見た目にも怪しさ満点だった。

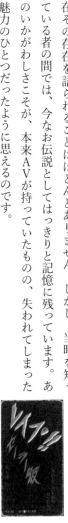

アダルトアニメ

日本のアダルトアニメの歴史は古く、第一作といわれているのは1932年（昭和7年）に木村白山という画家が個人的に作った『すゞみ舟』という作品です。たった一人で3年もかけて制作したのに、完成と同時に摘発されてしまい、ほとんど日の目を見ることがありませんでした。しかし近年になってフィルムが発見され、国立映画アーカイブに保管されているそうです。ただし、非公開というのが残念。資料的な価値のある貴重な作品なので、ぜひ公開してもらいたいものです。

さて、その後1969年に手塚治虫率いる虫プロの『千夜一夜物語』や、東映の『㊙劇画浮世絵千一夜』といった性的表現のある大人向けアニメ映画が公開されます。現在につながるビデオソフトとしてのアダルトアニメの元祖は、1984年にワンダーキッズが制作した『ロリータアニメ 雪の紅化粧／少女薔薇刑』ということになるでしょう。人気官能劇画家の中島史雄の原作をアニメ化したものですが、劇画タッチだったため当時のアニメファンからは微妙な反応だったようです。それでも5千本以上のセールスがあったというから、まずまずのヒットだったのではないでしょうか。続く第二弾『何日子の死んでもいい／いけにえの祭壇』も劇画タッチでしたが、第三弾の『仔猫ちゃんのいる店』からは美少女コミック的なアニメ絵になり、大ヒット。

続いてフェアリーダスト制作の『くりいむレモン』シリーズが発売されると、空前のロリコンアニメブームが到来するのでした。21世紀まで続くことになる『くりいむレモン』シリーズですが、特にその第一作となる『媚・妹・Ｂａｂｙ』のヒロイン亜美の人気はものすごく、続編が作られシリーズ化するのはもちろん、劇場公開されたり、亜美がパーソナリティを務めるラジオ番組まで放送されたほどでした。『くりいむレモン』は1タイトルあたり2千万円以上の制作費をかけて作られ、一般アニメのスタッフや声優が参加。セル画もテレビアニメの倍以上の枚数を使用していたそうです。ヒットするだけのクオリティを備えていたということですが、この成功を見て様々なメーカーがアダルトアニメ市場に参入します。

黎明期である80年代には、かなりのアダルトアニメが作られたのですが、正に玉石混交といったところで、怪作としかいいようのない作品も多かったのです。例えば『女子大生 聖子ちゃん』『オフィスレディー 明菜ちゃん』（レッツ）。前者は女子大生の聖子ちゃんと国鉄職員のひろみ、後者はＯＬの明菜と郵便局員のまさひこが登場します。某タレントに似た（？）三等身キャラのセックスシーンは、もうなんというか…。

『くりいむレモン 媚・妹・Ｂａｂｙ』（フェアリーダスト／1984年）
兄と妹の禁断の関係を描いたオリジナルストーリーのアダルトアニメ。当時のＡＶ売上ランキングでは1位を独走する大ヒット作となる。主役の亜美の声優は、テレビアニメでも活躍した乃川ひとみ。

ロマンポルノで知られるにっかつも、アダルトアニメに参入しています。最近、怪作おむつ漫画『あんどろトリオ』が復刻されて一部で話題の内山亜紀原作による、『内山亜紀のおもらしゴッコ』は伝説的なカルト作品。叔父と留守番することになった幼女の亜紀ちゃんですが、叔父の飼っているインコをバトルの末殺してしまい、なんかよく分からないうちに繭に包まれて、宇宙に行き、両親の乗っている旅客機が突如爆発して終わるという、シュールを飛び越えて全く意味不明な展開が一部で話題になりました。

他にも、ジブリにそっくり過ぎる絵柄の宇宙企画『バルテュスティアの輝き』(実際にジブリのスタッフが参加していたという噂も)や、なぜかビキニ姿で宇宙船に乗って戦うスペースオペラ『OME-1 ペニウス基地は拷問城の巻』(東和クリエイション)など、様々な作品があったわけですが、個人的にはアダルトアニメブームのどさくさにリリースされた『名作SM劇場 羅生門三蔵法師』(レッツ)が印象深いですね。これはアニメではなく人形劇でSMをやった作品で、実はカンヌ国際広告祭で国際広告賞を受賞している「CM界のクロサワ」内田健太郎の手によるも

『オフィスレディー 明菜ちゃん』(レッツ/1984年)
中川明菜、権田原まさひことという明らかに当時の超人気アイドル2人をモデルにしたと思われる三等身キャラがセックスする怪作。他にも野々村義男、薬丸ひろ子、竹藪鉄矢などが登場する。

のでした。

1987年には前田俊夫原作の『超神伝説うろつき童子』シリーズもアニメ化し、大ヒットシリーズとなります。同じく前田俊夫原作の『妖獣教室』シリーズと共に現在に続く触手ブームを巻き起こした作品で、国内にとどまらず海外でも高い人気を集め、前田俊夫は「マスター・オブ・触手」として海外のオタクイベントなどで引っ張りだこの存在となりました。ちなみに、『うろつき童子』最初の三部作は『宇宙戦艦ヤマト』の西崎義展が企画しています。

90年代には、美少女ゲームの大ヒット作『同級生』(エルフ)のアニメ版『同級生 夏の終わりに』(ピンクパイナップル)が作られ、以降アダルトアニメはゲームを原作とする作品が中心となっていきました。『遺作』(ピンクパイナップル)や『夜勤病棟』(ディスカバリー)などのSM的な過激な作品も増え、アダルトアニメの人気は定着しました。

90年代以降はほとんどがゲーム原作なのですが、中にはAVを原作にした変わり種作品もあります。ソフト・オン・デマンドが自社の人気シリーズである『痴漢十人隊』をアニメ化したのが、『痴漢十人隊 ザ・アニメーション』。アニメが30分で実写&アニメ編も30分収録されているという変則的な構成は、AVメーカーならではでしょう。ただ実写パートはアニメファンには余計だったようで、評判はいまいちでした。ソフト・オン・デマンドからは、『ぼくのぴこ』という作品もリリースされています。これは数少ないショタアニメの名作として、今なお世界的に根強いファンがいるようです。

もう一つ紹介しておきたいのが『女スパイ拷問 敵の基地は女体拷問所』（ＴＲコーポレーション）。これ実は90年代にマニアに熱狂的に支持されていたインディーズＡＶのアニメ化なんですね。監督の松下一夫は、『ルパン三世』第一話で峰不二子がくすぐられる拷問シーンに衝撃を受け、それを再現するＡＶを延々と自主制作していました。そして、稼いだ資金を使ってアニメ版も自主制作したのです。元ネタが『ルパン三世』なので、アニメ版の方がむしろ正統なオマージュだといえますね。まぁ、自主制作とあってクオリティはあまり高くはないのですが、監督のほとばしる情熱はしっかりと感じ取れます。

近年は美少女ゲーム自体が下火になってしまったため漫画原作、それも同人漫画を原作とした作品が増えているようです。注目したいのが、モーションアニメという手法。ＣＧ静止画を少しだけ動かすという紙芝居的な簡易アニメなのですが、原画をそのまま使うため絵のクオリティが高く、音声が入るので十分興奮できます。ＳＵＲＶＩＶＥ ＭＯＲＥやＭｏｔｉｏｎ Ａｎｉｍｅといったメーカーが代表的ですね。ＶＲのアダルトアニメも増えていますし、テクノロジーの進化につれ、可能性がどんどん広がっていくジャンルなわけです。この先、どうなっていくのか楽しみです。

『女スパイ拷問 敵の基地は女体拷問所』
（TRコーポレーション／1995年？）
90年代前半のインディーズビデオ黎明期の人気シリーズ『女スパイ拷問』を、監督が自らアニメ化。スパイ三人娘が敵に捕らえられ、全裸大の字に拘束され、くすぐり責めやバイブ責めにかけられる。

『超神伝説うろつき童子 - 超神誕生編』
（ジャパン・オーディオビジュアルネットワーク／1987年）
『漫画エロトピア』に連載された前田俊夫の人気劇画をアニメ化。豪華スタッフの手によって三部作で制作され大ヒットしたため、その後もシリーズ化された。海外でも発売され、「触手」フェチを世界に知らしめた。

『痴漢十人隊 THE ANIMATION 1 〜獲物たちの黄昏〜』（ソフト・オン・デマンド／2004年）
1996年から続く人気AVシリーズがまさかのアニメ化。アニメに加えて、実写版も収録されている。女子校生編、女性警官編、レズ編、人妻編などシリーズとして5作まで制作されたが、評判はいま一つだった。

お色気テレビ番組

思い起こせば、90年代までの地上波テレビは裸も乳首もバンバン登場していました。そして深夜には、エッチな番組がたくさん放映されていたのです。日本で最初のお色気テレビ番組といわれるのが、1960年にフジテレビ系で放映された『ピンクムードショウ』。15分の短い番組ですが、日劇ミュージックホールのダンサーたちがセクシーなダンスを披露していたそうです。

しかしお色気番組の元祖といえば、やはり1965年放送開始の『11PM』(日本テレビ系)を挙げる人が多いのではないでしょうか。実は当初硬派なニュース番組としてスタートしたものの視聴率が振るわず、バラエティ色を強めたら大ヒット。中でも、性風俗レポートなどのお色気要素は大きな話題を呼びました。「裸」「SEX」といった単語を散りばめた特集タイトルを新聞のテレビ欄で見る度に、「見てみたい!」と小学生の筆者は身悶えたものです。

70年代は『プレイガール』『ハレンチ学園』などエッチなドラマも数多く放映されていましたし、普通のドラマでもやたらと入浴シーンやベッドシーンが登場していました。『時間ですよ』のようなゴールデンタイムに放映された人気ドラマでも、銭湯が舞台ということで毎回全裸の女性がたくさん登場する女湯シーンがあったのです。おおらかな時代でした。

80年代に入ると、テレビ朝日系で『11PM』のライバル的な番組『トゥナイト』が始まり、ピンク映画監督の山本晋也さんの風俗ルポが人気に。連発される「ほとんどビョーキ」という名セリフは、流行語にもなりました。深夜番組が脚光を浴びたのもこの頃からです。中でも、1983年スタートのフジテレビ系『オールナイトフジ』のブレイクがきっかけといってもいいでしょう。現役女子大生を中心としたオールナイターズが出演するこの番組、AVを紹介するコーナーもあったりして、エッチなシーンに顔を赤らめる女子大生たちの表情も楽しめました。

対抗するように、他局も次々とエッチな深夜番組を放映。日本テレビ系が所ジョージ司会の『TV海賊チャンネル』、テレビ朝日系が明石家さんま司会の『ミッドナイトIN六本木』など、現在の大物タレントも当時はこんな番組に出演していたのです。特に前者はお色気色が強く、「ティッシュタイム」というコーナーではAV女優のシャワーシーンなどを見せるのですが、終了間際になるとカウントダウンが始まる、つまりそれまでに発射してね、という親切さが人気でした（笑）。80年代では『毎度おさわがせします』も忘れられません。中学生が主人公のエッチなドラマという今では絶対に無理な作品で、当時15歳の中山美穂が下着姿やセミヌード姿を見せまくってくれました。元祖巨乳グラドルの堀江しのぶも出演していましたね。

そして90年代のお色気番組といえば、1991年スタートの『ギルガメッシュないと』（テレビ東京系）でしょう。飯島愛を生んだ番組としても知られていますが、彼女以降も野坂なつみ、憂木瞳、城麻美、北原梨奈、矢沢ようこなど数多くのAV女優が出演し、一時期のAVは「ギルガメに出てる女優しか売れない」という状況にまでなっていました。ちなみに飯島愛は、この番組でブレイクしたことでAV女優から一般のタレントに出世したようにいわれていますが、実は彼女が『ギルガメ』に出演し始めた頃は、まだAVは発売前（撮影は済んでいたらしい）のため、むしろ「ギルガメのあの子がAVデビュー！」的な売り出し方をされています。いずれにせよ、お尻丸出しのTバック姿でニュースを読む「GNNヒップライン」コーナーで人気を得た彼女は、細川ふみえに代わるアシスタントに昇格し、さらに人気者になっていきました。また、AV女優が裸エプロンで料理を作る「夜食バンザイ」や、AV女優が指圧される「ギルガメ治療院」などエッチなコーナーが盛りだくさんで日本中の男性を虜にしたのです。

この時期には、フジテレビ系でも伝説的な番組がありました。『殿様のフェロモン』は、ハケ水車が股間に当てられている女性を当てるクイズコーナー、『A女E女』は催眠術師がAV女優たちに性感催眠をかけて悶えさせるコーナーが話題になりました。深夜とはいえ、女性がアンアン悶えまくっている様が地上波で流れていたのです。しかしこれらの番組はさすがに過激すぎたのか、苦情が多く寄せられて半年ほどで放送終了。この後も『B·i·k·i·n·i』や『出動！ミニスカポリス』といった番組が人気を呼びましたが、グラビアアイドル中心のソフトなお色気といった程度で、物足りなさは否めませんね。

さて、00年代では2008年にテレビ東京系でスタートした『おねがい！マスカット』という番組が注目を集めました。AV女優を中心としたグループ、恵比寿マスカッツが出演するバラエティなのですが、番組内では彼女たちがAV女優であるということは特にアナウンスされず、それほどエッチな要素もありません。そのため、彼女たちがAV女優だということは知らずに、普通に可愛いアイドルグループだと思って見ていた視聴者も多かったようです。

この時期になるとAV女優のルックスのレベルは非常に高くなっていたため、恵比寿マスカッツはアイドルグループとしても人気が高く、シングルがオリコンチャート7位まで上がったり、大規模なアイドルイベントに出演するなど、それまでのAV女優の枠を超える活躍を見せたのです。以降、彼女たちに憧れてAV女優になるという女の子も続出しました。

ただ、前述の通りに『おねマス』自体にエッチ色はほとんどなく、お色気番組とはいえないかもしれません。そもそも00年代以降、地上波テレビではお色気要素は排除される傾向にあり、おっぱい（乳首）が映されることは、ほとんどなくなっていました。ある調査によると最後に地上波でおっぱいが登場したのは、2012年1月のドラマ『特命係長 只野仁ファイナル』（テレビ朝日系）だったそうです。この『只野仁』は、以前からAV女優が出演してベッドシーンを見せてくれる貴重なドラマだったのですが、その歴史もここで終わり。5年後に続編が作られていますが、放映はインターネットのAbemaTVでした。

ネットなら簡単に無修正まで見られる時代ではありますが、それでもたまに地上波でチラリとお色気シーンが流れるとネットで話題になったりします。地上波テレビという日常の場で見るハダカというものは、なぜか何倍もありがたい気持ちになってしまうのが不思議なところ。だから我々は、お色気テレビ番組にこんなに惹かれてしまうのです。

ダイヤモンド映像

ネットフリックスのドラマ『全裸監督』で再び脚光を浴びた村西とおる監督。アラフィフ世代男子なら、その名前を聞くと「お世話になりました」とつぶやいてしまう人が多いのではないでしょうか。AVをメジャーなジャンルに押し上げたのは、彼の功績といってもいいでしょう。

そんな村西とおるのアダルトメディアにおけるキャリアの第一歩は北海道でのビニ本、裏本の販売と制作でした。月商1億円という巨額のビジネスを成功させますが、逮捕されてしまい一文無しとなった後、クリスタル映像（ドラマではサファイア映像）でAV監督として再起し、大成功を収めることとなります。クリスタル映像でのAV監督としての第一作は1984年の『私、犯されました。新幹線の中で…』ですが、実はそれ以前、まだビニ本販売をしていた時期の1983年に本当の監督デビュー作を撮影しています。それが『アネット・ヘブンのOH！歌麿』（三和プロモーション）です。

アネット・ヘブンは70年代から80年代にかけてアメリカで活躍したポルノ女優で、トップクラスの人気を誇るスーパースターでした。村西とおるも彼女のファンで、「アネット・ヘブンのアソコが見たかったから」という理由で出演作を制作したのだといいます。当時でも破格の一千万円のギャラを支払っていますから、彼女への思い入れは相当強かったのでしょうね。来日したアネットが、路上でひったくりにあったことをきっかけにチンピラ青年と知り合い、そして恋に落ちるというストーリーで、この当時の多くのＡＶと同じようにドラマが中心の作りとなっていて、カラミのシーンはほんのわずかです。

アメリカのＮｏ．１ポルノ女優だけあって、なかなか濃厚なカラミを見せてくれるのですが、もちろん疑似本番。モザイク修正すらないという当時の基準による撮影なので、今の目で見るとどうにも物足りないというのが正直なところです。当時29歳だったというアネット・ヘブンも、白人女性の常で擦れた熟女にしか見えません。これはドラマ『全裸監督』でも、ハワイでアメリカのポルノ女優アリソンを撮影するというエピソードの元ネタとなっていますが、実際はかなり前の時期の話なのですね。

ちなみに、この作品は発売前に村西とおるの会社が倒産し、借金のカタとして人手に渡った後に販売されたので、監督のクレジットもされていません。もっとも「村西とおる」という監督名を名乗るようになったのは、クリスタル映像以降なのですが。

『ＯＨ！歌麿』は、おそらく雇われた撮影スタッフがなんとか形に仕上げたのだと思われますが、村西とおるには映像制作のノウハウは無かったので、見よう見まねでＡＶを撮っていました。日本のＡＶの黎明期であるこの時期は、彼に限らずそんな素人同然の監督も多かったようです。

村西とおるはすごい勢いで作品を量産していきますが、その内容は粗製乱造と呼ぶのが相応しい出来であり、ＡＶ専門誌『ビデオ・ザ・ワールド』のレビューでも１００点満点で10点をつけられるなど、評価は極めて低いものでした。しかし、その『ビデオ・ザ・ワールド』の1985年度年間ベストワン作品に村西とおる監督作が選ばれる日が訪れます。その作品が『恥辱の女立川ひとみ』です。膣が2つある女という触れ込みで一部で話題となっていた立川ひとみの主演作で、彼女に様々な恥辱プレイをさせるというSMドキュメンタリーでした。

全裸で街を引き回したり、女王様に浣腸やムチなどで責めさせたり、アナルファックをしたりと過激なプレイが続くのですが、中でもインパクトがあったのは、山中湖の土産物店に全裸のまま連れ込み、店内で放尿させようとするシーンです。店主が怒り出し、どうしていいか分からなくなった立川ひとみはしゃがみ込んで絶叫します。実際は店主とも打ち合わせ済みだったそうですが、その生々しい迫力は村西作品に新たな境地を開いたのでした。この作品以降、村西とおる監督は業界でも注目され、『ビデオ・ザ・ワールド』でも一転して高い評価を受けるようになっていきます。

やがて村西とおるは、監督自身がしゃべりまくって女優を自分のペースに巻き込み、時には自分が男優までやってしまうという独自のスタイルを構築。それはエロ業界に足を踏み入れる以前の、セールスマン時代に培った話術を活かしたものでした。こうして一部のAVファンの間で、「あの変なおっさんが面白い」と評判が高まっていったのです。その評価を決定的なものにしたのが、翌1986年の『SMぽいの好き』でした。黒木香という超個性的な女優と村西監督の組み合わせが化学反応を起こし、AVの枠を超えた怪作となった作品です。

イタリアに留学したいと語るインテリ女子大生が、いざセックスが始まると、とんでもない淫乱に変貌し、貪欲に快楽を求めます。清楚さと恥じらいこそが女性の魅力だと思われていたこの時期のAVにおいて、黒木香の登場はあまりに衝撃的でした。そして、村西監督の軽快ながらも怪しげなトークと、黒木の淫乱ぶりが見事なマッチングを見せます。黒木香がカメラの前で大股開きをして、膣へ指を入れるシーンは圧巻でした。

「何本指が入ってる？」

「四本…」

「四本も入れたら身体に毒だ、せめて三本にしなさい」

「いや」

そのやり取りのおかしさとエロティックさに、AVファンはあっけにとられました。その強烈さはAVファンのみならず多くの注目を集め、『SMぽいの好き』は社会的な話題作となりました。黒木香と村西とおるは一躍時代の寵児となり、2人はテレビや雑誌で引っ張りだこになります。

こうして村西監督の作品も売れるようになり、クリスタル映像は人気メーカーへと成長し、1988年に村西とおるはクリスタル映像から独立。自らダイヤモンド映像という新会社を設立します。しかし設立早々、クリスタル映像時代に出演させた女優が16歳だったことが発覚し、児童福祉法違反で逮捕。彼女が年齢を偽っていたのですが、それでも制作者側が罪に問われてしまうのが厳しいところです。しかも、同法違反で逮捕されるのが3回目ということで、その後、村西とおるが表立って活動することが難しくなってしまいます。後に残った後輩の監督たちがその穴を埋めますが、なかなかヒット作には恵まれず、ダイヤモンド映像にとっては苦難の船出となったのでした。

しかし1989年、1人の女優が同社を救いました。『でっか〜いの、めっけ！』でデビューした松坂季実子です。110センチの巨乳の19歳女子大生。その胸は当時としては桁ハズレの大きさだったのです。松坂季実子のデビュー作は空前の大ヒットを記録し、AV業界には巨乳ブームが巻き起こります。日本で「巨乳」という言葉が定着したのは、彼女の登場がきっかけでした。しかし、スレンダー美女が好きだった村西とおるは当初、松坂季実子に興味を示さず、社員たちの必死のアピールによって彼女のデビューが決まったといいます。そのため、デビュー作の監督は村西とおるではなく、専属監督の沢城昭彦が手掛けました。

ここで勢いに乗ったダイヤモンド映像は、グラマラスな美女・田中露央沙、ミス日本東京代表の卑弥呼、お嬢様的な高倉真理子、あどけなく愛くるしい小鳩美愛、初めて眼鏡着用を売りにした女優である野坂なつみ、元アイドル歌手の桜樹ルイ、そして後に村西夫人となる乃木真理子など、強力な専属女優を次々と送り出していきました。

ダイヤモンド映像の作品は売れに売れ、AV業界を席巻。さらに川島なお美や杉本彩、武田久美子、飯島直子といったタレントのイメージビデオなどを出すパワースポーツ企画、鬼才監督として知られる伊勢麟太朗がプロデュースするビッグマンと裸の王様、天才AV監督としてヒットを飛ばし続けていた豊田薫がプロデュースするヴィーナスなど、新しいファミリーメーカーも増やしていきました。１９９０年頃は、ＡＶ市場の４割をダイヤモンド映像グループの作品が占めているのではないかとまでいわれたほどです。

クリスタル映像時代から、映像のセオリーを無視した撮影・構成を持ち味としていた村西とおるですが、この時期に量産されたダイヤモンド映像の作品も従来のＡＶの枠をはみ出たものばかりでした。多くの作品は現実と非現実が混在したセミドキュメンタリータッチで撮られていましたし、パリ人肉事件の佐川一政を（理由もなく）出演させてみたり、オウム真理教の教祖そっくりの監督・麻魔羅少将を登場させたりとやり放題。

そうなると他の監督も、「ここでは自由なことができる！」とばかりに実験的な作品を連発させていました。中でも印象的な作品は、日本各地の原発をめぐり、その前でセックスを撮影するという反原発ＡＶ（！）「原発ピンク列島」シリーズ。若き日の松尾スズキや村松利史が登場するコント風ショートムービーもあるのですが、その中でもひたすら反原発の思想が展開されます。80年代末の反原発ブームの影響下に作られた作品なのですが、『スケこまし、出したあとは綺麗にしてね』（１９９０年）なんてタイトルに惹かれて再生すると、延々と原子力に関するニュースフィルムが流れるという、エロ目的のユーザーにとっては災難のような内容でした。そんな作品でも売れてしまったのが、当時のダイヤモンド映像の勢いだったのです。

しかし、１９９１年には暗雲が立ち込めるようになります。ドラマでも描かれた衛星放送の失敗、社員による商品の横流し。そして、日本経済自体もバブル崩壊によって大きな打撃を受けていました。その影響は、ひたすら拡大路線を続けていたダイヤモンド映像も直撃したのです。借金が借金を呼び、女優のギャラや制作費の支払いも滞り、新作が作れなくなっていきます。そして1992年、ついにダイヤモンド映像は倒産。村西とおるが背負った負債総額は50億円に達したといわれています。

日本のAV業界を、いや日本の社会を席巻したダイヤモンド映像の黄金期は、わずか2年ほどだったのです。倒産の翌年には、ダイヤモンド映像の作品が無修正のままで裏ビデオ市場に大量流出しました。その数、なんと300タイトル以上。誰が流したのかは不明ですが、有名女優の出演作ばかりということで裏ビデオ界はおおいに盛り上がりました。

この後も村西監督はちょこちょことAV業界に復帰してはいるのですが、もはや往年の勢いを見せることはありませんでした。しかし、降って湧いたような『全裸監督』フィーバー。村西とおるの顔をマスコミで見かけることも多くなりました。村西とおるが、またAV業界の台風の目になる日が来るのでしょうか…?

『恥辱の女 立川ひとみ』（クリスタル映像／1985年）
村西とおるの開眼作。立川ひとみを観光地で連れ回して羞恥責め。その過激なプレイを生々しく撮影し、従来のAVにはない興奮を生み出した。『ビデオ・ザ・ワールド』誌1985年度年間ベストワン作品に選出。

『ダイヤモンド・スペシャル5 ホジってください 桜樹ルイ』（ダイヤモンド映像／1990年）
元アイドル歌手という触れ込みでＶＩＰからデビューしたかと思ったら、ダイヤモンド映像に移籍して、激しい本番を見せ、大きな話題となった。ダイヤモンド映像は、下品なデザインのパッケージもインパクトがあった。

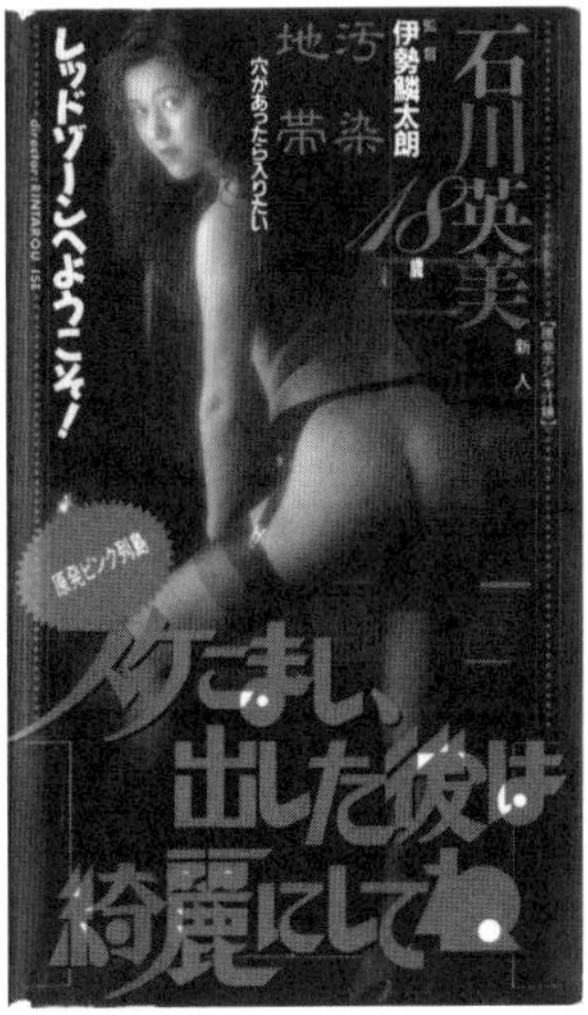

『原発ピンク列島 スケこまし、出した後は綺麗にしてね 石川英美』（ビックマン／1990年）
鬼才・伊勢鱗太朗監督による反原発AV。能登原発の前でのセックスや、松尾スズキ、温水洋一、村松利史による原発コントなど反原発思想に満ちあふれた異色作。主演はこれがデビューとなる18歳の石川英美。

アダルトCD-ROM

アダルトCD-ROMも消えたアダルトメディアの一つといえるでしょう。今でもコスプレイヤーなどが画像をCD-Rに入れて販売しているのを「コスROM」などと呼んでいますが、それとは異なり、90年代半ばに流行したアダルトメディアでゲームをクリアすると動画が見られたり、画像や動画のデータベースになっていたり…、というものです。

まだインターネットも一般的ではなかった90年代初頭に、CD-ROMは画像や動画をインタラクティブ（この言い方が懐かしい！）に扱える新しいメディアとして脚光を浴びていました。そして、そこにいち早くエロ要素を突っ込んだのがアダルトCD-ROMというわけです。

アダルトCD-ROMの第一号といわれているのが1993年にステップというメーカーが出した『ハイパーAV』です。これは当時のAVのハイライトシーンの動画と画像を収録したデータベース的なもので、Macのみに対応。アダルトCD-ROM黎明期は、Macの方がCD-ROMドライブを採用するのが早かったこともあり、Macのみ対応というタイトルが多かったんですね。アダルトCD-ROMが見たいからMacを買ったなんて人もいたほどです。ちなみに、いわゆる美少女ゲームはPC9800シリーズが全盛期。エロに関しては三次元ならMac、二次元なら98という時代でした。

そしてアダルトCD-ROMブームに火をつけたのが『ZAPPINK』というソフトです。これは一つのストーリーを三姉妹それぞれの視点からザッピングできるという内容で、CD-ROM（というかデジタルメディア）ならではの特性を活かしたシステムが話題を呼びました。『ZAPPINK』を出したのは、ビニ本時代から続くAVの老舗メーカーKUKIで、この後、KUKIは90年代のアダルトデジタルメディアを牽引していく存在となっていきます。

衣装から愛撫の順番、体位などを選ぶことで反応も変わっていくという『お好み亜紀ちゃん』、80年代にノーパン喫茶の女王として大人気だったイヴ主演のアドベンチャーゲーム的システムの『ヴァーチャル未亡人』、山下清を彷彿とさせる坊主の男（実は撲殺チェーンソーロボトミーという全裸で演奏するパンクバンドのボーカル）を主演にナンセンスでアナーキーな展開を見せる『大ちゃん』など、先鋭的な作品と次々と発売。そして、KUKIに続けとば

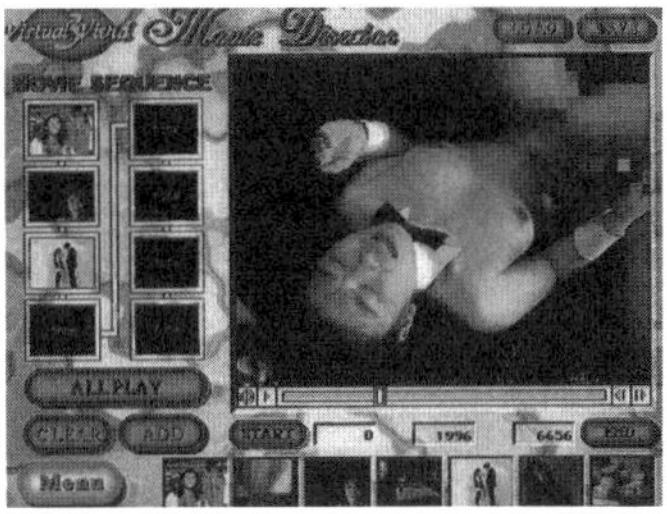

『VIRTUAL VIVID3』（TMA／1994年）
CD-ROMの画面。ゲームをクリアするとこうしたムービーが見られる。この作品はムービーを自分好みに編集することができるのが売りだった。定価は12,800円。Macintoshのみ対応。

当時発売されたアダルトCD-ROMたち。サイズはアルバムCDと同じで、ジャケットもデザインに凝ったものが多かった。音楽CDと見分けがつかないため、CDラックなどに混ぜて隠す人もいた。なお、現在のPCでは再生は不可能だ。

かりに、ＶＩＰ、クリスタル映像、シネマジックといった他のＡＶメーカーも相次いでＣＤ-ＲＯＭ市場に参入します。もともとＡＶの素材を豊富に持っているＡＶメーカーは有利だったわけです。

ただし、ほとんどのＡＶメーカーのＣＤ-ＲＯＭ作品は簡単なゲームをクリアすると動画が見られる、あるいは単なるＡＶのダイジェストといった手抜きな内容のものばかり。それが一万円以上という値段にもかかわらず、売れてしまったというＣＤ-ＲＯＭバブルな時期でもありました。

そんな中でもＶ＆Ｒプランニングの『めざせ！ＡＶ監督　憂木瞳でしてみませんか？』は、ユーザーが監督になって当時人気絶頂の憂木瞳のＡＶを撮影できるという、撮り下ろしオリジナルの内容でよくできていました。カンパニー松尾監督による映像もセンス抜群でした。

しかしこの時期、見るべきはマイナーメーカーの作品でしょう。サイバーパンク感覚にあふれたビジュアルでテレクラ遊びができる（笑）『ソフト・マシーン』などをリリースしていた河豚カンパニーの作品も面白かったし、なんといっても椿三四郎という謎のプロデューサー率いるプラネットピーチ！　１人の女の子のあらゆるデータを収録した『ダッチＲＯＭ』シリーズや、世界初の剃毛ソフト『そりまん』、シューティングゲームの結果によってコラージュの恋愛小説が完成する『スペースダッチＲＯＭ　マンシュー』など、意味不明かつシュールでバカバカしい作品を個人的に毎作楽しみにしていました。ＡＶがマンネリ化して行き詰まりを感じていたこの頃、アダルトＣＤ-ＲＯＭは新しいエロメディア表現を生み出すのではないかと期待していたのです。しかし、残念ながらそうはなりませんでした。

『ZAPPINK』（KUKI／1993年）
高倉みなみ、観月マリ、高野ひとみの3人の同時進行するAVをザッピング（切り替え）しながら楽しむことができるという、当時としては画期的なシステムが話題を呼んだ。同内容のAV『極姦』3部作も同時発売。

斬新なアイデアにあふれた凝ったシステムの作品もたくさん作られた一方、大量の動画と画像を適当に詰め込んだだけの安易な作品も多く、結局売れたのは後者の方だったのです。アダルトCD-ROMといってもユーザーが見たかったのは動画であり、インタラクティブ性なんて求められていなかったのでしょう。ゲームなんか入れるくらいだったら、その分少しでも長く動画を入れてほしい…と。

どうやらアダルトCD-ROMのユーザーは、パソコンでAVが見られるというところを重視してたようです。まだAVはVHSの時代ですから、居間のビデオデッキではおおっぴらに見られないお父さんたちが、自分のパソコンで見られるというのがアダルトCD-ROMだったわけです。そのため、普通のAVよりもユーザーの年齢層が高め。そりゃあ、サイバーパンク的なインターフェイスとか必要とされないわけだ（笑）。

そんなわけで、アダルトCD-ROMも、1996年頃になると単純に動画を大量にぶちこんだような作品ばかりになっていき、世間の興味はもうインターネットに移っていました。アダルトCD-ROMブームを牽引していたKUKIも、1995年には「K・U・K・I・TOWER」なんてサイトをいち早く開設していましたね。そして90年代後半にはDVDが少しづつ普及をしていきます。そうなると「パソコンでエロが見られる」というアダルトCD-ROMのメリットは無くなるわけです。デジタル世代の新しいアダルトメディアとして注目されたアダルトCD-ROMは、こうして90年代後半に急激に失速し、そして消えてしまいました。もはや、覚えている人もほとんどいない〝幻のメディア〟です。

実は筆者がフリーライターとして活動を始めた当初に得意ネタとしていたのが、このアダルトCD-ROMでした。他にあまり書く人がいなかったからということもあり、ずいぶんハマって書いていました。なので、思い入れもあるんですよね。少なくとも、アダルトCD-ROMはあの時、未来を感じさせてくれたのです。現在でも数十枚のアダルトCD-ROMを保管していますが、残念ながら再生できません。なにしろMacなら漢字Talk、Windowsでも3.1という時代の商品ですからね。でも、これを再生するためだけにオールドパソコンを買っちゃおうかな、なんて考えたりしているのです。

『ソフトマシーン』
(河豚カンパニー/ 1993 年)
テレクラで女の子をナンパしてセックスに持ち込むというゲームだが、グラフィックや演出、音響などが、かなりサイバーパンクなセンスで統一されていて新鮮だった。当時のCD-ROMは最先端のメディアだったのだ。

『ダッチ ROM 恋の奴隷』
(プラネットピーチ/ 1993 年)
CD-ROMの中に1人の女性の全てのデータを収録するというコンセプトで身体の拡大写真、インタビュー、言葉を打ち込むと彼女がしゃべる、などのコーナーが楽しめる。作者の椿三四郎の奇妙なセンスは異色だった。

『ZACRO2.0 可愛手翔』
(スパイスソフト/ 1995 年)
CD-ROMに写真を記録する規格「フォトCD」でもヌード作品が発売された。アダルトCD-ROMとは違って審査団体による審査が不要だったため、当時はNGだった陰毛も収録できた。本作は人気風俗嬢のヘアヌード写真集。

インディーズＡＶ

かつてＡＶというものは基本的にレンタルショップで借りるものであり、そのため日本ビデオ倫理協会（ビデ倫）という団体の審査を受けることが必須でした。しかし、80年代からそれと並行して通販などでのみ流通するマニア向けビデオというものも存在していたのです。当然、その内容もＳＭやスカトロなどのかなりマニアックなものでした。

それらは「通販ビデオ」などと呼ばれていましたが、90年代に入ると一部のショップでも販売されたり、エロ雑誌で取り上げられたりと、少しずつ盛り上がりを見せるようになったのです。さらに90年代初頭から注目を集めていたブルセラショップ（女子高生の制服や下着などを販売する店）が、店頭でのみ販売するオリジナルのビデオを作り始めました。このようなビデ倫の審査を受けずに販売専用で流通するＡＶは「インディーズ」と呼ばれるようになり、一部で密かなブームとなっていったのです。

そんな中で、１９９３年に派手な広告攻勢と共に大規模なフランチャイズ展開を繰り広げていたのが、「ビデオ安売王」を経営する日本ビデオ販売でした。80年代に石油の自主輸入を巡って話題となった佐藤太治が率いるこの日本ビデオ販売は、「月給２００万円くらいもらってますか」というキャッチコピーで、いかにセルビデオショップが儲かる商売であるかをアピールした広告で加盟店を募集。脱サラ組を中心に希望者が殺到し、1995年にはビデオ安売王のフランチャイズ店は、全国に1000店にまで拡大しました。ビデオは借りる時代から買う時代へ。アメリカでの動きを見た佐藤は、日本でもそういう時代が来ると察して、セルビデオショップチェーンを展開したのです。

それまでマニア相手に細々と商売をしていたインディーズ＝セルビデオが、ここで一気に大きな市場として拡大したわけです。この頃、ビデオ安売王はオリジナルビデオとして、プロレスラーが家屋を破壊する『IWA JAPANプロレス 一軒家!家庭内暴力デスマッチ』や、『日本人と結婚したいフィリピーナ大集合!全員完全住所付き』のようなユニークな作品を次々とリリース。これらのプロデュースを手掛けていたのはテリー伊藤です。

しかし、やはりビデオ安売王の主要商品はAVでした。にっかつロマンポルノで活躍していた小田かおるを主演にし、村西とおるが監督した『実録若奥様 小田かおる』のようなオリジナルのヒット作もあったのですが、店頭に並んでいたAVの大半は既存のAVを違法にコピーした海賊版商品だったのです。そのため、1995年初頭にはAVメーカー28社から著作権法違反で訴えられる事態に発展。さらに佐藤が風営法違反で逮捕されるという事件も起こり、日本ビデオ販売はあっけなく崩壊してしまうのでした。

本部がなくなってしまっても、全国にはビデオ安売王のフランチャイズ店舗は残っています。本部からの供給が止まってしまった各店舗は、売るための商品を求めます。そしてそこで販売するために、多くのセルAVメーカーが乱立。こうして90年代半ばに、空前のインディーズAVブームが巻き起こったのです。

そんな中で頭角を現したのが、ソフト・オン・デマンド。1996年に発売した『50人全裸オーディション』が5万本という驚異的なヒットを飛ばし、その勢いで制作費9000万円をかけた超大作『地上20メートル空中ファック』シリーズをリリース。こちらは全く売れずに会社が傾くほどの失敗となりましたが、話題となり知名度はアップ。その後『爆走！マジックミラー号がイク！』『痴漢十人隊』などのシリーズを成功させ、名実ともにインディーズの王者となりました。

ほとんどの作品が、セックスも下手すると裸すらないというフェチに特化した作品ばかりを手掛けていたアロマ企画、コスプレぶっかけものが人気のシャトルジャパン、レンタルAVの世界で巨匠といわれていた豊田薫監督が立ち上げたリア王など、それぞれがこだわりの強い個性的なメーカーが覇を競い、インディーズAVシーンを盛り上げていたのが90年代後半です。

野外露出なんて犯罪スレスレ（いや、明らかに犯罪）のジャンルが人気を集めるなど、ビデ倫審査が必要なレンタルAVでは絶対にできないような過激な作品が数多く登場しました。なにしろこの頃のビデ倫の基準は厳しく、陰毛も禁止で修正が必要というくらいでしたから。それでも可愛いAVアイドルはレンタル系メーカーの専属であり、インディーズに出演するのは無名の企画女優がほとんどでした。そのため、女優はレンタル、企画はセル（インディーズ）という棲み分けができていたのです。

そのバランスが崩れたのが2004年、エスワンというセルメーカーの登場がきっかけでした。「女優主義」をうたった同社はいきなり8人の新人女優を専属とし、さらに蒼井そら、小倉ありすといったレンタル系の人気女優を引き抜いたのです。モザイクの大きなレンタル系作品で人気だった女優が、修正の薄いセル作品に出るとなれば、これはファンじゃなくとも気になるところ。蒼井そらのセル移籍第一作は、前人未踏の10万本という大ヒット作となったのです。ここからセル＝インディーズでも、人気女優を起用するという動きが出てきます。

そうなると、アドバンテージのなくなったレンタル系に勝ち目はありません。人気はどんどん低下。そして加盟メーカーたちからの懇願が実ってついにビデ倫も審査基準を緩和し、陰毛や肛門も解禁、修正も薄くなりました。ところが勢い余って、修正を薄くしすぎたおかげでワイセツ図画頒布幇助容疑で摘発されてしまい、ビデ倫は終焉を迎えることになります。新興のセル＝インディーズ陣営が、老舗のレンタル陣営との戦争に勝利したということです。

その後レンタル系メーカーは次々と姿を消し、現在はわずかに数社が残るのみ。つまり今現役のAVメーカーのほとんどは、かつて〝インディーズ〟と呼ばれていた会社なのです。

『**地上20メートル空中ファックVOL.1**』（ソフト・オン・デマンド／1996年）
クレーン車で吊り上げた透明のアクリル板の上で男女がセックスしているのを、ヘリコプターで空撮するという前代未聞のAV。シリーズ合計10万本を目指したが、わずか数百本というセールスに終わる。

ヘアビデオ

現在40代以上の方なら覚えているでしょうが、かつて日本で陰毛はわいせつとされ、規制の対象でした。ヌード写真でもＡＶでも、陰毛が写っているものはアウト。だから、陰毛が写らないようなポーズやアングルにしたり、写っちゃったら修正されるというような時代が80年代まで続いていたのです。それが、なし崩し的に解禁されたのが90年代。だからその頃は陰毛が見える、見えないということで大騒ぎしていたのです。若い人には信じられないでしょうね…。

そうした事情から、陰毛が写っているヌード写真は「ヘアヌード」などと呼ばれ、高価な写真集がバンバン売れました。最も有名な宮沢りえの『Ｓａｎｔａ Ｆｅ』が打ち立てた１５５万部は別格としても、故・川島なお美が55万部、杉本彩が30万部、山本リンダが16万部とベストセラーが続出していたのです。

陰毛が実質解禁した今でも、週刊誌などでは「ヘアヌード」なんて言葉は使われていますし、ヘアヌード写真集も発売されています。しかし、もうジャンルとして完全に消えてしまったのが「ヘアビデオ」なのです。

前述の通り、ＡＶでも陰毛は禁止されていました。当時のＡＶはビデ倫が審査しており、その審査では２００６年まで陰毛が認められていなかったのです。一方、ビデ倫の審査を受けていないメーカーの作品では90年代に入ると、少しずつ陰毛が映り込むように…。そしてそれは「ヘアビデオ」と呼ばれ、やはりヒットしました。

ヘアビデオの元祖といえるのが、1990年8月にザイクスプロモーションというメーカーが発売した『女の秘湯』というシリーズです。ヘアヌード解禁のきっかけとなったのが、1991年に篠山紀信が樋口可南子を撮った『Water Fruit』という写真集だったのですが、同作はその前年に出ています。タイトル通りに女性モデルが温泉に入るだけのビデオなんですが、陰毛がチラリと見えるのです。当時はもうこれだけで貴重。通販や一部のショップだけの販売だったようですが、それでもかなり売れたようです。

実際のところ80年代でも、〝芸術作品〟としてのヌード写真は、陰毛も概ね許されていたり、自然であれば映画でも修正されなかったりといった状況でしたが、でも〝エロだとダメ〟という線引きがありました。『女の秘湯』は、そうした「自然にチラリと見える」なら大丈夫という線を突いたビデオだったわけです。温泉で裸になるのは自然だし、そうなれば陰毛が見えるのも自然。あくまでも、たまたま見えてしまったという姿勢です。

以降こうした「自然なチラ見せ」ヘアビデオが少しずつ増えていったのですが、1994年に発売された『メリー・ジェーン』(ケイネットワーク)というビデオは、明らかにそれまでの一線を超えた作品でした。スペイン人と日本人のハーフであるAV女優の河合メリー・ジェーン出演のイメージビデオなんですが、陰毛のドアップや指で陰毛をいじくるシーンなどもあり、言ってみれば「不自然なヘア」。だからこそのエロさを感じさせる作品でした。これは4万本という、当時としては記録的なヒットとなります。この『メリー・ジェーン』を撮ったのが80年代からＡＶ界の鬼才と呼ばれていた豊田薫監督。もともと陰毛に強くエロを感じていたという豊田監督は、その後も『ヘア・クラッシュ』『恋するヘアー』といったヘア・イメージビデオを撮ります。そして１９９５年にはついにＡＶ、つまりセックスシーンのあるヘアビデオ『完全露出恥骨フェチ』(ビデオ安売王)を監督しました。

１９９５年の段階ではヘアビデオは年間１２０タイトルも発売されていましたが、それはすべてセックスシーンのないイメージビデオ。『全裸女料理人VSはだかの女ドラゴン』(ビデオ安売王)のようなお色気ドラマもありましたが、こちらもセックスシーンは無し。ＡＶで陰毛を見せるというのは、まだまだ冒険だったのです。

ところが『恥骨フェチ』は、ヘアのドアップどころか、主演の篠宮知世の性器を男がいじくりまわすシーンでも、しっかりと陰毛が映っていますし、ライターで陰毛を炙るなんてシーンもあります。肝心のセックスシーンになると股間がモザイクで隠れてしまい、陰毛も見えなくなってしまうのですが、これは豊田監督によれば、当時はまだモザイクを小さくする技術がなかったから、性器と一緒に陰毛も隠れてしまったとのことです。この『恥骨フェチ』も当然のように大ヒットし、特にこの作品がわいせつだと警察が動くこともありませんでした。

そして90年代後半になると、ビデ倫の審査を受けないＡＶがどんどん増加。前項の通り、こうしたAVは当時「インディーズビデオ」と呼ばれました。インディーズブームの中で躍進を遂げていったのが、AVメーカーであるソフト・オン・デマンド。1996年に、50人もの女性が陰毛丸出しの全裸で登場する『50人全裸オーディション』をヒットさせたソフト・オン・デマンドは、その後も『全裸水泳』『全裸エアロビクス』など、女性が全裸でスポーツに挑戦する『全裸スポーツ』シリーズをリリースしていきます。これらの作品のヒットの理由として、ユニークな企画性もさることながら、大勢の女性の陰毛を見られるということも大きかったのです。

90年代が終わる頃には、もう陰毛が見える、見えないということはあまり話題にもならなくなってきました。見えて当たり前だからです。しかし、ビデ倫AVの方はそれでも頑なに陰毛を禁じており、それは人気の低下につながりました。00年代に入るとインディーズビデオ（この頃は、セルビデオと呼ばれていました）と勢力は完全に逆転し、それまでAVの中心であったビデ倫AVは姿を消していくことになります。もう少し前に、ビデ倫が陰毛を解禁していたら…、その後の展開も変わっていたのかなとも思います。

今や陰毛がチラリと見えるだけのイメージビデオが飛ぶように売れるなんてことはあり得ません。でもそれだけであんなに盛り上がれたあの頃が、懐かしくも思えてしまうのです。

1990年に発売された『女の秘湯』（ザイクスプロモーション）。あくまで入浴する女性の、自然な姿を強調した内容だった

盗撮AV

れっきとした犯罪でありながら、盗撮物はアダルトメディアでは根強い人気ジャンルです。家庭用ビデオカメラが発売された70年代からマニアによる盗撮は行われていたようですが、80年代に入るとそれが裏ビデオとして流通するようになります。その最初期のものといわれているのが1984年頃に出回った汲み取りトイレの便壺から撮影した『便所隠し撮り』です。カメラに向かって排泄物が降り注いでくるという凄まじいもので、当時はビデオカメラのサイズもかなり大きかったので、撮影は相当大変だったのではと思われます。

同じ時期にAVでも盗撮物というジャンルが生まれますが、その大半はヤラセの撮影だったようです。1985年には当時の大手AVメーカーであるKUKIから、盗撮映像を集めた『問題盗撮』というマガジン形式のシリーズも発売されています。ちなみにこのシリーズの第六作は、全60分のうち20分もなぜかロックバンドJAGATARAのライブ映像が収録されていることで一部では伝説となっています。

ガチの盗撮映像を販売していたことで有名なのは80年代後半から活動していた「和歌山アクションクラブ」(WAC)です。夫婦で(!)全国の温泉を巡り脱衣所で隠し撮りをして、その映像を通販などで販売していました。この夫婦は1991年に逮捕されていますが、5年間で1億円もの収益を挙げていたといわれています。なにしろ、そのタイトル数は100本以上に及んでいたのですから。

WACの映像は女性の至近距離から撮ったり、見やすいようにアングルを変えたりと、それまでの見づらい盗撮映像とは一線を画したものだったのです。それは女性（妻）による撮影だったから。入浴道具の入ったカゴの中にカメラを仕込んでいたそうです。それまでは盗撮といえば固定の隠しカメラか遠距離から望遠レンズで狙うのが普通で、女性に撮影させるという手法の登場は衝撃でした。ちなみに1999年に逮捕されたトイレ盗撮グループ「102会」は、カツラを被るなど女装して女子トイレに侵入していたそうです。

WAC以降、通販やマニアショップなどの販路を利用した盗撮専門メーカーが多数登場し、当時はインディーズビデオと呼ばれていたマニア向けAVの中で一大ジャンルを築いていました。90年代後半には、インディーズビデオ市場の2割程度を盗撮物が占めているのではないかとまでいわれたほどです。この頃は機材の高性能化や盗撮手法の開発も進み、一昔前には考えられないような鮮明なアングルや映像の作品が増えたことで、マニア以外にもアピールしたのが人気が上昇した理由でしょう。

温泉（脱衣所）、トイレ、更衣室、スカート内逆さ撮りといった盗撮の定番テーマに加え、90年代末に登場したのが赤外線撮影物です。1998年にソニーから発売されたビデオカメラに搭載されていたナイトショット機能は、本来は暗い場所で撮影するための機能だったのですが、太陽光の下で撮影すると、なんと服がスケスケに…。これを悪用してプールやビーチで水着の女性を撮影すると、乳首や陰毛がはっきりと映ってしまうのでした。一時期は赤外線撮影物もかなり発売されており、まるで魔法の透視メガネを手に入れたかのようなその映像は衝撃的でしたが、後にナイトショット機能には制限がかけられました。

そして最も話題になる盗撮物といえば、やはり芸能人物。その真偽は不明ですが、00年代に入ると芸能人を狙った盗撮、あるいはたまたま芸能人が映っていた盗撮映像がマスコミを賑わせるようになります。中でも有名なのは、2003年に裏ビデオとして流通した女優の加藤◯いの温泉盗撮。露天風呂に入っている女性の一人が加藤◯いそっくりということで、大きな話題となりました。事務所は他人であると否定コメントを出しましたが、その後本人が休養をとったことなどで信憑性が高まることに…。これはどうやら露天風呂に面した山の森林の中から超望遠レンズで撮影されたもので、彼女を狙ったわけではなくたまたま彼女が映っていたのでしょう。こうした例としては、他にも真鍋か◯り、米倉◯子、鈴木紗◯奈、杉田か◯るなども話題になりました。

また加藤◯い温泉盗撮と同じ2003年には、モ◯ニング娘。のメンバーのトイレ盗撮映像が大量に流出。某テレビ局のトイレに仕掛けられたものではと囁かれ、テレビ局のスタッフによる犯行だといわれています。また、マラソンやバレーなどの女子選手を狙った盗撮映像も出回りました。もちろんいずれも本人かどうかは分かりませんが、人気グラドルの梶◯亜紀が更衣室着替え盗撮騒動により芸能界引退にまで追い込まれる事件が発生。芸能人にとって大きなダメージとなることは間違いないようです。

問題といえば、90年代末にインディーズビデオとして出回ったファミレスのウェイトスの逆さ撮りビデオシリーズは、ファミレスチェーンからの抗議を受けて自主回収されたとか。確かにこの作品、ウェイトレスの顔もスカートの中もばっちり無修正で映っていて、これは問題になるのも当然という作品でした。そして10年代に入ると、盗撮映像もVHSやDVDといったパッケージメディアからネットが中心になっていきます。現在は、盗撮映像を配信する専門サイトがいくつもあるのですが、機材が劇的に進化したためか、「ええっ！　これどうやって撮ったの？」と思うようなすごい映像ばかり。身体を洗っている真下からのアングルや湯船のお湯の中から、サウナの中からなどなど。当然、女性の盗撮師が撮影しているわけなのですが、それにしてもどうやってカメラを持ち込んでいるのか…。

また、最近は海外でもトイレ盗撮が盛り上がっているとか。特にロシアの映像はずいぶんネットに流れているようで、便座が汚くてお尻を付けるのが嫌なのか中腰で用を足す女性が多く、それにより股間がはっきり撮られてしまっているのです。そしてさすがにロシア、びっくりするような美女が少なくありません。盗撮への取り締まりも年々厳しくなっていますが、盗撮業者はさらにそれをすり抜けるテクニックを編み出すというイタチごっこが続いています。

同人AV

2022年6月23日から施行された「AV出演被害防止・救済法」、通称「AV新法」はAV制作の現場から見るといろいろと問題のある法律なのですが、その成立にあたって「適正AV」「同人AV」という言葉がクローズアップされました。簡単にいうと適正AVというのは業界の自主規制のルールに従って作られたAVのことで、パッケージなどに適正AVマークが付けられています。そして現在、同人AVはそれ以外のAVを指す、というような扱いになってます。

同人AVという言葉が生まれたのは、2007年頃。同人誌という言葉を流用していることからも分かるように、初期はコミケなどのイベントで、漫画やアニメ、ゲームなどの二次創作的な内容のAVを扱ったものが主流でした。コスプレイヤーが露出度の高いコスプレ写真を収録したCD-ROMを販売していた流れにあるといってもいいかもしれません。もっと前の通販ビデオ時代に人気だった松下一夫監督の『美少女スパイ拷問』シリーズ（松下プロ）は、『ルパン三世』第一期第一話の峰不二子くすぐりシーンにインスパイアされたくすぐり責めを延々と繰り返していた作品ですし、初期インディーズの代表的なメーカー・アロマ企画では『汁娘戦士 シールームーン』なんて作品も出していましたが、この辺はちょっと違う流れですね。。

筆者は、実は2005年夏のコミケで『七夏、それから』というAVを販売しているんですが、もしかしたら本格的な同人AVはこれが最初だったのかも…？　コミケで売れるAVを作りたいと思いつき、アニメにもなった「○風」という兄妹漫画をモチーフにしたAVなんですが、問題が起きないようにヌードは一切無し。ま、スカートの中ではちゃんとハメてたんですけど（笑）。この時は、他にこんな作品を出しているサークルは無かったような気がするので、筆者が同人AVサークル第一号だった可能性もあるわけです。

これがきっかけになったというわけではないでしょうが、エロっぽい実写作品は年々過激化していき、ついにコミケから追い出されることになってしまいます。そして、その受け皿となったのが2010年からスタートした即売会イベント「コスホリック」です。こちらは18禁の成人向けイベントなので、過激な作品もＯＫ。その少し前から「DL.Getchu.com」（当初はComike.com）などの同人ソフトのダウンロードサイトが登場し、そうしたサイトでの販売も活発になっていました。こうして同人ＡＶというシーンは盛り上がりを見せていったのです。

その一方で、ＦＣ2のような動画サイトで素人のハメ撮り映像を有料でアップして稼ぐような人たちも出てきました。中には海外サーバでの配信ということで無修正のまま公開している人もいて、結構な稼ぎになっていた模様。ちょくちょく逮捕者も出ていたのですが、それでもその勢いは止まりませんでした。

「ＡＶ新法」は、出演強要の被害者を救済するというのが目的なのですが、そういったトラブルの多くはこのようなハメ撮り業者によるものです。適正ＡＶ側は、数年前からかなり厳しい自主規制ルールに従っているので、トラブルはほとんど起きていないにもかかわらず、ひとからげに「AV」ということで、法律で規制をかけられてしまったわけです。なので「適正AVと同人AVを一緒にするな！」という声が上がるのも当然といえば当然でしょう。

ただ、ちゃんとルールを守っている同人の制作者もいるのに、全部を「同人AV」でくくってしまうというのも、それはそれで乱暴な気もします。なにしろ今の適正AVの主要メーカーは、かつてはインディーズと呼ばれて、ビデ倫メーカーからは「あいつらは裏ビデオと変わらない」なんていわれていたわけですから…。

撮影は出演契約から1カ月後、発売は撮影してから4カ月後にしないといけないというAV新法の規制は、メーカーにといってはかなり厳しいものです。今後、適正側も同人側も撤退するメーカーが増えていくでしょう。ただ、AV新法を無視して制作している同人AVサークルも少なくないようで、施行から半年後の2022年12月にはFC2などで無修正動画を販売していた都内の業者を皮切りに逮捕者が相次いでいます。その多くは出演者に契約書を渡さなかったという容疑です。2023年8月に逮捕された滋賀県の業者は、1年半の間に3億円以上売り上げていたというから、同人AVが儲かるというのも事実でしょう。

個人、あるいは少人数による同人サークルなら、「運が悪けりゃ逮捕されるだけ」とばかりに違法覚悟で制作するかもしれませんが、会社として活動している適正AVメーカーはそうはいきません。多くのルールに縛られる従来メーカーは、厳しい戦いを強いられる状況が続きそうです。

『七夏、それから』
（ダリオレコード／2005年）
筆者が制作・監督した元祖（?）同人AV。主演は当時人気女優だった長谷川ちひろを起用。美少女ゲームをイメージして、セリフに全部字幕を付けたのも画期的（自画自賛）。

DL.Getchu.com
最大手の同人AVサイト。同人的なコスプレ物も多いが、全く関係ないエロ動画も多い。こうした作り手が今後、AV新法をきちんと守っていくのか、さらに地下に潜っていくのか気になるところだ。

消えたメディア

アダルトメディアといえば、本、成人映画、ビデオ（VHS）、DVD、そしてネットあたりが一般的でしょう。しかし、長いアダルトメディアの歴史の中では、メジャーになることもなく消えていった多くのフォーマットが存在するのです。

個人的に所有できる動画のフォーマットとしてはフィルムが最初です。ホームビデオが普及するまで、個人が動画を撮影するのは「8ミリフィルム」が一般的でした。8ミリカメラと8ミリ映写機は家庭にも普及していたため、そのニーズを狙って成人向け8ミリも作られていたわけです。そして、そのほとんどは既に公開された成人映画の短縮版で、当時は音声が再生できない映写機が多かったため、同時再生するカセットテープも付けられていました。70年代から80年初頭にかけてビデオが普及するまでの間、こうしたポルノ8ミリフィルムはずいぶん作られたようです。

さて、80年代に入り、アダルトビデオ全盛期がやってくるのですが、当時はVHSとベータの2規格が覇権を争い、結果的にVHSが勝利したという事実はよく知られているでしょう。しかし、VHSやベータが登場するよりも前にアダルトビデオは存在していました。それが「Uマチック」です。だいたいA5判の本くらいの大きさのビデオカセットで1970年頃から販売されており、そしてUマチックでもポルノ作品は制作されました。ただし、当時は家庭にビデオデッキはほとんど普及していなかったため、その主な需要はラブホテルや旅館。有料の有線放送などで、こうしたポルノビデオを流していたのです。

さてVHSは、80年代半ばにベータとの規格争いに勝利し、00年代にDVDにその座を明け渡すまで、アダルトメディアフォーマットの王者だったわけですが、その間にもさまざまな挑戦者が現れては消えていきました。まず、80年代から90年代にかけて高画質・高音質を売りにした「レーザーディスク（LD）」です。このLDにも対抗馬としてVHDという規格があり、VHSとベータのようにビデオディスク戦争が起きているのですが、VHDはあっさり消え、LDの一人勝ちとなりました。そして、成人向け作品のリリースを許さなかったVHDに比べ、LDでは約1500タイトルに及ぶアダルト作品がリリースされています。ほとんどがVHSで発売された作品の流用ですが、『THE・野球拳』（NEWジャトレ）のようにLDの特性を活かしたゲーム物や、LD独自の編集版などもありました。

しかしLDはソフトのレンタルが無く販売オンリーという点や、録画ができないという点がネックになり、VHSの牙城を崩すまでには至らず、90年代半ばのDVD登場によってその存在価値を失いました。とはいえ、LDは直径30センチ（20センチも有り）のLPレコードサイズで、歴史上最も大きな形態のアダルトメディアだといえます。好きなAV女優のジャケットを大きなサイズで見られるというのは、ファンにとっては嬉しいメリットだったのかもしれません。

VHSに挑んだもう一つのフォーマットが「8ミリビデオ」です。奇しくもテープの幅が8ミりということで8ミリフィルムと同じ名前になっていますが、特に関係はありません。VHSの3分の1程度、カセットテープとほぼ同じくらいと非常にコンパクトなサイズでありながら、画質も良好。8ミリビデオはVHSに替わる新規格となりました。しかし、それはあくまでも家庭用ビデオカメラ市場での話です。撮影用のビデオカメラでは8ミリビデオはメジャーな存在になりましたが、家庭用の据え置き用途では、全く振るいませんでした。そのため、8ミリビデオのソフトも発売されているのですが、ほとんど知られていません。そして8ミリビデオのAVも、ごくわずかのリリースに留まりました。

DVDが普及する前に登場したフォーマットとしては、「ビデオCD」というものもあります。90年代前半に登場した規格で、CDと同サイズ、つまりDVDと同じサイズなのですが、画質的にはデジタルにもかかわらずVHSの3倍モード程度とあまり良くなく、収録時間も74分までと短かったため、脚光を浴びることのないまま、ひっそりと姿を消しました。ただし、DVDより手軽に扱えるというメリットから、アジア地域では、かなり長期間にわたって（主に海賊版市場で）愛されていたようです。

2005年に登場した「UMD」も、もはや知る人ぞ知るフォーマットでしょう。ソニーが開発した直径6センチのミニディスクなのですが、実質的には携帯用ゲーム機のプレイステーションポータブル（PSP）の専用メディア。それなのに、なぜかアダルト作品が50タイトルも発売されています。PSPでこっそりAVを見たいというニーズを狙ったのでしょうが、スマホの普及でその市場はアッという間に消滅しました。

00年代後半からは高画質であるハイビジョンのブルーレイが登場しますが、その対抗馬として東芝が中心となり開発した「HD-DVD」という規格があったことを覚えているでしょうか？　実はアダルト作品はブルーレイが発売されるよりも先にHD-DVDでリリースされているのです。それが『野々宮りん　立花里子の奴隷部屋』。発売したグレイズというメーカーはどうやら一番乗りが好きなようで、UMDやブルーレイでも最初にアダルト作品をリリースしています。もっともHD-DVDのアダルト作品は、この他には発売されていないようですが…。

さて、アダルトメディアにおいては、ブルーレイはいま一つ普及しないままに、ダウンロードやストリーミングといったデータでの視聴が主流になりつつあります。今後、新しいパッケージフォーマットが登場することはないでしょう。ということは、このHD-DVDが最後の〝幻のアダルトフォーマット〟になるのでしょうか。

消えたメディアたち。左上から8ミリフィルム、レーザーディスク、UMD、Uマチックビデオ、8ミリビデオ。もはや再生するハードも入手困難だ。

インターネット黎明期

現在、エッチなネタが見たい時は、まずネットを探すという人が多いのではないでしょうか。エロ本派やDVD派は、もう少数派でしょうね。日本でインターネットが普及したのは90年代の後半から。それまでは大学の研究者などが限定的に使っていたのが、1993年に個人向け接続サービスが始まり、そしてジワジワと一部のマニアの間に広まっていき、Windows95の発売と共に普及が進んでいったという感じでしょうか。

そして、日本で最初にできたアダルトサイトは1995年3月に開設された『東京トップレス』です。巨乳と風俗をテーマにしたサイトで、なんと恐ろしいことに29年経った今も、まだ健在なんですよ（笑）。何を隠そう、筆者はこの『東京トップレス』立ち上げ時のメンバーだったのです。このサイトが生まれたきっかけは、パソコン通信のニフティサーブ。もはやパソコン通信といっても分からない人が多いかもしれませんが、まぁ会員だけが使えるクローズドネットワークですね。インターネットが普及する前の80年代後半から90年代にかけて、一部で大きな盛り上がりを見せていたのでした。

大手としてはニフティとPC-VAN、アスキーネット、アサヒネットなどがありましたし、個人で運営する草の根BBSなんてのもありました。ちなみに、BBSとは掲示板のことです。インターネットと違って、基本的にはテキスト主体。画像はアップロードされたものを何分もかけてダウンロードしなくてはなりませんでした。で、この本を読んでいる方はお分かりでしょうが、人間は新しい器（メディア）ができればそこにエロを入れたくなってしまう生き物で、当然のようにパソコン通信にもエロがあふれていたのです。

個人運営の草の根BBSでは、エロ画像やエロCGをやりとりできるBBSや、SM情報や風俗情報を交換できるBBS、ゲイのためのBBSなどがあり、それぞれ濃いマニアが集まって交流を深めていました。そして表向きはエロ禁止の大手ネットでも、実はエロが楽しめたのです。

ニフティサーブの『谷間の百合』をベースに、1995年に誕生した『東京トップレス』。ニフティサーブ自体は2007年にサービスを終了している。

例えば画像フォーラム（ニフティではテーマごとにまとめられた掲示板をフォーラムと呼んでいた）の中にも、アダルト画像がアップロードされているところがあったんですね。画像は修正済みなのですが、とあるソフトを使うとその修正を取ることができたり…。この頃は回線も普通の電話回線を使っていましたし、パソコン通信の使用代もかかりました。そのため、1枚の画像をダウンロードするのに10分近くの時間と何百円もの費用がかかったんですね。それでも当時エロ画像は貴重だったので、みんな頑張ってダウンロードに励んでいたわけです。

またニフティでは、個人で「ホームパーティ」とか「パティオ」と呼ばれるクローズドの掲示板を作ることができ、こちらは基本的にユーザーの自由に任されているので、エロテーマのホームパーティもたくさんありました。こうしたパソコン通信の裏の世界については、この本の版元である三才ブックスから『裏パソコン通信の本』というムックが出ていまして、筆者もずいぶん参考にさせてもらったものです。

さて、そんなホームパーティの一つに『谷間の百合』がありました。風俗と巨乳をテーマにしたホームパーティで、かなり濃いマニアが集まり、夜な夜な風俗情報や巨乳情報を交換していたのです。そのホームパーティの主催をしていたのがKという人物で、彼はもともとプログラマーやシステム管理の仕事をしていたため、当然コンピュータにも詳しく、まだ一部の話題でしかなかったインターネットにもいち早く興味を示していました。それで試しにやってみようかということで、『谷間の百合』に蓄積された情報をベースに作られたのが『東京トップレス』です。ちなみに、開設当初はインターネットということで海外の目を意識して「UTAMARO」という名前だったのですが、あんまりなのですぐに変わりました（笑）。

1995年3月の時点では、日本国内のサイトはまだまだ少なく、個人サイトは大学生が遊びで作ったようなものがほとんどという時代。そこにマニアならではの濃いエロ情報が満載のサイトが登場したので、当然のように注目されました。アクセス数も一日何十万アクセスと、当時としては破格の数字を叩き出し、国内アクセスランキングのトップになったりしたんです。アクセスの半分以上が海外からで、日本以外でもまだまだインターネットにエロが少ない時代だったといえます。

筆者も『東京トップレス』の中に「CLUB RIO」というコーナーを持っていて、コラムや日記などを掲載していました。この頃インターネットでは日記が流行していて、そうしたネット日記をまとめた「日記リンクス」というのがあり、そのアクセス数を競うランキングでは僕の「風俗日記」(当時、仕事のメインが風俗ライターだったので）が1位を独走していたことも…。投票ボタンをおっぱいの画像にして、ついクリックしてしま

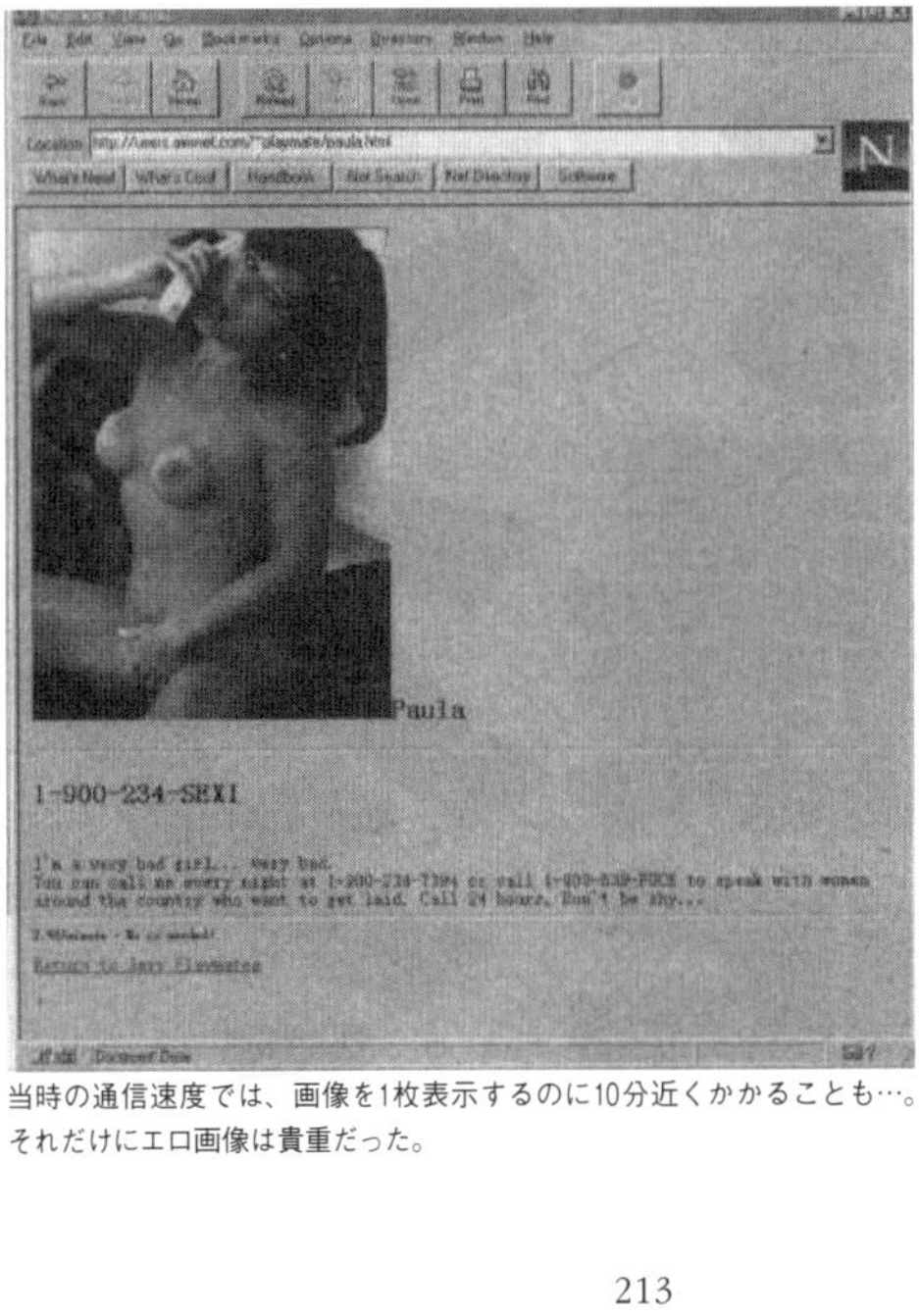

当時の通信速度では、画像を1枚表示するのに10分近くかかることも…。
それだけにエロ画像は貴重だった。

うという仕掛けをしていたため、「ズルして日記王」なんて称号もいただきましたが（笑）。まぁ、これも『東京トップレス』の人気があってのことですね。

『東京トップレス』の少し後に、AVメーカーのKUKIが『K・U・K・I・TOWER』というサイトを開設しました。たぶん日本初のアダルトサイトの座を狙っていたんでしょうけど、少しの差で我々がその座をいただいちゃいました。すいません（笑）。

この年の秋に出たデジタルカルチャー誌『CAPE-X』（アスキー）10月号で、筆者とKが国内外のアダルトサイトについて対談した記事が掲載されているのですが、それを見てみるとまだまだ国内のサイトは少なく、ほとんどが『谷間の百合』の身内か知り合いがやっているという状況でした。ページのデザインもグレーの地に写真数枚とデフォルトフォントのテキストのみという寂しいものばかり。インターネットになってもまだまだ回線が遅く、画像を貼ると表示されるまで時間がかかっちゃうという時代で、動画なんてとんでもない！

しかし、1年も経つと国内でもアダルトサイトが次々と登場。アクセスランキングの上位をアダルトが独占なんてことも珍しくなくなりました。そして気がつけば、大人も子供もお年寄りまでもが手のひらのスマホでネットにアクセスし、気軽に無修正動画も見れちゃう時代になっていたわけです。超便利な世の中です。でも時々、1枚の画像が少しづつ表示されるのをワクワクしながら待っていた、あの四半世紀前のときめきを思い出してしまうのです。あれはあれで楽しかったのだよなぁ。

Encyclopedia of Japanese porn media

第2章

エロジャンル大辞典

熟女

現在のAVで最も大きなジャンルといえるのが「熟女」です。2022年に発表されたFANZA内検索ワードランキングでも1位は「熟女」でした。しかし、日本のAV業界で「熟女」というジャンルが定着したのは、実は00年代以降と意外なほど、最近の話。今では信じられないかもしれませんが、ついこの間まで熟女はキワモノとして扱われていたのです。AVが最初の黄金期を迎えた80年代後半には、30代女性の出演はほとんどありませんでした。

戦後直後は、当時主流だった官能小説やエロ記事において主な性的対象は人妻や未亡人でしたし、70年代に入っても成人映画などで人妻が人気のモチーフだったことは、1971年にスタートした日活ロマンポルノの第一作が『団地妻・昼下りの情事』ということからも分かるでしょう。そんな成人映画の流れを汲んでいた黎明期のAVでも、人妻物はかなり作られていたんですね。1982年のAVの発売タイトルを見ると、全体の2割くらいが人妻物でした。

しかし、80年代半ばになると状況は一変します。若くて可愛らしい素人っぽいタイプの女の子がもてはやされるようになり、人妻物は姿を消してしまうのです。これはAV業界に、それまでビニ本を作っていた制作者が参入し、映画畑の人たちを駆逐していった流れから来たものだといえるでしょう。80年頃にピークを迎えていたビニ本の世界では、色っぽい人妻よりも、若くて可愛い女の子に人気があったんですね。

これは80年代初頭に巻き起こったロリコンブームの影響もあったのかもしれません。若ければ若いほどいい、そんな価値観が80年代の日本にはあったのです。20代半ばになれば、もう商品価値がない。25歳の女性を「クリスマスケーキ」、つまり24を過ぎると価値がなくなって安売りされる、なんて揶揄していたほどです。

この頃、45歳〜65歳くらいの年代を指す「熟年」という言葉が定着し、その派生として「熟女」という呼び方も広まっていきます。1983年には、中森明菜のヒット曲『少女A』に対抗して、五月みどり（当時44歳）が『熟女B』という曲を出したこともありましたね。五月みどりや、その妹の小松みどりなどは30代を過ぎてもロマンポルノなどに出演して、成熟した色気で人気を集めていましたが、ことAVに関しては、熟女は全く無視される状態が続きます。

1990年に56歳の女性を主役にした『ババァ〜！こんな私でもAV出れますか？』（ビッグモーカル）というAVが発売されて話題となりますが、その扱いは完全に〝ゲテモノ〟。この作品を撮った芳賀栄太郎監督は、その直後に東美由紀という女優の実の母親である浅野ともこ（48歳）が出演する『おふくろさんよ！』（ビッグモーカル）も撮り、こちらは大ヒットとなります。この頃からAVにも「熟女」というジャンルが生まれ、作品は少しづつ増えていったのですが、それでもその扱いはあくまでもマニア物。若く可愛い女の子が好きなのが普通であり、熟女を好むのは、変態だ！　それが当時のAV業界の認識だったのです。実際、AVショップでも熟女モノは

SMやニューハーフなどと同じ、マニアックなコーナーに置かれることが少なくありませんでした。

1992年には三和出版から、初の熟女専門誌『熟女クラブ』が創刊されます。創刊号の表紙には、「マダム耽美派宣言」「オトナの魅力に酔いしれて」といったキャッチコピーが躍っていました。30代と思われるモデルたちのヌードグラビアに「熟女攻略法完璧マニュアル」「人妻の心理&口説きのテクニック」といったナンパハウツー記事や、人妻の告白、劇画、小説などに加えて、人妻デートクラブの名鑑や体験記事なども充実していて、この頃には既に熟女風俗が盛り上がり始めていたことが分かります。『熟女クラブ』の売れ行きがよかったのか、続いて司書房から『人妻熟女報告』、英和出版から『熱烈熟女画報』など、熟女専門誌が続々と創刊。三和出版をはじめとして、これら熟女専門誌を出版したのが、いずれもSMなどのマニア系に強い出版社であり、これらの雑誌はいずれもA5判平綴じというマニア誌の作りです。『熟女クラブ』創刊号のグラビアも、熟女にセーラー服やブルマーを着せたり、赤ちゃんプレイをさせたりと、かなり変態色が強いものでした。90年代のアダルトメディアにおいて「熟女」は、あくまでもマニアックなジャンルだったことが分かります。

そんな風向きが変わってきたのは、90年代も終わりに近づいてきた頃でした。前述の通り、既に風俗では熟女・人妻専門店がいくつも存在していたのですが、そのエリアは巣鴨や鶯谷などが中心でマニアックなムードの店が大半。当時の風俗店の主流だったライトで明るいムードとは対照的で、看板も出さずにマンションや雑居ビルの一室でひっそりと営業していました。

しかし90年代末には、そんなメインストリームの風俗チェーンが熟女・人妻店に手を伸ばし始めます。若い子の店と同じような明るいイメージを打ち出した熟女・人妻店が次々とオープン。その中心は池袋であり、00年代に入ると当時最も盛り上がっていた性感ヘルス、イメクラ全店舗の4分の1ほどを熟女・人妻店が占めるようになっていたのです。

大きな動きはAVでも起こっていました。きっかけとなったのは、1999年に発売された『義母〜まり子34歳〜』(ソフト・オン・デマンド)。それまで美少女物ばかり撮っていた溜池ゴロー監督が、「本

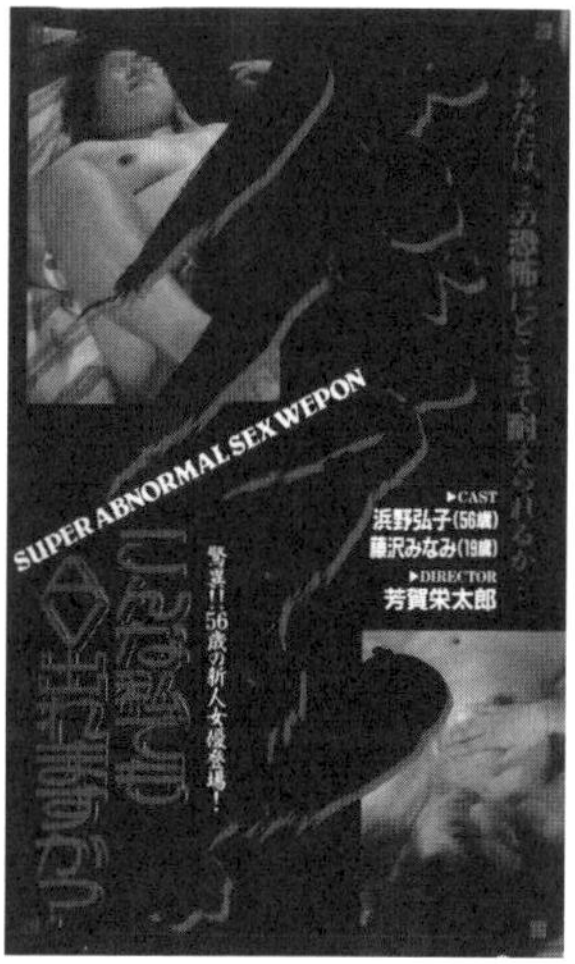

『ババァ〜! こんな私でもAV出れますか?』
(ビッグモーカル/ 1990 年)
大久保公園で立ちんぼをしていたという56歳の弘子さん主演の怪作。「他の監督が絶対に撮らないような作品」を撮ろうというところから発想されたが、話題を呼び意外なヒット作に。

『義母〜まり子 34 歳〜』
(ソフト・オン・デマンド/ 1999 年)
美熟女ブームの起爆剤となった作品。開始30分ほどはヌードもないが肉体のあちこちをフェティッシュにドアップで捉えていく。主演の川奈まり子は後に監督の溜池ゴローと結婚し、現在は怪談作家として活躍。

当に自分が興奮するのは大人の女性だ」と、面接で惚れ込んだ当時33歳の川奈まり子（タイトルでは逆サバを読まされている！）を主演にした作品です。この作品が画期的だったのは、これまでの熟女AVが数人の女優が登場するオムニバスなどの企画物であるという常識を覆し、予算を惜しまずドラマとして撮影されたことでした。3日間もかけての撮影などこれまでの熟女物では考えられないことで、実際に溜池監督はこの企画をほとんどのメーカーで断られたそうです。ところが、これが当時としては異例の1万本というセールスを記録し、大ヒットしたんですね。

本作の主演の川奈まり子と、前年にデビューした当時34歳の牧原れい子（『義母～まり子34歳～』に続く作品『女教師～れい子34歳～』にも出演）の2人がAV業界に美熟女ブームを巻き起こします。これまでの熟女物が「エロいおばちゃん」というイメージだったのに対し、この2人は「成熟した大人の美女」というイメージを打ち出したのです。そのアプローチは熱狂的に受け入れられ、一大ムーブメントとなりました。同時期に風俗でも熟女専門店の人気が高まっており、熟女は性の対象として急速に注目されるようになっていきます。

00年代に入ると、人気熟女が次々とデビューしました。愛らしい顔立ちとナイスバディの友田真希、ハードなプレイもこなす紫彩乃、上品なルックスの立花瞳。90年代末期に単体女優としてデビューした風間ゆみも、人妻・熟女路線に転向して人気を集めます。2003年には熟女専門メーカーのマドンナが誕生。人気熟女を起用した豪華なキャスティングが以降の熟女シーンを牽引する存在になります。この時期には30歳を超える年齢ながら、その幼い顔立ちからロリ熟女と呼ばれた松本亜璃沙、あふれるフェロモンで一気にトップ熟女女優となった翔田千里、上品なムードの白石さゆり（現在は北条麻妃に改名）、そしてNカップという常識外れの爆乳を持つ城エレンなどがデビューし、熟女女優のタイプも多様化していきました。

また、かつてAVアイドルとして活躍していた単体女優が、熟女女優としてカムバックするパターンも増加。その先駆けともいえるのが、80年代に宇宙企画で美少女アイドルだった牧本千幸です。1997年につかもと友希として再デビューし、熟女女優として長く活躍しました。同じく巨乳女優として知られた加山なつこや村西とおる監督の秘蔵っ子だった沙羅樹、さらに小森愛、麻生早苗、松本まりなといった80年代から90年代にかけて活躍した大物AVアイドルが、30代や40代になって続々と復活。熟女人気に支えられたカムバックを実現しました。

こうしたAVでの熟女人気とリンクするように、エロ本業界でも熟女専門誌が急増。00年代後半になると、既存の雑誌が熟女専門誌へシフトする傾向が顕著になります。その中でも代表的なのが『ペントジャパンスペシャル』（ぶんか社）です。もともとは米『ペントハウス』の提携誌『ペントハウスジャパン』の増刊としてスタートし、ポップなセンスの総合エロ雑誌だったものが、2006年に突然、熟女・人妻専門誌へとリニューアル。この大胆な路線変更が成功を収め、ぶんか社は『本当にあったHな話』など、当時発行していたエロ系雑誌をすべて熟女・人妻路線へとリニューアルしてしまったのです。

しかし10年代に入ると、それは珍しい話ではなくなります。多くの雑誌が熟女・人妻路線へとリニューアルしていきました。その中にはAV雑誌の老舗である『ビデオボーイ』(英知出版、ジーオーティー)、ナンパ雑誌『ストリートシュガー』(サン出版)、そして最もスタイリッシュなエロ本として知られた『ウレッコ』(ミリオン出版)といった一世を風靡した雑誌も多くありました。

こうした雑誌の主戦場は、コンビニのアダルト雑誌コーナー。書店のマニア本コーナーで熟女誌が売られていた90年代とは隔世の感がありますね。しかし、それは00年代後半からエロ本の売上が急速に減少していたことが影響していたと考えられます。インターネットの普及による若者のエロ本離れにより、読者の高齢化が急激に進行。気づけば、読者層は40代以上が中心となっていたのです。

こうなると自分と年齢の近い女性の方が、よりリアルに感じられるという人も増えていきます。30代といっても自分よりずっと若く、自分の娘ほどの若い女優に欲情するよりも自然だといえるでしょう。また、熟女女優のルックスの向上も大きな理由の一つ。90年代までは熟女を扱うモデルプロダクションが少なかったため、女優探しには苦労したといいますが（会社にやって来た保険の外交員を口説いて出演させることもあったとか）、この時期からは自ら応募してくる熟女も増えました。全体数が多くなれば、必然的に女優のレベルも高くなります。熟女AVや熟女誌に登場する女性のルックスのレベルは、以前と比べ飛躍的に向上したのです。

またAVでは以前から「熟女」と「人妻」を同じジャンルとして扱う傾向がありました。そのため、20代前半の若い女優であっても、人妻役であれば熟女メーカーの作品に出演することがあり、これが「若妻」というジャンルです。10年代に入ると、この若妻物も一気に人気を集めました。これによって、「熟女・人妻」というジャンルは大きな広がりを見せることになります。何しろ20代から60代まで、ほとんどのAV女優が「熟女・人妻」女優だといえることになるわけですから。

人妻AVでは、奥さんを他の男に奪われる「寝取られ（NTR）」というシチュエーションが10年代以降に人気ジャンルとなりますが、これは考えてみればNTRという言葉が流行る以前から人妻物の定番パターンでした。00年代から続くなぎら健造監督の『あなた、許して…。』及び『夫の目の前で犯されて』シリーズ（アタッカーズ）は、その代表的な存在です。美熟女ブーム以降、なぜか熟女・人妻物はドラマが強いという傾向があるのが興味深いところ。これはやはり、人妻という属性に対する妄想を強調した方が興奮するということなのでしょうか?

さて、近年AV女優も寿命が長くなり、活動歴10年以上、30代以上という女優さんも珍しくありません。少し前ならアイドル的にデビューした女優でも、20代後半になると熟女に転向していくのが普通でした。ところが最近は、30代になっても「熟女」というより「お姉さん」というイメージが強い女優さんが増えています。例えば、紗倉まな、AIKA、葵つかさ、小島みなみ、友田彩也香など、彼女たちに熟女のイメージはほとんどないでしょう。もはやその女優が熟女かどうかは、実際の年齢ではなくどういう売り方をするかによって変わるようになっています。

巨乳

「巨乳」という言葉が一般的に使われるようになったのは1989年以降ですが、言葉自体は1967年の『平凡パンチ』(平凡出版、マガジンハウス)で既に使われており、意外に古くから存在しています。80年代に入った頃から巨乳専門誌『バチェラー』(大亜出版　ダイアプレス)などで多用され、少しずつ定着。1989年の松坂季実子のAVデビューから始まる巨乳ブームで、完全に一般化しました。それまで、日本では大きな乳房のことは、「ボイン」「デカパイ」「Dカップ」などと呼んでいたのですが、90年代に入ると「巨乳」で統一され、それ以降も「巨乳」に代わる名称は生まれていません。

男性は、いつの時代でも巨乳＝大きな乳房が好き、と思いがちですが、実は一般的に巨乳が好まれるようになったのは、つい最近のこと。そもそも江戸時代以前には日本では乳房は性の対象ではなかったことは、春画で乳房がほとんど描かれていないことからも分かります。描いたとしてもそっけない描写であることが大半で、性器をあそこまで精細に描写していることとは対照的です。日本人が豊かな乳房の魅力に目覚めたのは戦後、欧米の文化が流入してからのことです。価値観、食生活、そして映画、あらゆる欧米の文化が押し寄せ、日本人は敗戦国の国民として複雑な思いを抱きつつもそれを受け入れていきました。ちょうどハリウッドは、グラマー女優全盛時代。大富豪でもある監督ハワード・ヒューズに見出されたジェーン・ラッセルやジーナ・ロロブリジーダ、ソフィア・ローレン、ブリジッド・バルドー、そしてマリリン・モンローといった豊満な肉体を売りにした女優たちが銀幕を飾り、日本人男性を魅了したのです。こうした女優たちを、当時は「肉体女優」と呼んでいました。これは戦後初のベストセラー小説となった田村泰次郎の小説『肉体の門』から由来する名称です。当初は色気を売りにした女優をそう呼んでいたのですが、次第に肉体的魅力のある女優を意味する言葉へと変化していきました。

50年代後半になると、日本からも肉体女優が登場し始めます。黒澤明や溝口健二の映画に出演し、世界的な評価を得る一方で『痴人の愛』などでセクシャルな魅力を発揮した京マチ子を筆頭に、日本映画で初めて全裸シーン（後ろ向きですが）を披露した女優である前田通子や、バスト96センチの泉京子、そして後にアメリカで映画プロデューサーとなる筑波久子などが活躍し、多くの「肉体映画」がヒットしました。

1957年から「肉体」に代わって急激に広まった言葉が「グラマー」です。本来は魅力的という意味で使われていましたが、次第に豊満でセクシーな肉体を指すようになっていきます。当初は高身長もグラマーの条件でしたが、60年代に入ると小柄でも魅力的な「トランジスタ・グラマー」という言葉も生まれます。真空管ラジオに比べて小型で高性能なトランジスタ・ラジオが大人気だったことから発想された表現ですね。『新グラマー画報』（一水社）や『グラマーフォト』（東京三世社）といった雑誌が創刊されたり、『グラマー大行進』や『グラマー西部を荒らす』（なんとフランシス・コッポラの初監督作品）といった映画が公開されるなど、グラマーという言葉はどんどん広まっていきました。日本人男性は、すっかりグラマラスな肉体の魅力の虜となっていたのです。

1967年に日本初の深夜バラエティ番組『11PM』（日本テレビ系）の放送中に、司会の大橋巨泉がアシスタントの朝丘雪路の大きな胸を見てこう言いました。

「どうして、ボイン、ボインと出ているの？」

そこから生まれた言葉が「ボイン」です。実は、それまで日本には大きな乳房をあらわす言葉はなかったのです。「肉体」や「グラマー」は胸だけでなく全身のイメージを表現する言葉でしたから。ボインはたちまち流行語となり、月亭可朝が歌う『嘆きのボイン』は80万枚の大ヒットを記録。『漫画ボイン』（新星社）なる漫画雑誌まで創刊されています。この頃、ひたすら巨乳にこだわった映画ばかりを撮るアメリカのラス・メイヤー監督の作品『草むらの快楽』『女豹ビクセン』や、アルゼンチンの巨乳女優イザベル・サルリの主演作『先天性欲情魔』なども公開され、多くの「ボイン」好き男性を喜ばせました。

しかしその一方で、欧米でのユニセックスなファッションのブームが日本にも上陸しつつありました。1967年に来日したツイッギーが人気を集め、華奢なプロポーションが現代的だという風潮が広まっていったのです。また、世界的に盛り上がりを見せるウーマンリブ運動の影響もあり、従来のグラマラスな女優は、時代遅れのレッテルを貼られる存在になっていたのでした。

70年代には、天地真理、南沙織、桜田淳子、浅田美代子といった少女タレントが「アイドル」と呼ばれて人気を集めました。彼女たちは胸の小さい幼児体型であり、実際は胸の大きかったアグネス・チャンなどは、サラシを巻いて小さく見せていたといわれています。胸が大きいと、清純だとは見られないというのが理由のようです。ビキニ姿で豊かな胸を披露したアグネス・ラムや、巨乳をぶるんぶるんと揺らせて人気を集めたかたせ梨乃などは、この時期でも熱い支持を得ていますが、彼女たちは「オナペット」と呼ばれ、いわゆるアイドルとは少し違った扱いを受けていました。1977年には、初の巨乳アイドルともいえる榊原郁恵がデビューしますが、当初はその胸の大きさをからかわれる扱いも多かったのです。

また、70年代末から80年代にかけてブームとなったビニール本や、1981年に誕生し、大きな盛り上がりを見せていたアダルトビデオ＝AVでも、人気のモデルはスレンダーな美少女や美女ばかりでした。当時のAV雑誌を見ると、乳房の大きさについて触れた描写がほとんどないという事実に驚かされます。胸の大き

『D-CUP』（大亜出版／1980年）
『バチェラー』増刊として発売。本誌から巨乳モデルのグラビアをまとめたもので、日本のエロ本で巨乳をテーマにした最初の1冊だと思われる。ここから巨乳を意味する「Dカップ」という名称が定着することとなった。

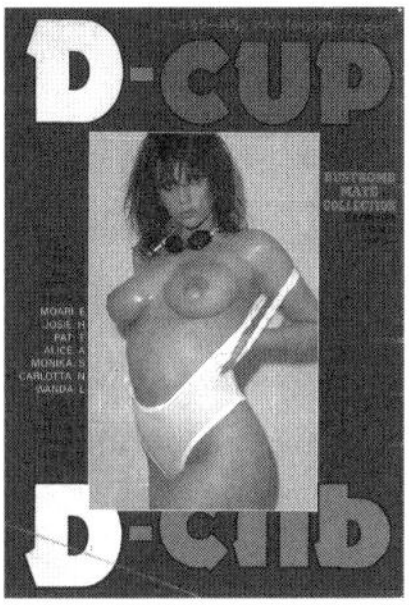

『グラマー西部を荒らす』（1961年／アメリカ）
ヌードが氾濫する世の中に憤慨する男たちが、逆にスケベ男だと勘違いされるというストーリーで、荒野になぜかヌード美女が現れるという展開がバカバカしいコメディ映画。監督は、これが処女作となったフランシス・F・コッポラ！

な子でも、そこには触れられていないのです。

しかしそんな中でも、巨乳好きの男たちはしっかりと存在していました。1977年創刊で次第に巨乳専門誌へと路線を変えていった『バチェラー』や、1983年に作られた初の巨乳フェチAV『淫乳バストアップ95』（ヴイ・シー・エー）などは、あくまでもマニア向けではありましたが、密かなヒットを記録していました。

70年代後半からボインに代わって「デカパイ」という表現がよく使われていましたが、80年代後半になると、それは「Dカップ」に取って代わられます。今の基準で考えるとDカップで巨乳というと違和感があるでしょうが、当時はそれでも十分大きいという印象があったのです。元々は巨乳を意味するアメリカのポルノ用語であり、日本とは基準が違うのですが、言葉としてそのまま輸入されてしまったという背景もありました。そのためこの頃は、実際はEカップ以上あっても、まとめてDカップと呼ばれていたのです。そんなDカップ女優の代表格が、中村京子、菊池エリ、冴島奈緒などでした。また、この時期に元祖グラビアアイドルの堀江しのぶもデビューしています。

1989年にAV『でっか〜いの、めっけ！』（ダイヤモンド映像）でデビューした松坂季実子の登場は、大きな衝撃でした。まるで人間の頭を2つぶら下げているかのような大きさの乳房。それは、これまでのDカップ女優たちのレベルをはるかに超えていたのです。その乳房は「巨乳」と呼ぶにふさわしいものでした。

彼女の出演作は記録的な大ヒットとなり、同時に「巨乳」という言葉が、週刊誌などで盛んに使われるようになります。松坂季実子の登場をきっかけにAV業界に巨乳ブームが巻き起こり、加山なつ子、庄司みゆき、工藤ひとみ、五島めぐなど、数多くの巨乳女優がデビューしました。ところが松坂季実子に匹敵する女優はなかなか現れず、彼女が一年半でAVを引退してしまうと、ブームは終息してしまいます。

しかし、巨乳ブームはAVとは違った舞台でさらに過熱していったのでした。それがグラビアです。堀江しのぶは、1988年に23歳の若さで病のためにこの世を去ってしまったのですが、彼女を送り出したプロダクションであるイエローキャブは、Eカップのかとうれいこ、Fカップの細川ふみえを次々とデビューさせ、大成功を収めていました。彼女たちの主戦場は、雑誌のグラビア。週刊誌だけではなく、青年向けや少年向

『でっか〜いの、めっけ！ 松坂季実子』
（ダイヤモンド映像／1989年）
松坂季実子は当時、有名女子短大に通っていた現役女子大生だった。本作の大ヒットが、倒産寸前に追い込まれていたダイヤモンド映像を一躍トップメーカーへと押し上げ、彼女の新作が発売される毎月1日は「巨乳の日」と呼ばれた。

けの漫画雑誌にも水着グラビアが掲載されるようになっていたのです。彼女たちは数多くの表紙やグラビアに登場していきました。まず水着グラビアで知名度を高めてから、ドラマやバラエティ番組に出演するというイエローキャブの戦略がここで確立します。それは堀江しのぶの成功から生まれた手法でした。こうして、巨乳グラビアアイドルたちは、お茶の間にも進出して行ったのです。

1994年、AV業界に104センチIカップの森川まりこがデビューすると、その巨大すぎる乳房は「爆乳」と呼ばれました。もはや、その大きさは「巨乳」という言葉では、収まりきらなくなっていたのです。そして、グラビアアイドルの世界でも爆乳化は進んでいました。1995年には、Iカップの青木裕子がグラビアに登場。愛らしい顔立ちとは不釣り合いなまでの爆乳でたちまち人気を集め、トップクラスのグラビアアイドルとなりました。さらに酒井若菜、MEGUMI、根本はるみ、夏目理緒、松金洋子、滝沢乃南、花井美里、愛川ゆず季など、グラビアアイドルの爆乳化は進んでいきます。21世紀に入ると、HカップやIカップというサイズも、もはやたいして珍しいものではなくなっていました。

そしてAV業界でも2005年にデビューしたHカップの麻美ゆまがトップアイドルの座につくと、彼女に追いつき追い越せとばかりに爆乳女優が次々とデビュー。既に爆乳が飽和状態に達していた着エロ業界からの転身組も多く、Kカップの青木りん、Jカップの灘坂舞、Lカップの櫻井ゆうこ、JカップのHitomiなどが、その代表です。また、アイドルでありながら覚醒剤で逮捕されて話題となった小向美奈子が2011年にAVに転身し、Hカップの爆乳を揺らしての激しいファックを披露したデビュー作は、AV史上初の20万本という売上を記録。彼女の柔らかそうな爆乳は「スライム乳」と呼ばれました。

10年代になると、105センチJカップでありながらウエストは58センチ、ヒップが89センチという非現実なまでのプロポーションで「フィギュアを超えた」「神の乳」と称された宇都宮しをんや、元東スポ記者でTOEIC990点（満点）という学力を持つKカップ爆乳の澁谷果歩など、個性的な爆乳女優たちがAVシーンを飾っていきます。もはや、どんなに胸が大きくても、それだけでは人気を得られない状況になっていたのです。

下着メーカー・トリンプの2019年度の調査によると、Dカップ以上の女性が、Cカップ以下の女性の数を上回っていたとか。トリンプが調査を始めた1980年には、95％以上の女性がCカップ以下であったことから考えると驚くべき結果であり、日本人女性の胸は確実に大きくなっているのです。とはいえ、現在でもGカップ以上の女性は、わずか2.5％に過ぎません。巨乳・爆乳は、まだまだ少なく、貴重な存在なのです。

しかし、AVやグラビアには次々と「巨乳」女性が登場しています。彼女たちは選ばれし者であり、身近にいない存在だからこそ、男たちの興奮の対象となるのでしょう。今後、巨乳化はさらに進むのか、それとも、もはや巨乳以上に貴重な存在となった微乳がもてはやされるようになる…何てことになるのかもしれません。

尻

日本で大きなおっぱいが性的に注目されるようになったのは最近のことだと前項で述べた通り、お尻もまた同じ変遷をたどっています。江戸時代以前の日本では、男性も女性も性器以外は肉体的に大きな差異はないと見なされ、肉体そのものにセックスアピールを感じることは、あまりなかったらしいのです。

女体の曲線に魅力を感じるようになったのは、海外の文化が流入してからのこと。1950年に性風俗研究家の高橋鐵が書いた『裸の美学 女体美を探求する』は、美しい女性の肉体について分析した本であり、この当時の女体に対する感覚を知ることができます。ただし、お尻については「大きな臀の賛美者は幼児的マゾヒズムを多分に持っている」「意識的には排泄部位である故の卑しめから生じている」など、ちょっとネガティブな評価をされているようです。

乳房同様、お尻もセックスアピールにおいて重要な部分だという認識はあるものの、メディアにおいてあまり大っぴらにお尻のみをクローズアップすることは、長い間はばかられていました。お尻はあくまでも日陰の存在だったのです。ただ、ヘアや局部の表現が禁じられていた80年代以前の日本では、ヌードは必然的に後ろ姿となるため、映画『同棲時代』（1973年）のポスターにおける由美かおるのオールヌードをはじめ、印象的な女性のバックショットは結構あります。

そんなお尻がポジティブなものとして捉えられ始めたのは、80年代に入ってから。まず1981年に女性下着メーカーのワコールが新商品「シェイプパンツ」を発売します。これは履くだけでヒップアップできるカラフルなショーツで、年間280万枚を販売する大ヒットとなりました。クリエイションの『Hello アップルヒップ』という軽快な曲にのせて、ホットパンツやスカートを脱いで、シェイプパンツを履いたお尻を次々と見せていくCMも話題になりました。女性が積極的に「かっこいいお尻」を見せたい、という意識を持ったのです。

とはいえ、女性がお尻をセールスポイントにする時代は、まだ早いようです。AVでも、80年代の段階では、「いい尻」として人気の高かった女優は東清美くらいでした。1987年にAVデビューした彼女は『お尻に誘って』『尻モノ狂い』『尻との遭遇』『尻下がりの情事』など、お尻にちなんだタイトルの作品を数多く残しているのですが、他にはそうした女優は見当たりません。

しかし80年代末には、後ろが紐状で履くと尻肉が丸出しになるTバックと呼ばれる水着や下着が世界的に流行し、その影響は日本にも及びました。さらに1989年には、当時トップアイドルであった宮沢りえがカレンダーでふんどしルックになり、その若々しい尻肉を大胆に披露して世間の度肝を抜きます。1990年にはテレビ番組『タモリ倶楽部』で、毎週素人女性の尻を評論する「今週の五つ星り」コーナーなどもスタートしました。

90年代初頭には、空前のTバックブームが到来。AV女優の飯島愛がテレビ番組『ギルガメッシュないと』(テレビ東京系)でTバックの尻を見せつけるポーズが人気を呼び「Tバックの女王」

の異名をとったり、全員がTバック着用のアイドルグループT-BACKSがデビューするなど、Tバックの剥き出しの尻がお茶の間にまで進出しました。1991年に開店した巨大ディスコ・ジュリアナ東京ではボディコンにTバックの素人女性が尻を丸出しにして踊り狂う姿が話題となります。

1992年には、初のヒップ&アナル専門誌『お尻倶楽部』が創刊され、尻フェチを狂喜させました。もっともこの雑誌は尻自体というよりも、スカトロに寄った誌面作りではありましたが…。AVでも『ボディコンコレクション3 極限ヒップライン』『ザ・ヒップマガジン』『ザ・ヒップ・パレード』といった尻をテーマにした企画物が次々と作られ、1992年には現在まで続く超ロングシリーズとなるアリスJAPANの『女尻』の第一作が発売されます。90年代半ばから盛り上がり始めるマニア向けのインディーズAVでは、街中を歩く女性の尻を盗撮した作品や、顔面騎乗を売りにした作品も作られ始めました。

この時期で忘れてはならないのは、1993年から1995年にかけて週刊モーニングで連載された山本康人の漫画『鉄人ガンマ』でしょう。しがないサラリーマンが主人公のコメディですが、彼がこよなく愛する妻の愛称（主人公が心の中で呼んでいる）が「オシリーナ」。00年代半ばに活躍したグラビアアイドル秋山莉奈の愛称もオシリーナでしたが、その源流はこの漫画にあります。『鉄人ガンマ』は妻の豊かな尻をひたすらに愛する尻フェチ漫画であり、メジャーな漫画誌にこうした作品が連載されたほどに、90年代は尻が脚光を浴びていたわけです。

00年代に入ると、若い女性たちの間で、ローライズ、ヒップハングと呼ばれる股上が浅いパンツルックが流行します。極端に股間からウエストまでの丈が短いため、しゃがんだりすると尻の割れ目まで露出してしまい、男性の目を喜ばせました。

ＡＶで尻ブームが爆発したのは、２００２年から活動を始めたメーカー・実録出版のブレイクがきっかけでしょう。当初は社長でもある工藤澪監督のプライベート色の強いハメ撮り作品が中心でしたが、次第に顔面騎乗をメインとした尻フェチへと作風が移っていき、『美尻顔騎』などのシリーズをヒットさせます。さらに宮本小次郎監督が『尻伝説』などの完全な尻フェチ作品を連発し、大きな反響を呼ぶと、他社も追随するように尻や顔面騎乗をテーマにした作品をリリースしはじめ、本格的な尻ブームが到来するのです。実録出版が編み出した広角レンズを使って、大きな尻の迫力をさらに倍増させるという手法は強烈なインパクトがあり、多くのメーカーが模倣しました。女優が後ろ向きで振り返り、ボリュームのある尻を突き出したパッケージのＡＶが次々とリリースされたのです。

その構図はエロ本の表紙にも採用されるようになります。２０１０年代頃にはそうした表紙のエロ本が増加し、どれも売れ行きが良いという話をよく聞きました。

00年代以降にＡＶで尻が注目されたもう一つの理由として熟女ブームが挙げられます。スレンダーな美少女よりも豊満なボディの熟女が支持されるようになり、巨乳だけでなく、ボリュームのある尻も女の重要な魅力なのだと認識されるようになったのです。特に熟女ファンに大きなお尻の支持が高いことは、熟女物AVのタイトルを見れば一目瞭然でしょう。『デカ尻母のケツ弾力』『エロ尻母』『無防備な母さんの艶尻』など、尻をキーワードにしたタイトルの割合が多く、いずれも掃除などの家事をしている時に無防備に突き出される母親のむっちりしたヒップに息子が欲情してしまうという展開です。目の前で悩ましげに揺れる熟れた巨尻に理性を失ってしまう…という流れが定番でした。当然ながら、作品内でもお尻をクローズアップし、愛撫もお尻が中心。尻フェチ作品といってもいいような作りになっています。

若い女優が出演する尻物が、アナルファックなど肛門への挿入行為に偏りがちなのに対して、熟女の場合は尻の質感にこだわった作品が多いのも面白いですね。やはり、熟女ファンには尻フェチが多いようです。そしてその傾向は、読者の年齢層が上がったことで熟女人気が高まったエロ本でも顕著に現れました。

現在、尻はAVの重要なジャンルとして完全に定着しています。日本最大のアダルト通販・配信サイトであるFANZAでのジャンル分けを見ると、「尻フェチ」のタグを付けられた作品は1万2千タイトル以上に上っています。10万タイトル以上という巨乳には遠く及ばないまでも、SM（1万以上）、ぶっかけ（約1万1千）や脚フェチ（約5千）を超える一大フェチジャンルだといえるでしょう。

00年代以降のAV以外の動きを見てみると、前述のオシリーナこと秋山莉奈のグラビアアイドルとしての活躍が印象深いですね。スレンダーな体型なのに尻はボリュームがあるというプロポーションは新鮮でした。その後も、Iカップの巨乳に負けない巨尻でもある鈴木ふみ奈、桃尻娘の愛称で親しまれた谷桃子など、尻を売りにしたグラビアアイドルが次々と人気を集めます。そんな中でも、最もインパクトがあったのは、自ら「尻職人」を名乗って、尻を強調した自撮り写真を毎日ツイッターにアップし続けた倉持由香でしょう。B84W58H100という極端に大きな尻は、ずっと彼女のコンプレックスだったそうですが、ある時に「これが自分のセールスポイントなんだ」と気づき、以降は自ら巨尻を強調したプロモーションを展開。一躍人気グラビアアイドルとなります。2015年にはAKB48のメンバーである小嶋陽菜が、尻にポイントをおいた写真集『どうする?』を発売するなど、グラビアの世界でも尻の注目は高まるばかりでした。

2020年に『週刊ポスト』(小学館)誌上で行われた「美尻グラドル総選挙2020」では、1位がB90W59H100の東雲うみ、2位がB87W63H99の九条ねぎと約100センチの巨尻グラドルがワンツーを決めています。

かつて高橋鐵が『裸の美学』で「大きな臀の賛美者は幼児的マゾヒズムを多分に持っている」と述べたように、男性は弱っている時にこそ女性の豊かな「尻」を求めるのではないでしょうか。巨尻は強さの象徴として、その「尻」に敷かれたい、押しつぶされたいと願うのです。そう、SM画の巨匠・春川ナミオのイラストの中で、豊満な女性の尻に深く埋没する男性のように…。

素人

アダルトメディアには「素人」という人気ジャンルがあります。しかし、その定義は非常に難しいのです。とりあえず、プロではない＝モデルプロダクションなどに所属していない女性が出演しているのが「素人物」だといえるのでしょうか。しかし、多くの人が気づいている通り、現在発売されているほとんどの素人物AVは、プロダクションに所属しているプロのAV女優が〝素人〟を演じています。それでも、それは「素人物」なのです。

一方でネットなどでは、「本物の素人」が自ら裸を晒したり、ナンパハメ撮りされたりしています。このように非常に混沌としているのが、現在の素人物の状況なのです。

アダルトメディアにおいてこのジャンルが確立したのは、70年代頃。それまでもブルーフィルムやエロ本などには素人女性が出演していたことがありましたが、そもそもアダルト専門のモデルプロダクションのシステムも確立していない時期なので、その境界線も曖昧でした。それが70年代に自販機用のエロ本などで、無名のモデルを「素人娘」とキャッチフレーズを付けて売り出すようになります。また、1975年から雑誌『GORO』（小学館）で始まった篠山紀信のグラビア連載「激写」の影響も大きかったでしょう。この連載では山口百恵やアグネス・ラムといった人気タレントの水着やセミヌードと同時に素人女性のヌードも扱っており、時にはそちらの方が高い人気を得ていたのです。

1982年には、『隣りのお姉さん100人』（二見書房）という全国の素人女性100人のヌードや下着の写真を集めた本が発売されベストセラーになります。読者による人気投票も行われ、1位になった八神康子は『隣りのお姉さん』（ポニー）という同名作品でAVデビュー。実際のところ、八神康子自身はそれ以前からビニ本などで活躍していたモデルだったのですが…。

そして時代はAV全盛期を迎えますが、初期のAVは成人映画の女優が人気を集め、それ以外の出演女優は素人として扱われることがほとんどでした。このあたりから、人気女優＝単体女優と、それ以外の素人女優という構図ができてきます。80年代半ばから、AVにナンパ物というジャンルが誕生。男優が街頭で女の子に声をかけて交渉し、AVに出演させてしまうというものです。1987年にスタートした『ザ・ナンパスペシャル』（アリーナ・エンターテインメント）などは、2014年までに正編のみで272巻を超える長寿人気シリーズとなりました。

カンパニー松尾監督が1991年から現在まで取り続けている『私を女優にして下さい』シリーズ（V&Rプランニング、HMJM）も、応募してきた素人女性をハメ撮りするという人気作品です。カンパニー松尾はこの他にもテレクラで出演女性を探す作品なども数多く撮っています。1996年にはソフト・オン・デマンドから『爆走マジックミラー号がイク！』が発売。ナンパした女性を、壁がマジックミラーになっているトラックの中で撮影するという作品で、こちらも大ヒットし、現在までリリースが続いています。これらのナンパ物は、（一部にAV女優を仕込むこともありましたが）基本的に素人女性を出演させていたのですが、迷惑行為防止条例をはじめとした規制が厳しくなったため、次第にガチのナンパが難しくなっていきました。

00年代半ばには「素人」を全面に押し出しながらも、ルックスが良いという作品が人気を集め始めます。素人物は、素人ゆえにルックスが多少劣っていたとしても、そのリアルな生々しさが魅力だと思われていたのですが、ＡＶユーザーも目が肥えてきたため、素人であろうとルックスが良くないと満足してもらえなくなってきたのです。そうなると必然的にルックスの良いＡＶ女優を素人として出演させるメーカーが多くなり、またそれがヒットすると、次第に「本当の素人」を起用するメリットは無くなっていきます。かなり有名な人気企画女優を、平然と〝素人〟として出演させるような作品も増えていきました。リアルさよりも、ルックス優先。「疑似素人」が多くなった背景には、こうしたユーザーのニーズが反映されていたのです。

さらに２０１６年の出演強要問題から始まるＡＶ業界の自主規制により、出演に際しての事前の契約や内容の確認が厳しく問われるようになります。さらに２０２２年に施行された「ＡＶ新法」（ＡＶ出演被害防止・救済法）により、撮影は出演契約を結んでから一カ月後でなければならないと定められました。そのため素人をその場でナンパして出演させるということは、法律上不可能になってしまったのです。こうして、ＡＶから素人は消えたわけですが、一方ネットには「本当の素人」があふれています。インターネット以前のパソコン通信の時代から、マニアが自分たちで撮影したハメ撮り写真を公開するコミュニティーは存在していました。90年代後半にデジタルカメラが登場、そして00年代に携帯電話にカメラが搭載されるようになると、一般の人がヌード写真やセックス写真を撮ることへのハードルが一気に低くなります。

00年代には自分の裸を自分で掲示板などにアップする「女神」が増加、そしてウイルス感染によってプライベートなハメ撮り写真が流出するといった事件も多発しました。10年代にツイッターが流行すると、自撮りしたヌード写真を投稿する少女たちがあふれ、「くぱあ」などのキーワードで検索すると未成年の少女が自らの性器を押し開くような画像がいくらでも見つかるという状況に…。00年代半ばからは、FC2のように自分たちで撮影したポルノ動画を収益化できる仕組みが生まれたため、個人でハメ撮り動画を撮影し販売する人も増えました。

AV新法は、こうしたネット上の配信動画にも適用されるため、本来撮影は契約の一カ月後でなければならないのですが、それを無視している人が多いのが現状です。当然、逮捕者も相次いでいますが、歯止めが効いていません。こうして「疑似素人」ばかりのAVを尻目に、ネットには「本当の素人」が氾濫しているのです。

ただそこで、そもそも「素人」とは何だろうという話になるでしょう。プロダクションに所属している女優でも、最初の撮影の時点では素人と変わらないわけですし、専業でない女優も多いのです。一方「素人」でありながらも、何度も撮影している人もいるし、荒稼ぎしている人もいるわけで、単純にプロとアマチュアを分類することはできません。とはいえ、「素人」といわれるだけで興奮してしまうというのが、人間の性というもの。それが実際には幻想に過ぎないとしても…。

ブルセラ

90年代に一大ブームを巻き起こしたのが「ブルセラ」です。ブルセラは「ブルマー&セーラー服」の略で、その語源は1985年創刊の雑誌『熱烈投稿』(少年出版社、コアマガジン)の連載コーナー「月刊ブル・セラ新聞」だといわれています。このコーナーは「ブルマーとセーラー服大好き少年のための情報満載&投稿ページ」というキャッチフレーズの通り、ブルマー&セーラー服フェチのためのページでした。このコーナーが誕生した80年代中盤から後半にかけて、女子中高生の使用済みの制服や下着を販売する店=ブルセラショップが登場。90年代に入るとマスコミなどでも取り上げられるようになり、社会問題となります。そして、女子中高生を対象とするエロのジャンルとして確立していきました。もともと70年代後半から80年代にかけてのエロメディアでも女学生物は人気のジャンルであり、エロ本やビニ本ではセーラー服が数多く登場していました。ただし、この頃は成人したモデルにセーラー服を着せて女学生を演じさせることがほとんどで、かなりキツい〝女学生〟も多かったのです。

実際の女子中高生をエロ本に登場させた先駆けとしては1986年創刊の『すっぴん』(英知出版)があります。先行していた『べっぴん』や兄弟会社である宇宙企画のAVが、極めてソフトな美少女路線で成功したことを受けて、若くて可愛い女の子なら、ヌードじゃなくてもいいんじゃないか?とばかりに、10代美少女の水着や制服のグラビアを大々的にフィーチャーした雑誌です。石田ゆり子・ひかり姉妹や裕木奈江、吉野公佳といった芸能人を輩出したことでも知られています。この『すっぴん』の美少女路線は1992年創刊の『クリーム』(ミリオン出版、ワイレア出版)へと引き継がれ、やがて「お菓子系」と呼ばれるジャンルへと発展していきますが、ブルセラはこれよりももう少しエグいというか、生々しいニュアンスがありますね。

90年代初頭には、テレクラや伝言ダイヤルといった出会い系メディアが勃興し、そうした武器を手にした女の子たちが、援助交際へと走りました。彼女たちは、「10代の女の子」の商品価値を自分たちで認識したのです。

アイドルのパンチラ投稿写真をメインコンテンツとして80年代半ばに次々と創刊された『スーパー写真塾』(白夜書房、コアマガジン)や前出の『熱烈投稿』などの投稿写真誌は、中高生向けエロ本という側面も持っていたのですが、それが次第に女子中高生の過激なグラビアが売りの雑誌へと路線変更していきます。18歳未満ということで、オールヌードにはさせられないものの、恐ろしく布面積が少ない水着や、泡で乳首や股間をギリギリ隠しただけという過激な露出度で、後の「着エロ」を先取りしたようなギリギリセミヌードがこうした雑誌の誌面を飾りました。Tバックならぬ Tフロントの水着も流行り、『熱烈投稿』は、そんなグラビアをまとめたムック『Tフロント女子高生』を発売し、大ヒットさせています。そういえばこの時期、ピンクサターンというTフロントがコスチュームのアイドルグループがいて、テレビにも出てましたね。剃毛した股間をギリギリまで見せつけて、お茶の間に衝撃を与えました。今では考えられませんが…。

投稿雑誌のグラビアも、16歳〜18歳の女子高生たちが乳輪がはみ出てるような手ブラや、乳首や陰毛がスケスケの極薄水着だったりと、こちらも今では考えられないものでした。もちろん、実際は「設定」で女子高生というモデルもいましたが、ガチの子もいたんですよね、この頃は。やっぱり90年代って、みんなちょっとおかしくなっていたのかも…。

また90年代のブルセラブームで忘れてはいけないのが、ブルセラビデオです。その始まりは、ブルセラショップが、販売している使用済み下着の証拠ビデオでした。当初は、その子が本当に身に付けてた下着ですよ、と撮影したオマケでしたが、これが人気を呼んでビデオだけ欲しいという客が増えたことから、ブルセラショップでオリジナルビデオを制作・販売するようになったのです。最初の頃は女の子が下着を脱ぐだけの内容だったのが、次第にオナニーやヌード、カラミなどとエスカレートしていきました。そして自分の店だけで売っていたのが、ビデオショップなどでも販売するようになり、ブルセラビデオ専門のメーカーが乱立するなど、AVのジャンルとして定着します。アロマ企画のように現役AVメーカーの中にも、こうしたブルセラビデオから始まった会社が少なくありません。

ブルセラ雑誌のグラビアにせよ、ブルセラビデオにせよ、出演している女の子のルックスのレベルは、お世辞にも高いとはいえませんでした。というか、結構キツイ子も多かった…。でも、そこが妙に生々しいリアルさがあって、余計にエロかったりするわけです。90年代後半に盛り上がりを見せる「お菓子系」はアイドルっぽい可愛らしい女の子が多かったのですが、ブルセラ系はその生々しさが魅力だったような気がします。女子運動部のロッカーの匂いがしてきそうな、というと言い過ぎでしょうか。

ブルセラブーム自体は1996年頃がピークで、以降はお菓子系に取って代わられ、さらに、1999年に児童ポルノ禁止法が施行されたことで、18歳未満のセクシーなグラビアを撮ることが難しくなります。この時期には、エロ本から一斉にセーラー服やブレザーなどの制服が消えました。実際は19歳以上のモデルを使っていれば問題はないはずなのですが、過剰な自主規制に走ったんですね。童顔のモデルは使わない、なんてことまでありました。そうした動きを受けてお菓子系雑誌も衰退。その元祖である『すっぴん』も『スッピンエボリューション』と改名して、普通のエロ本へと路線変更することになりました。

また、都条例などで18歳未満の下着類の買い取り・販売も規制されるようになりブルセラショップも壊滅。00年代には、U-15アイドルブームが起きて、ローティーンの女の子の過激な着エログラビア&イメージビデオなどが続々と発売されるなんて揺り返しもありましたが、やはりこちらも規制が入ります。

現在は2014年の改正児童ポルノ禁止法施行によってさらに規制が強化され、児童ポルノは単純所持も禁止。下手するとブルセラブーム時のグラビアやビデオも引っ掛かってしまいそうです。もはやブルセラは禁断の黒歴史となってしまいました。90年代は遠くになりにけり…。

童貞・筆おろし

かつて某人気女性ブロガーが「童貞」を揶揄して炎上した事件がありましたが、AVでは童貞・筆おろし物は人気ジャンルとして定着しています。AV黎明期である1982年の段階で、『筆おろし』(にっかつ) という作品が発売されているほど。もっとも当時のAVは、そのほとんどが成人映画をビデオ化したものなので、この作品もそれにあたるようです。成人映画まで遡れば、日活ロマンポルノでも『鎌倉夫人 童貞倶楽部』(主演：宮下順子) や『女教師 童貞狩り』(主演：渡辺外久子) といった作品が70年代半ばから作られています。

80年代半ばからドキュメントタッチのAVが増えてくると、素人男優参加型の作品も作られ、その中に童貞男性が含まれていることもありましたが、本格的に素人童貞の初体験、すなわち「筆おろし」をテーマにした作品が注目を浴びるようになったのは1997年からスタートし、現在まで続く『ザ・筆おろし』シリーズ (クリスタル映像) のヒットがきっかけでしょう。

1997年2月に発売された記念すべき第一作を見てみましょう。登場する童貞男性は19歳から26歳までの4人。そして筆おろしの相手をしてくれるのは、ランパブ嬢や主婦など。まぁ、基本的には企画女優でしょう。この中に、現在お色気系イベントプロデューサーとして活躍する女王様・三代目葵マリーが混ざっていたのには、ちょっと笑ってしまいました。

緊張する童貞男性を優しくリードしていく女性たち。童貞男性も、意外に上手に愛撫できたりして、導かれながらなんとか挿入。見事に筆おろし成功！　となるのですが、途中で元気を無くしてしまう、いわゆる中折れの状態となってしまう人が続出。おそらく緊張のためでしょう。結局４人中２人は膣内で射精することはできませんでした。その一方で抜かずの２発を決め、相手女性を２回もイカせてしまう剛の者もいるのですが…。プロの男優の安定した〝プレイ〟に見慣れていると、この予想もつかない展開が何とも新鮮なのです。女性側も童貞男性の思わぬ反応に、つい素の表情を見せてしまいます。ある意味で、この第一作に童貞・筆おろし物の魅力はすべて詰め込まれているといえるでしょう。それは聖母のような女性の優しさ、初めての女体と快感に感動する男性の反応、そしてドキュメントならではの生々しさなのです。

00年代初頭には「童貞」ブームが起きます。みうら

『ザ・筆おろし』（クリスタル映像／1997年）
「童貞喪失」ジャンルの元祖。1997年の第一作から2019年までに80作以上が作られた長寿シリーズとなる。素人ならではのハプニング性が魅力だった。

『つぼみのザ・筆おろし』（クリスタル映像／2010年）
『ザ・筆おろし』シリーズも後期は人気女優が筆おろし役を担当するようになった。中でも、つぼみは人気が高く4作に登場。

じゅん&伊集院光の書籍『D.T.』(2003年、メディアファクトリー)を筆頭に、童貞を愛すべきポジティブな面で捉えようとするムーブメントではあったのですが、実際はどこか上から目線でバカにするような側面があったことも否定できません。

その一方、AVでは童貞・筆おろし物はジャンルとして定着していきます。当初は熟女系の女優が筆おろしするのが一般的だったのですが、ロリ系女優の頂点ともいえるつぼみが『「…アタシでいいんですか?」つぼみが40才童貞の自宅で筆おろし』(2009年、グローリークエスト)で筆おろしに挑戦するなど、女優の幅も広がっていったのです。さらに、麻美ゆまの『NO.1アイドル麻美ゆまが童貞をプロデュース』(2008年、アリスJAPAN)、横山美雪の『美雪が童貞食べちゃうゾ』(2010年、Kawaii)、かすみ果穂の『素人参加型!童貞くん、いらっしゃ～い!』(2010年、アイデアポケット)など、若い単体女優が筆おろし物に出演することが珍しくなくなっていきます。

おなじみの女優が、予測不能な童貞男性に対してどのようなリードを見せるのか、そこがこの種の作品の見どころです。以前、某有名女優にインタビューした際には「その人の初めての女性として良い思い出になってもらいたいので、いつも以上に心を込めます」と話していました。反対に「自分も緊張してしまうので苦手」という女優もいました。彼女は撮影時に緊張のあまり泣いてしまったとか。このように、いつもとは違う女優の一面を楽しめるのも筆おろし物の魅力といえるでしょう。

こうしたドキュメント物とは別にドラマ物としての童貞・筆おろしというジャンルもあります。こちらはやはり熟女物が中心で、童貞役ももちろんプロの男優なので、童貞喪失というシチュエーション自体が魅力となるわけです。

　2022年のとある調査では、20代から50歳未満の男性の43％が童貞という結果が出たそうです（ちなみに処女率は29．7％）。つまり童貞は決して珍しい存在ではなく、そうした人が自分と重ね合わせて理想の童貞喪失を夢見るという場合も少なくないでしょう。しかし、自分もこんな美しい女性に優しくリードしてもらえるという理想の童貞喪失だったらよかったのに、という気持ちで見ている人も多いのでは…。たいていの場合、童貞喪失はドラマのように美しくはいかないものだからです。

　筆おろし物は、経験者・未経験者共に、思いを重ねやすいシチュエーションなのです。

『童貞五人の処女争奪戦』（SODクリエイト／2008年）5人の童貞の中から選ばれた1人を筆おろしするのは、なんと処女。そんな2人の初体験が上手くいくはずもなく…。ドキュメントならではの面白さ！

『童貞な僕がデカチンと知った義母は1度だけよと言ってたのに自ら何度も何度も求めてくるんです…』（グラフィティジャパン／2024年）熟女ドラマAVでも童貞喪失物は人気だ。経験豊富な熟女に筆おろししてもらえるのは、一番幸せかも…。

痴女

今やAVの人気ジャンルとなっている「痴女」。タイトルに「痴女」という言葉が付いている作品だけでなく、普通の単体女優物でも痴女っぽいアプローチをするコーナー（だいたい主観撮影）は多く、かなり一般的になっています。もともとは痴漢の女性版という意味で使われていた言葉ですが、現在のAVでは「淫語を囁きながら男性を責める女性」というイメージでしょうか。こうした痴女がAVに登場したのは、90年代半ばのことです。それまでのAVでは、女性はあくまで男性に責められる存在であり、しかも派手に感じることも敬遠されるほど清楚さを求められていました。その反動で、80年代後半には積極的に快感を求める「淫乱女優」のブームもあったのですが、どちらかというとキワモノ的な扱いだったといえるでしょう。

現在のような男性を責める女性像は、実は90年代初頭に「性感マッサージ」(もしくは「美療系」)と呼ばれるマニアックな風俗でのプレイから生まれました。こうした店では、風俗でありながら女性は下着姿にすらならず、男性からのタッチもナシ。エッチな言葉とフィンガーテクニックだけで、男性客をイカせまくっていました。

そんな性感風俗のスターだったのが、南智子という女性で、彼女は代々木忠監督のAV『性感Xテクニック』(アテナ映像）シリーズに出演し、プレイを披露。世の男性に大きな衝撃を与えたのです。そして、そのプレイに影響を受けたゴールドマン監督が『私は痴女』（クリスタル映像）シリーズを大ヒットさせます。これは、男性がエッチな女性に突然襲われてしまうという様々なシチュエーションを描いたオムニバスで、ちょっとコミカルなムードの作品でした。ここから第一期痴女ブームが巻き起こります。１９９５年のことでした。

痴女という言葉をタイトルに付けた作品のリリースが一気に増え、そしていずれもヒットしたのです。男性が女性に責められてヒイヒイ泣き叫ぶというのは、それまでの日本のエロ業界においては考えられない革命でした。そしてそれを見たいと思っていた男性が、意外なほど多かったということです。

00年代に入ると痴女ブームは第二期を迎えます。この時期の代表的な監督が、現在は作家としても活躍している二村ヒトシです。80年代に男優としてAV業界に入った二村氏は90年代から監督としても活動を開始しています。もともと永井豪の漫画などに出てくる「強い女性」に憧れていた二村監督は、『痴女行為の虜になった私たち』（ソフト・オン・デマンド）、『美しい痴女の接吻とセックス』（ドグマ）などの痴女物シリーズを次々とヒットさせ、人気監督として脚光を浴びます。男性をヒイヒイ言わせることで快感を得る女、というのがそれまでのAVに登場する痴女でしたが、二村監督が描く痴女は発情して自分が抑えられなくなる女性でした。あくまでも優しく、男性を気持ちよくさせてくれる。そして、そのことで自分も興奮してしまうという二村流の痴女は、男性の願望を具現化させたようなものでした。ＳＭの女王様的なニュアンスのあった従来の痴女よりもかなりソフトであり、そのため多くの人に受け入れられたのです。

この時期には、三上翔子、紅音ほたる、立花里子、乃亜といった痴女プレイを得意とする女優が次々とデビューしました。また、穂花や如月カレンなど、超人気単体女優でありながら、痴女プレイに定評があるという存在も出てきます。

10年代に入ると、痴女プレイをやらないAV女優の方が珍しい状況になり、どんな清楚系イメージの女優でも数本目には痴女作品に挑戦するのが当たり前になりました。またこの時期には、それまで凌辱される作品が多かったロリ系女優が痴女っぽいプレイをする「ロリ痴女」というジャンルが確立し、小悪魔的なイメージを打ち出す女優が増えていきます。

そういえば、今や愛撫では欠かせない男性の乳首責めも、痴女ブーム以前ではあり得ないことでした。男性への乳首責めをAVで一般化させたのも、二村ヒトシ監督。もともと乳首が感じるのに男優時代には、ほとんどそうしたプレイがなく不満に思っていた二村監督は、自分の監督作で乳首責めをたっぷりと描きました。それがまた二村作品の人気の理由の一つとなり、他の監督の作品でも乳首責めが多用されるようになっていったのです。AVにおける男性の乳首責めの歴史は、意外に浅いのです。

痴女プレイがすっかり定着したAVにおいて、現在最もアツいのはVRの世界でしょう。その構造上、男性が受け身になって、女性が動く作品が撮りやすいアダルトVRでは、大多数の作品が痴女物です。これは一方で、アダルトVRがいま一つ広がらない理由の一つともいえますが、もしM気があり、痴女物が好きなら、ぜひアダルトVR作品を試してみて下さい。

前述の通り〝女性は男性に責められるもの〟という概念はついこの間まで常識でした。今では考えられないでしょうが、80年代のAV黎明期においては、女優がフェラをするだけで「ハードな作品」といわれたくらいなのです。一方、最近の女の子はスマホなどでAVを見てセックスを学ぶ子が多いようなので、女性が男性を責める、ということは当たり前だと思っている人が少なくありません。もちろん乳首責めだって、するのが当然なのです。

性の常識というのは、時代によって大きく変わるのだなと、実感しますね。ちなみにこうした痴女の歴史については、拙著『痴女の誕生』（鉄人社文庫）に詳しく記したので興味がある方は、ぜひ読んで下さい。

『私は痴女 あなたのさわらせて』（クリスタル映像／1995年）
第一次痴女ブームを巻き起こしたゴールドマン監督の人気シリーズ。痴女たちのキャラクターが強烈で圧倒される。実はこのシリーズ、筆者も男優として出演していたりする（笑）。

『美しい痴女の接吻とセックス2 渡瀬晶』（ドグマ／2002年）
170センチの高身長と美脚で人気だった渡瀬晶と二村ヒトシ監督の強力タッグ。全編の三分の一くらいはキスをしているほどキスが濃厚。実に楽しそうに男を責める渡瀬晶の表情も最高だ。

ニューハーフ・男の娘

「男の娘」という言葉が広まったのは00年代です。最初は2ちゃんねる（現5ちゃんねる）の女装系スレッドから生まれたそうですが、次第に広まり、漫画作品などにやたらと女装キャラが登場するようになります。２００６年には女装少年が主人公の少年愛アダルトアニメ『ぼくのぴこ』（ソフト・オン・デマンド）がヒットしたりもしてますね。そして、２００７年には女装ハウツー本『オンナノコになりたい！』（一迅社）が発売され、秋葉原に女装メイドカフェ「雲雀亭」が開店。さらに２００９年には男の娘専門エロ本『オトコノコ倶楽部』（三和出版）が創刊され、男の娘ブームは過熱していきます。２０１０年のユーキャン新語・流行語大賞に「男の娘」がノミネートされたことで、社会的にもこの言葉と概念が一般化したと言えるでしょう。

続いて『わぁい』（一迅社）や『おと☆娘』（ミリオン出版）などの男の娘専門漫画誌が創刊され、女性は一切登場しない、キャラはみんな男の娘という成人向けゲーム『女装山脈』（脳内彼女）も発売（その後、「女装海峡」「女装学園」「女装千年王国」「女装創世記」などとシリーズ化）。二次元系では男の娘は人気ジャンルとなっていきます。

この頃からＡＶでも男の娘物が増えていくのですが、２０１４年には衝撃的なニュースが業界を駆け抜けました。大島薫という男性が、ケイ・エム・プロデュースのメーカー専属女優となったのです。男性なのに専属女優。それまでにもニューハーフの専属女優は何人かいましたが、手術も女性ホルモン投与もしていない、完全に男性の肉体のままでの専属女優契約は、AV史上初でした。大島薫は、女装はしているけれど女性になりたいわけではなく、性自認は男性。男性とも女性とも性交渉をするという「パンセクシャル」といわれる性指向だと公言しています。2015年にAV業界を引退し、その後、出演作の販売停止を申告しているため、現在は配信などで作品を見ることはできませんが、そのキュートなルックスは、そうした趣味を持たない筆者でも「ここまで可愛いなら、もう男でもいいかも」と思わせるほどでした。

10年代後半になると、男の娘ブーム自体は落ち着きを見せますが、現在でも多くの漫画やゲームで男の娘が活躍。『男の娘になぁれ！』『育成！男の娘～やめて！ボク男だよ～』(INLINE PLANNING) なんて全年齢向けのスマホゲームもありますし、大人気のゲーム『アイドルマスター』の男性版『アイドルマスターSideM』にも男の娘が登場します。AVでも美少年出版社、おぺニぺニワールド、僕たち男の娘、SAKURAN、陰陽、Hime.STYLE…など男の娘専門のAVレーベルは数多く存在し、毎月十数本の新作が発売されていることから、ジャンルとして定着しているといってもよいでしょう。また同人AVの世界で男の娘は、最も人気のあるジャンルの一つです。

ここで、「男の娘」とは何かを改めて説明しておきましょう。基本的には女装した男性（美少年）を指し、手術や女性ホルモンの投与もせずに肉体は男性のままです。精神的には、女性になりたいという人もいれば、単にファッション的に女装しているだけという人もいます。そして特にアダルトメディアにおいての「男の娘」で重視されるのは、おちんちんがあるということ。そう、男の娘の魅力とは、おちんちんなのです！　そもそも日本は古くから女装に関しては寛容な文化を持っていました。なにしろヤマトタケルノミコトが女装して朝敵を討つなんて神話が語られている国ですから。その後も、日本で書かれた多くの物語では女装のキャラクターが登場しています。

80年代に入ると「ニューハーフ」という言葉が定着。それまでオカマ、オネエ、ゲイボーイ、ブルーボーイ、シスターボーイなどと呼ばれていた「精神的に女性である男性」がニューハーフという言葉に統一されていきます。それは1981年に六本木のイメージポスター「六本木美人」に起用された、松原留美子の登場がきっかけでした。起用後に男性だと発覚するという衝撃的なデビューをした、松原留美子はその後、角川映画『蔵の中』にもヒロインとして出演し、さらにレコードデビューも飾ります。〝彼女〟のキャッチフレーズとして使われたのが「ニューハーフ」でした。AVでも1983年の『華麗なるゲイの世界を彩るドラマ リラ』(映研) を皮切りに、多くのニューハーフ出演作が作られます。1983年といえばAVが誕生してから、わずか2年後。ニューハーフは、AVの黎明期から存在する老舗ジャンルなのです。ちなみにこの頃のAV業界では、ニューハーフよりも欧米で使われているシーメールという呼び方の方が主流でした。一方、エロ漫画の世界では、おちんちんを持った女性「ふたなり」キャラが人気を集めます。唯登詩樹『かのみ』シリーズ、このどんと『奴隷戦士マヤ』シリーズなどがよく知られたところですね。

そして00年代に入るとAVでは月野姫、愛間みるく、楓きみかなどのニューハーフ女優が次々と登場。彼女たちは、女性にしか見えない美貌と、立派なおちんちんを持っていました。ニューハーフは女性らしい身体を保つために女性ホルモンを投与していることが多く、その影響でおちんちんが小さくなってしまっている場合がほとんど。しかし、AVで人気を集めたニューハーフ女優たちは、みんな立派なおちんちんを持っており、それを男性に挿入する逆アナルプレイも彼女たちの売りでした。そう、エロ漫画におけるふたなりも、AVにおけるニューハーフ女優も、重要なのはおちんちんなのです。ニューハーフの場合、手術によってペニスや睾丸を除去している場合があります。両方ともある場合は「アリアリ」、両方ともない場合は「ナシナシ」、睾丸だけ除去している場合は「アリナシ」と呼ばれるのですが、AVでも風俗でも人気があるのは、断然「アリアリ」。男性がこうした作品を見る時に、ふたなりキャラやニューハーフ女優のおちんちんに自分のおちんちんを投影します。女性の快感は想像しづらいけれど、男性器の快感なら共感できるということでしょう。だから勃起したおちんちんが重要だということになります。その発想の延長上に、男の娘人気もあるわけです。

近年、同人エロメディア界で盛り上がりを見せている音声作品ですが、2023年には『男の娘にフェラチオしたい～おちんぽ奉仕部 葵くん（♂）～』（デジタルPパワー）という作品がリリースされました。この作品のキャッチコピーは「男の娘の可愛いおちんぽを舐める体験ができるASMRです」。男性の欲望は、女性不要という方向へと向かっていくのでしょうか…。

Encyclopedia of
Japanese porn media

第3章

エロ雑誌列伝

世界裸か画報

グラビア誌の礎となる国内初の〝裸体〟雑誌

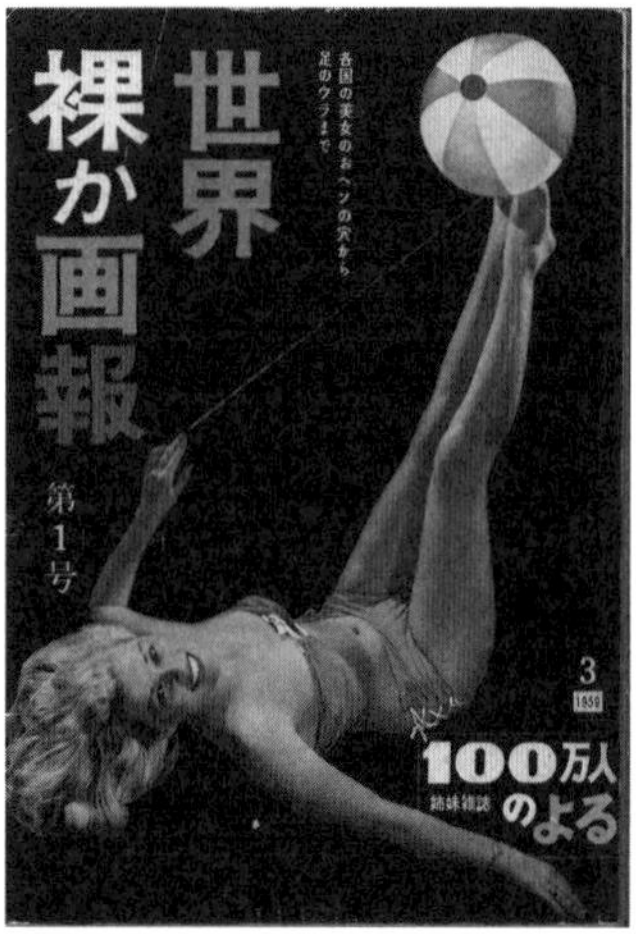

1959年3月号

創刊：1959年
出版社：季節風書店

1959年、日本で初めての裸体雑誌である『世界裸か画報』が季節風書店から創刊されました。テレビ朝日（当時は日本教育テレビ）やフジテレビが開局し、『週刊文春』『少年マガジン』『少年サンデー』が創刊、ザ・ピーナッツがデビューした年です。その3年前に創刊された『100万人のよる』（季節風書店）は「夜の文藝春秋」の異名をとる人気雑誌であり、『世界裸か画報』はその姉妹雑誌として生まれました。

『100万人のよる』も当時としては大胆なヌードグラビアを数多く掲載していましたが、『世界裸か画報』はさらにその路線を追求し、ほとんどのページにヌード、もしくはセミヌードの写真が散りばめられています。表紙以外はモノクロとはいえ、グラビア系エロ本の元祖ともいえる雑誌なのです。

当時、映画や雑誌では1957年から巻き起こったグラマーブームによって、肉感的な女性がもてはやされていました。それはマスメディアが文字からビジュアル中心へと移り変わっていった時期であり、同誌の登場はそんな時代の象徴でもあったのです。

第一集の巻頭グラビアは（といってもモノクロですが）、「世界・はだか美・コンクール」。アメリカ、スウェーデン、イギリス、スペイン、イタリア、フランス、アルゼンチン、デンマークから黒人女性まで、世界各国の女性のヌードを集めたものです。今の視点からすれば、解説文に人種差別的なニュアンスが感じられますが、それも時代の空気でしょう。記事の中にはブラジルやジャヮの裸族まで登場しています。日本人女性も負けてはいられないとばかりに、「にっぽんの空の下の若い肌」というグラビアで脱ぎまくっています。なかなか肉感的なモデルが多いのですが、全員顔を見せていないのも時代を感じさせますね。また「初心者のためのヌード撮影のしおり」というハウトゥ記事も目を引きます。

見事なほどに全ページがエロ記事で埋め尽くされており、週刊誌が30円という時代に130円という価格にもかかわらず、絶大な支持を得られたのも納得できます。「**本誌は、日本で初めて誕生した裸体雑誌第一号です。この一冊さえあれば、日本といわず世界の隅々のハダカ美が、諸君の眼前にあります**」という自信に満ちあふれた言葉も頼もしいですね。

第二集は臨時増刊として映画女優を中心とした「女優の裸か美と情炎場面集」号。新東宝の三原葉子、日活の筑波久子、松竹の泉京子の「三人のグラマー女優の裸か美コンクール」、映画の入浴シーンを集めた「あら恥しいお風呂場シーン」、映倫でカットされたシーンを集めた「二度とみられない情炎場面100景」など女優のお色気写真が満載です。ブリジッド・バルドーやシルバーナ・マンガーノ、マリリン・モンローといった海外スターも登場しています。

そして続く第三集から『世界裸か美画報』と微妙に誌名が変わり、監修者としてパリ大学都市理事・薩摩治郎八が登場します。薩摩治郎八は、木綿問屋である豪商の息子として生まれ、19歳で渡欧。その豪快な浪費でパリの社交界で名前を知られる存在となり、日欧親善の立役者となった人物です。

第三集の巻末には薩摩の「監修のことば」が記されています。


「世界のあらゆる空の下で、裸か美を鑑賞した私が、この画報を監修することになりました。（中略）この裸か美画報の使命は、みなさんに偽善の仮面をハギさり生々とした人間的生活を眼と字で提供して、生活を愉しんでいただくことにあると信じます」


前号の編集後記でも薩摩を「世界の裸か美をあまねく見てきた権威」と紹介していますが、多くの海外女性と浮名を流した男性というのは、当時は現実離れした憧れの存在だったのでしょう。

ちなみにこの時期の薩摩は、世界恐慌の影響で実家の薩摩商店が閉業したために帰国、脳卒中で倒れて経済的にも身体的にも不自由な状況だったようです。とはいえ、30歳も年下の浅草のストリップダンサーと再婚していたというから、やはり稀代のダンディといえます。海外とパイプのある薩摩の参加によって、より外国人女性のヌードグラビアが増えるかと思いきや、むしろ日本人モデルが増加。これは〝脱げる日本人女性〟が急増したということでしょう。

第三集の特集は、「バーレスクの季節ひらく」というストリップにまつわるもの。この頃には一時期のストリップ戦国時代は既に終結していましたが、それでも都内に大型の劇場が7軒あり、しのぎを削っていました。日劇ミュージックホールの藤まち子、浅草座の春川みどりといった人気踊り子のヌード写真はもちろん、珍出し物やコントについての記事は特に目を引きます。ヌードボクシングやヌード忠臣蔵、客の背中を流させる入浴ショーなどもあったとか。当時、最も身近に見られる「裸か美」ということで、ストリップの記事は毎号掲載されていました。

創刊号の「外人の見た日本ストリッパー採点記」はタイトルの通り外人観光客に感想を取材した記事で、当時は日劇ミュージックホールを訪れるのが定番コースだったようです。「日本のダンサーは、小さいなりに均整がとれ、胸や腰が比較的大きいから欧米のストリッパーにみられない別の美しさがある。特に黄色人種といわれるだけあって淡い肌色はとても魅力的だ」とルックスについては好意的ですが、ダンスに関しては「基礎的訓練が足りない」と、なかなか手厳しいものもあります。

第五集に掲載の「オールにっぽんストリップ珍場面13年史」は、1947年の額縁ショーから始まるストリップの歴史を追った記事。ヒロセ元美、オッパイ小僧こと川口初子、ジプシー・ローズ、フリーダ松木、小川久美といった人気ストリッパーの名前が並び、行水ショーや女の夜娼隊といった出し物、そしてアルバイトサロンやトルコ風呂などストリップ以外の性風俗についても触れている貴重な資料です。

また、ユニークな企画ヌードグラビアも目立ちます。本誌である『100万人のよる』もアイデアあふれるコミカルなヌードグラビアで知られていましたが、『世界裸か美画報』も負けてはいません。ヌードの女性に動物のポーズを取らせた「東京の空の下の美女動物園」(第四集)、女性の日常生活の仕草を着衣と全裸で再現した「ズバリ覗ける女体透視術」(1960年8月号)、乳房をバスト高原、恥丘をデルタ湖など女体を地形に例えた「彼女といっしょ 性感帯旅行」(1961年5月号)など、バカバカしくも楽しいグラビアのオンパレードなのです。

とじ込み式のワイドピンナップにもこだわっていました。創刊号から二つ折りの金髪女性のヌードグラビアを綴じ込んでいましたが、第二集(臨時増刊)では三つ折りの「ネグリジェの京マチ子さん」、そして第三集では三つ折りグラビアが5枚とエスカレートしていき、さらには十折り、60センチ×40センチの等身大ポスター(実際には等身大より小さいが)まで付録につけています。この過剰なまでのビジュアル志向は、当時の読者にとってかなり衝撃的だったでしょう。

その一方で、文字中心の記事にも興味深いものがたくさんあります。「ヌードスタジオ・ガイド」(第三集)は、流行していたヌードモデルを撮影できるヌード・スタジオの紹介記事。この頃、都内に30軒ほどこうしたスタジオがあったようで、相場は1時間600~800円だったとか。「モデルはいつも三、四人いるがいずれもアルバイトの十八才から二十才くらいの若い女ばかり」「チップをはずめばかなりのところまでアップで撮らせてくれる」など、各スタジオ所属のモデル評まで書かれており、これもまた貴重な資料です。

　第四集では「お値段別　ヌードモデルをご紹介します」として、二千円クラス、千五百円クラス、千円クラス、六百円クラスのモデルを、連絡先付きで紹介。「唇をつきだすと和製B・Bばりの愛嬌がある」「豊かな髪の毛を活かしたポーズが得意」など、撮影する時のポイントまで書かれており、中には「ヒップも見事というほどではないので一寸はずした方が賢明である」などと正直すぎる注意点まで書かれています。一眼レ

『世界裸か美画報　第五集』
1959年9月号

巻頭特集は「オールにっぽんストリップ珍場面13年史」。伝説となっている日本最初のストリップ「額縁ショー」など貴重な写真も数多く掲載。その他にも踊り子の楽屋裏ショットなどストリップ関係の記事が多い。

『裸か美グラフ』
1961年9月号

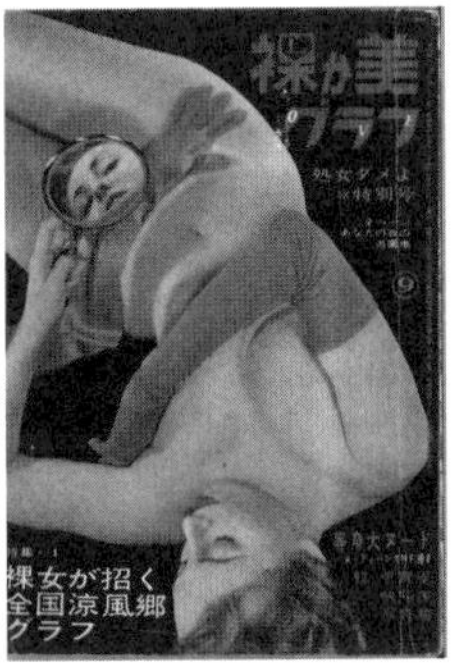

特集「裸女が招く全国涼風郷グラフ」は御宿海岸や油壷など観光地で撮影したヌードグラビア。アップが多いので本当に現地撮影かは不明。記事では「63人の処女の『夏休みはダメよ』」など実録ネタが目立つ。

フカメラやコンパクトカメラが普及したことから、ヌード写真を撮ることが一般男性の間でも流行していたのです。

「私たちはハダカの吹き替え女優です」（1960年8月号）は、映画撮影で女優の代わりにヌードになるスタンドイン女優たちの座談会。

「**一時日活でもありましたが、映倫審査用にいくつかとるのです。A級、B級、C級ぐらいの三段階にわけといて、だんだんひどくしていく…。A級は主演スターが出演したままギリギリの線までいく。B級はもっとつっこみ、C級は映倫を考えずに作ってみるのです。それを試写でお偉方がきめ、どれを映倫に出すかをきめるのです。映倫を通過しないと一般では上映できないので、B、C級はあまり日の目をみることがないのですが、私たちはたいてい、B、C級なの。いやになっちゃうわ**」という証言などは、映画史的にも価値のあるものではないでしょうか。

創刊時は隔月発行だった『世界裸か美画報』ですが、第四集からは月刊化。そして1961年には『裸か美画報』、さらに『裸か美グラフ』と改名しますが、1963年に4年間の歴史に終止符を打つこととなります。「母の会連合」などのエロ雑誌追放運動の影響もあったようですが、その翌年には『平凡パンチ』が創刊され、ヌードグラビアは若者をターゲットにした、より一般的なものへと変化していきます。

ちなみに「裸か美」の読み方は「はだかび」らしく、この言葉は『世界裸か画報』の頃から誌面で盛んに使われていますが、他の雑誌などでは使われた形跡はなく、同誌の造語のようです。

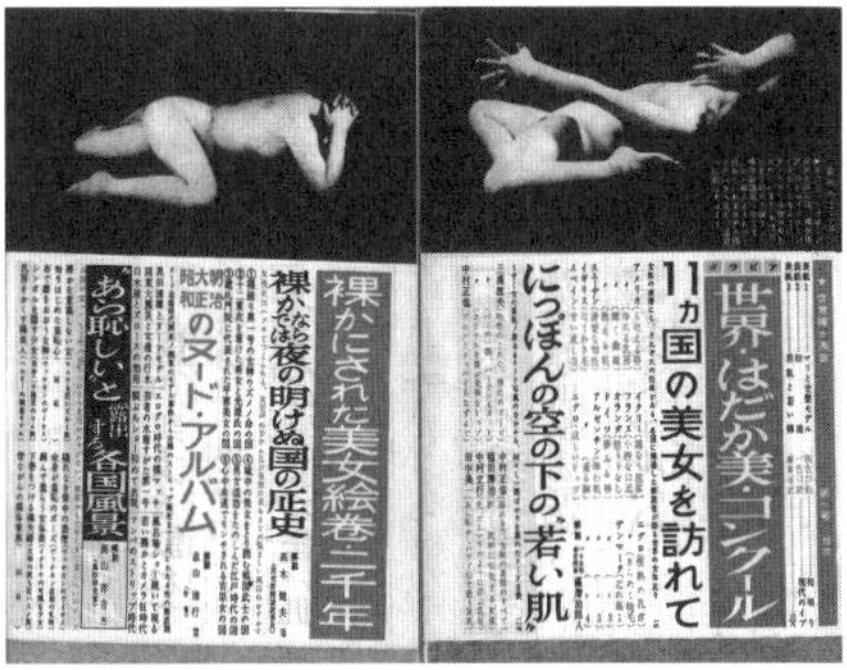

創刊号目次。とにかく全ページにわたってハダカがあふれている。目次にまでヌード写真を掲載する徹底ぶり。世界各国の美女ヌードから古代にまでさかのぼっての裸ネタと、ありとあらゆるハダカを網羅しようという姿勢に脱帽。

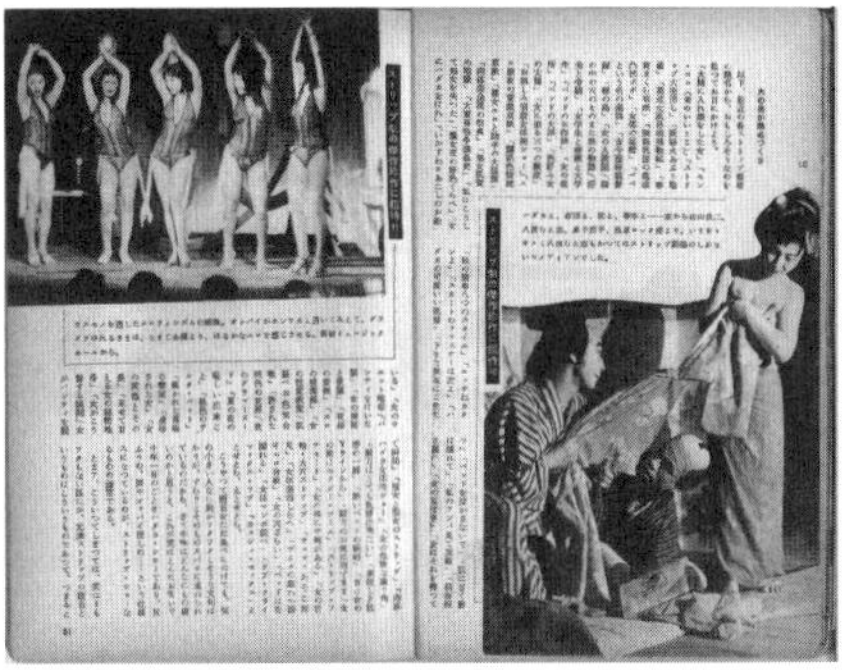

第三集より。ストリップのさまざまな珍企画が紹介されている。舞台に湯船をこしらえた入浴ショーや浮世絵ショー、ヌードボクシングなどアイデア勝負だった。ストリップでのコントの台本も掲載されており、貴重な資料だ。

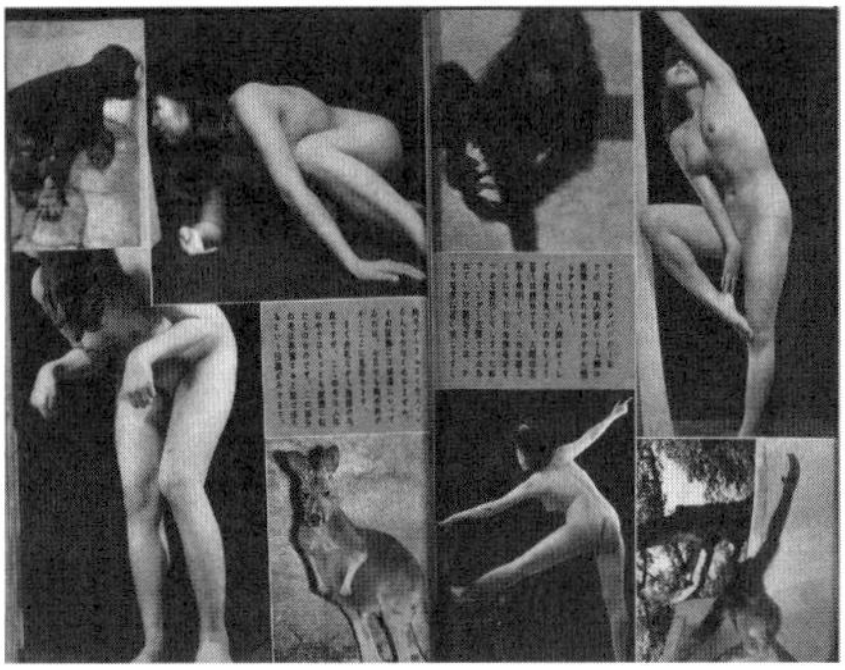

第四集より。ゴリラやチンパンジー、カンガルーやラクダなどの動物の写真と同じポーズをヌードモデルにとらせる「東京の空の下の美女動物園」。理学博士の泉三三彦による動物と人間の体毛に関する文章が添えられている。

映画の友

ロマンポルノ人気と共に黄金期を歩んだ〝映画〟誌

1976年3月号

創刊：1976年
出版社：近代映画社

ＡＶが登場するまで、日本のアダルトメディアの花形は成人映画でした。特に大手映画会社であった日活が１９７１年にスタートさせた「日活ロマンポルノ」は大人気となり、多くのヒット作が誕生し、そして出演女優たちはオナペットの女王となっていました。そんな70年代の半ばに、近代映画社から創刊されたのが『ＥＩＧＡ ＮＯ ＴＯＭＯ（映画の友）』です。

『映画の友』は、もともと１９３１年に創刊された映画雑誌で、一時期は淀川長治が編集長を務めていたこともあります。しかし、出版元である映画の友社の倒産に伴い１９６８年で休刊。近代映画社がその商標を譲り受けて、１９７６年に新たに創刊したのが『ＥＩＧＡ ＮＯ ＴＯ

MO』なのです。洋画専門の映画雑誌であった『映画の友』とは全く異なり、『EIGA NO TOMO』はロマンポルノを中心とした成人映画専門の雑誌でした。

ちなみに『映画の友』から商標を譲り受けているものの、正式な誌名は英字表記の『EIGA NO TOMO』です。ただし、一般的には『映画の友』と表記されることが多く、本書でも『映画の友』とします。

創刊号（1976年3月号）で最も大きく扱われているのは、当時19歳の東てる美。付録のジャンボポスター（裏は三井マリア）に始まり、カラーピンナップ、そして「東てる美魅力グラフ」という6ページのモノクロ特集、さらに「サウンド・イン・セックス」という女優別のあえぎ声の分析記事や、「ろまんぽるの人物スケッチ」という日活ロマンポルノのスター女優紹介コーナーにも登場し、当時の人気のほどがうかがえます。確かにこの頃の彼女の初々しい可愛らしさは、現在のAV女優にも引けを取りません。ちなみに記事では「ロマン・ポルノにスイ星のごとく現れた大型新人」であり、そのあえぎ声は「鼻の穴をひろげて、微音というのかな、喘ぎを我慢しながら、自分のワギナがぐんぐん締ってゆくのに驚き快感に酔う、あそこが最高」だと評されています。

他にも宮下順子、八城夏子、三井マリアなどの人気女優たちが最新出演作からのベッドシーンを大胆に披露。「黄色いサクランボ」のヒットで知られるゴールデンハーフのルナこと高村ルナが『修道女ルナの告白』でロマンポルノデビューするということで、ヌードで登場しているあたりも見どころですね。

さらにフランス初のハードコアポルノ『エキシビジョン 露出』やイギリスのＳＭチックな作品『女囚残酷列車』などの洋物ピンク映画にも、かなりのページを割いています。アメリカよりもヨーロッパの作品が多いところも時代を感じますね。

創刊号では山城新伍が「仕事のためには女優はもっと正々堂々とオッパイやお尻を出して体当たりすべきだと思うな」「理屈はポルノ映画にはいらない」と怪気炎をあげているインタビューや、五月みどり、ガッツ石松、研ナオコ、桂三枝、ディック・ミネ、浜口庫之助などが創刊への言葉を寄せているなど、芸能人も数多く登場。また、渡辺マリの「東京ドドンパ娘」や青江三奈の「伊勢崎町ブルース」の作曲家としても知られる鈴木庸一が「鈴木庸一のピンクサウンド」というエロティックな裏話エッセイを連載していたり、カルーセル麻紀や青空はるお、そして稲川淳二によるロマンポルノ女優の対談コーナーがあるなど、成人映画雑誌らしからぬキャスティングの妙も感じられます。

これは『近代映画』などの映画誌で、芸能界に太いパイプを持っていた近代映画社ならではの強みでしょう。実際、『映画の友』は創刊当初は『近代映画』のスタッフが兼任しており、日活との古い付き合いから、現場に自社カメラマンを張り付かせていたため、独自の現場写真を掲載することができました。広報から提供された写真のみで構成しなければならない他誌との違いは、そこにあったのです。

創刊編集長の小杉修造が、当時を振り返ったインタビューでこう語っています。

「**他のポルノ映画を扱った雑誌が、裸体の上半身でトリミングしていたグラビアが多かったのに対し『ＥＩＧＡ ＮＯ ＴＯＭＯ』では男女の肌が密着している下半身までしっかり掲載しました。それが、男性の感性を揺さぶるものだと知っていたからです**」（『週刊ポスト』２０１８年３月16日号）

そう、『映画の友』は健康的なヌードグラビアだけではなく、男女のカラミや感じている女性の表情の写真などを見ることができる貴重な雑誌でもあったのです。

カラーの企画グラビア「下着カタログ ショーツ＆ネグリジェ」（１９８４年11月号）などを見ると、薄いパンティの生地越しに陰毛がはっきりと見えていて、ヘアヌード解禁の遥か前であるこの時期としては、かなり過激な露出で驚かされます。

しかも表紙は芸能人（新人時代の浅野ゆう子や中森明菜も登場）が爽やかな笑顔を見せているものが多く、一般の映画雑誌のようにも見えるため、書店で買いやすいのが同誌の魅力でもありました（これは洋物ピンク映画を主に扱っていた『別冊スクリーン』も同様です）。成人映画を見ること

『**映画の友**』
１９８４年11月号

表紙は堀江しのぶ。巻頭は沢田和美、小田かおる、滝川真子らのにっかつロマンポルノ出演作から。袋とじの「私たち同棲SEXの全てをみせます」では、男女の腰がしっかりと密着しており、後のコンビニでは販売不可能なレベルの過激さ。

ができない少年が、女性の感じている表情目当てにこっそり買うことも多かったのではないでしょうか。まさに、筆者もその一人だったわけですが…。

そして『映画の友』は成人映画情報以外にも、官能小説やセックスのハウツー記事、風俗情報なども充実しており、総合エロ本として楽しめました。特に愛人バンクやマントルといった最新風俗時事や、海外にまで足を伸ばしての風俗ルポは読み応えも十分だったのです。

また「『映画の友』といえば、あの漫画！」と思い出す人も多いであろう、水沢純平の作画による実録漫画は、創刊号から休刊号まで連載され、『映画の友』の顔とも言うべき存在でした。コミカルさと劇画っぽさが融合した独特の画風が印象的で、「エロス事件簿」「〇〇女子高生」「ポルチックリポート」などとシリーズタイトルが変わったり、原作作家が替わったりもしますが、ストーリーは基本的にベタなエロ劇画。しかし個性的な絵柄のせいもあり、インパクトが強かったのです。

70年代は成人映画の黄金時代であり、都内だけで100軒近い成人映画専門館が営業していました。成人映画、特に日活ロマンポルノに出演する女優はアイドルのような人気となり、中でも原悦子などは特に若者から熱狂的に支持され、1978年には「第一回学生映画大賞」で桃井かおりを抑えて「アイドル大賞」を受賞。ファンクラブの会員は76万人に達し、武道館でサイン会を開催するほどでした。週刊誌やエロ雑誌に至るまで、ヌードグラビアに登場するモデルの中でも、日活ロマンポルノの女優はスターとして扱われていたのです。

そんな成人映画人気、女優人気に目をつけて創刊されたのが『映画の友』であり、その好調ぶりは『映画の城』(東京三世社)や『映画の窓』(平和出版)といった類似誌を生み出します。どちらも本家『映画の友』に習って『EIGA NO SHIRO』『EIGA NO MADO』と英字表記の誌名を大きく書いてあるのが、何だかおかしかったんですよね。他にも日活ロマンポルノではなく、独立系のピンク映画を中心に扱い、評論的な視点が強い『ズームアップ』(セルフ書版)など、多くの成人映画雑誌が乱立しました。

そんな中でも『映画の友』は日活との太いパイプを活かし、映画のシナリオを掲載するなど、他誌には真似のできない企画で人気を独占します。隔月刊で創刊しましたが、翌年には月刊化を果たし、3年後には20万部に躍進。最盛期には40万部を売り上げる大人気雑誌へと成長したのです。1978年3月号からは読者投票による女優総選挙企画「エレクト大賞」を開催。その第一回はアイドル賞が野平ゆき、バスト賞が片桐夕子、ファック賞が宮下順子、悶え賞が宮井えりなという結果となっています。

しかし、80年代に入り、AVが登場すると成人映画の人気は目に見えて凋落。そうなると当然、成人映画の雑誌である『映画の友』も苦戦を強いられるようになります。1986年には『映画ランド』と改題し、リニューアルを余儀なくされるのです。

『映画ランド』としての創刊号(1986年10月号)の表紙を見ると「超過激!下着のショック」「男のオナニーVS女のオナニー」「ソープ入門　嫌われるタイプはこんなヤツだ」といった見出し

が並んでいますが、そこに成人映画に関連するものは一つもありません。実際にページを開けば、『映画の友』から引き継いだロマンポルノやピンク映画などのカラミ写真が数多く掲載され、新作情報などもありますが（そして水沢純平の漫画も継続！）、成人映画の扱いが大きく後退していることは明らかでした。

結局、にっかつ（日活）も１９８８年にロマンポルノから撤退し、『映画ランド』もＡＶ女優中心の誌面となるものの、１９９０年11月号で休刊。当時リニューアルに際して、なぜ「映画」という言葉をタイトルに残したのかは疑問ですが、そこに編集部の成人映画への譲れない思いがあったのかもしれません。

70年代に全盛を誇った成人映画雑誌でしたが、映画会社からカラミの写真を提供してもらってグラビアを構成するというコンセプトは、その後のＡＶ情報誌へ受け継がれていったといってもいいでしょう。

『映画ランド』１９８６年10月号

改題リニューアルしての創刊号。巻頭特集がパンティをメインにした企画グラビアだったりするなど、誌名に反して成人映画要素はかなり後退し、普通のエロ雑誌的な性格が強くなっている。それでも水沢純平によるエロ漫画は健在。

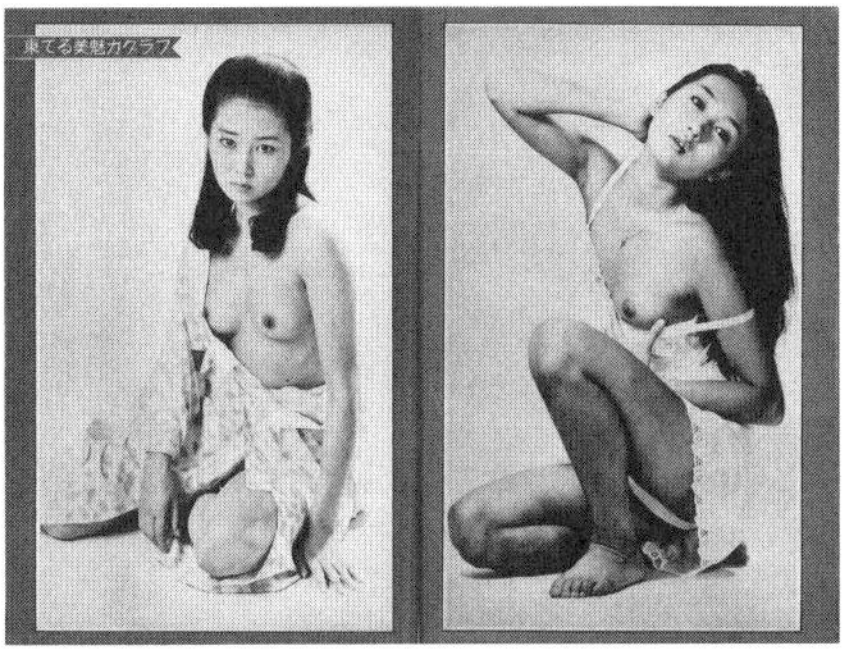

1976年3月号（創刊号）より。大型新人女優として人気絶頂だった東てる美の特集。当時19歳。今見てもその可愛らしさは色褪せない。当時は谷ナオミの妹分としての印象も強く、この号でも緊縛カットが掲載されている。

1983年10月号より。「ポルノ界の百恵ちゃん」と呼ばれた井上麻衣と、テレビドラマでも活躍した泉じゅんの出演作『のぞき』（にっかつ）からのレズシーン。当時のエロ本としては、かなり過激なカラミの写真が多かった。

1982年5月号より。連載漫画『ポルチック・リポート』は、風俗でバイトをした女子大生の実話風のエロコミック。ちょっと不気味な独特のタッチが特徴的な水沢純平作品は、創刊号から『映画ランド』まで続く同誌の名物だった。

バチェラー

本場の〝豊かさ〟を知らしめた巨乳専門誌

1977年11月号

創刊：1977年
出版社：大亜出版、ダイアプレス

以前、筆者はSNSで「歴代エロ本総選挙」を実施したことがあります。最も思い入れのあるエロ本を投票してもらうという試みで、そこで圧倒的に票を集めたのが『バチェラー』（大亜出版／ダイアプレス）でした。写真家やデザイナー、漫画家、美術家など他業界のクリエイターと話していても、『バチェラー』に思い入れのある人はやたらと目立ちます。今年で創刊47年を迎える同誌は、それほど多くの人に愛されてきたのです。

『バチェラー』と言えば、誰もが老舗の巨乳雑誌だと思い浮かべるでしょうが、実は1977年の創刊時は、芸能を中心とした若者向け総合グラフ誌でした。創刊号である1977年11月号の表紙は、後にジューシーフルーツを結成するイリアが在籍していた女子高生バンド、ガールズ。キャッチコピーとして「テレビと雑誌がクロスオーバー！」と書かれています。ちなみに当時の表記は「バチュラー」でした。
内容は荒木一郎の特集や競馬、ファッション、音楽、車、映画、ラジオ番組のルポ（ライターは「ドラゴンクエスト」の堀井雄二）、横田順彌のSF小説など。ヌードグラビアもあるにはありますが、エロ色はわずかです。おそらく1974年に創刊された『GORO』（小学館）のラインを目指した誌面なのでしょうが、むしろ『GORO』よりもエロ色は薄いと言えます。

この時期の編集長は、後に麻魔羅少将の名前でAV監督として活躍し、さらに『オレンジ通信』（東京三世社）の名物編集長として知られる石井始でした。第2号の編集後記で石井編集長が「エロ本作りに戻りたいよ〜お」と叫んでいますが、副編集長が「わたくしの目の黒いうちは、決してエロ本は作らせません。安心してご継続ください」とその言葉を打ち消しています。しかし皮肉なことにその次々号、第4号から同誌は唐突に外国人ポルノ雑誌へと大きく路線を変更。一般誌路線が全く売れなかったため、慌てて当時売れていた外国人ポルノ誌に変えたようです。キャッチフレーズも「新野生派男性誌」となり、誌名以外は全く別の雑誌に生まれ変わってしまいます。

『バチェラー』1978年11月号

洋ピン路線時代だが、まだ巨乳メインではない。それでも当時の日本人モデルに比べればグラマー率は高かっただろう。男女、あるいは女女のカラミのグラビアが多い。ウィーンの性事情ルポの記事も読み応えがある。

ただし、この時点では『バチェラー』はまだ巨乳にターゲットを絞った雑誌ではありませんでした。路線変更した第4号で巻頭グラビアに登場したモデルが、ややグラマーだった程度。70年代末のこの時期、日本では巨乳は性的魅力として認められていなかったのです。もちろん「巨乳」という言葉も一般的ではなく、大きな胸を表す言葉としてはせいぜい「ボイン」「デカパイ」が使われるくらいでした。

外国人ポルノ雑誌となり、持ち直した『バチェラー』でしたが、それも2年ほど経つとまた陰りが見え始めます。この時期は同様の外国人ポルノ雑誌が乱立していたのです。そこで三代目編集長となった毛利朋友が打ち出したのが、巨乳路線でした。これは彼自身の趣味も大きかったようです。毛利編集長は、1979年の終わり頃から、巨乳モデルを積極的に登場させるようになり、『バチェラー』は少しづつ巨乳専門誌へとシフトしていきます。1980年、『バチェラー』は増刊号として『D-CUP』を発売。『バチェラー』のこれまでの号から、巨乳モデルのグラビアや巨乳に関する記事をセレクトして編集したムックで、おそらくこれが日本で初めて巨乳に特化したエロ本だと思われます。

また本誌の発売以降、大きな乳房を「Dカップ」と呼ぶことが徐々に一般化。カップの基準は

『バチェラー』1991年4月号

完全に巨乳路線が確立した頃の号。日本でも巨乳ブームが到来した後なので、海外モデルばかりでなく、国産のＡＶ女優や風俗嬢なども多数登場している。とはいえ、やはり主役は金髪の超グラマー美女たちである。

日米で異なり、アメリカのDカップは日本のEからG程度を指していたことから、ポルノでは巨乳を「Dカップ」と称することが普通だったのです。欧米のポルノを参考にしていた『バチェラー』が巨乳を「Dカップ」と呼ぶのは自然なことだったといえるでしょう。また、当時の日本ではBカップが標準であり、Dなら十分大きいという印象もありました。

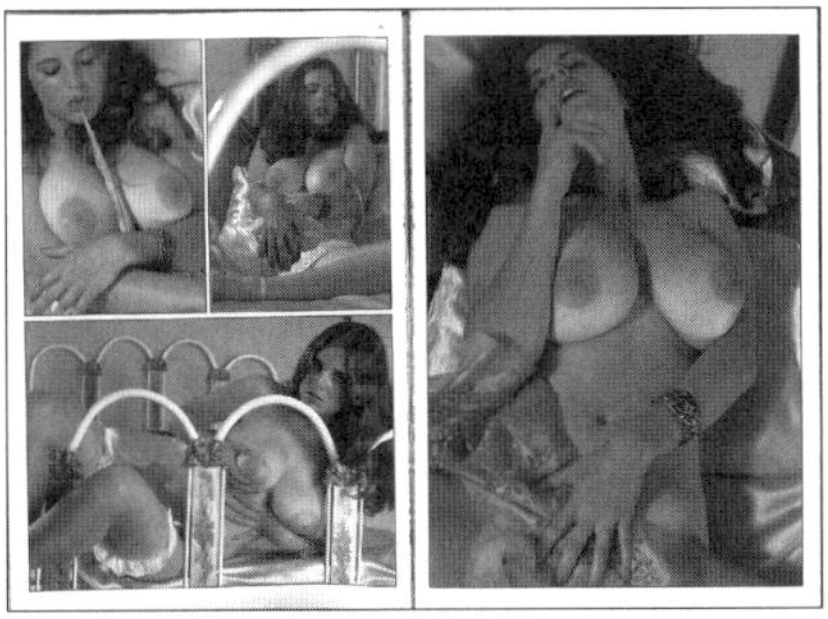

1980年9月増刊号『D-CUP』より。おそらく日本で初めての巨乳に特化したエロ本。最初から最後まで巨乳ばかり、というこの本の登場に狂喜した巨乳マニアは多かっただろう。ちなみにまだ巨乳という言葉はなく、デカパイ表記。

80年代半ばには、AVを中心としたDカップブームが巻き起こり、大きな乳房を愛好する男性が顕在化し始めます。この頃まで大きな乳房が好きという性癖は、あまりおおっぴらに公言しにくいという風潮があり、ある種の〝変態扱い〟されていたと言っても過言ではないほどです。だからこそ、彼らは『バチェラー』をバイブルのように愛読していました。同誌以外に、大きな乳房の魅力を語ってくれる雑誌はなかったのです。ここに、現在まで通じる『バチェラー』への強い思い入れの理由があるのでしょう。

巨乳専門誌の競合誌としては、1986年に「Dカップ専門誌」をうたった日本人モデル中心の『メディアプレス』(三和出版)や海外モデル中心の『マジョクラブ』(大洋書房)も創刊されていますが、いずれも大きな成功を収めることはできませんでした。D

カップブームにより、中村京子や冴島奈緒、葉山みどり、藤あかねといった大きな乳房を売りにした日本人モデルやAV女優も脚光を浴びるようになりましたが、まだまだ欧米のモデルのボリュームにはかなわないのが実情だったのです。

『バチェラー』は、アメリカへ直接赴き、ジョン・グラハムなどの巨乳専門カメラマンとのルートを築いて独自の画像を入手しました。同時に欧米のフェティシズムを中心とするサブカルチャー情報も積極的に誌面に反映させていきます。まだあまり日本では紹介されていなかったボンデージやシーメールなどについての記事も多く、巨乳に惹かれて『バチェラー』を手に取ったのに、こうした性癖にも目覚めた、という人も少なくありませんでした。『バチェラー』は、秘められた欧米カルチャーへの入り口でもあったのです。

ＡＶの隆盛に伴い、日本人のＡＶ女優のレベルが上がっていったこともあり、80年代後半以降は外国人ポルノの人気は下火になっていきますが、『バチェラー』読者の間では、舶来信仰はまだまだ強固でした。日本人モデルの乳房は、海外の水準には未だ達していなかったからです。

その風向きが変わったのは、１９８９年の松坂季実子のＡＶデビューでした。村西とおる監督率いるダイヤモンド映像から『でっか〜いの、めっけ！』でデビューした松坂季実子は、１１０センチＧカップの乳房を持った19歳の女子大生。彼女の登場は世間に大きな衝撃を与え、ＡＶ雑誌のみならず一般誌でも盛んに取り上げられました。そして、彼女の大きすぎる乳房を表現するために「巨乳」という言葉が一気に広まっていきます。巨乳ブームの到来です。

80年代前半から、いち早く巨乳という言葉を多用していた本家である『バチェラー』でも、松坂季実子の登場は拍手を持って迎えられました。巨乳好きで知られるAVライター、加納ひろし氏はビデオレビューで『でっか〜いの、めっけ！』を興奮気味にこう評しています。

「**いやいやいや、僕は嬉しくてしょうがないのだ。**（**中略**）**まったくもって新人Dカップビデギャル業界は不作続きだったのだ。そこに突如登場の某女子短大今春卒業の松坂季実子さん!! トップバストは110㎝だ。そう例えばあのクリスティ・キャニオンと同サイズですねぇ。かつ単なるデブではなく、JUNKO SHIMADAのスーツが似合うプロポーションだ。**」（1989年5月号）

松坂季実子は、初めて登場した欧米の巨乳モデルと並んでも遜色のない日本人女性だったのです。以降、『バチェラー』にも日本人モデルは次々と登場していきました。また、この時期、欧米では豊胸によるとんでもない爆乳モデルばかりが人気を集めていた反動もあったのかもしれません。1991年に東ドイツ出身のクロエ・ベブリエが登場すると、その見事なナチュラル美巨乳は大きな支持を受け、時代は「自然な巨乳がいい」という空気に一気に傾きます。『バチェラー』におけるクロエ・ベブリエの人気は圧倒的で、最多登場記録を誇るほど。なんと創刊40周年号にも登場しています。

こうした巨乳ブームの追い風もあり、90年代初頭には発行部数もピークを迎えていた『バチェラー』ですが、90年代の終わり頃より、徐々に部数を落としていきました。これは『バチェラー』

に限らず、他のエロ本でも同様の状況が起こっていたのです。その頃から、普及し始めたインターネットの影響でしょう。一方で00年代に入ると、日本人モデルの存在はさらに大きくなっていきます。大浦あんな、小泉麻由、城エレン、後藤聖子など100センチ超えのモデルも珍しくなくなり、『バチェラー』でも人気を集めました。そして2008年にAVデビューしたHitomiは、日本人として初めて『バチェラー』の表紙を飾りました。ちなみに彼女はアメリカを代表する巨乳雑誌『スコア』で史上初の3年連続モデル・オブ・ザ・イヤーに選ばれる快挙も成し遂げています。遂に日本人の巨乳が世界レベルに達したのです。

2006年からは、付録にDVDをつけるといったリニューアルも行われますが、エロ本不況は更に深刻化し、『バチェラー』の売上も不振が続いていました。2010年代に入ると、有名エロ本、老舗エロ本の休刊が続々と続き、ほとんどの定期刊行誌は姿を消してしまいます。『バチェラー』も2011年からは月刊から隔月刊になりました。しかし、2017年に創刊40周年という偉業を達成し、現在もなお継続中。これは日本のエロ本の中で、最も古い歴史を持つ雑誌ということになります。

世界的に見ても紙のエロ本は絶滅状態ですが、印刷の綺麗な日本のエロ本は海外でも人気が高く、特に『バチェラー』は世界中の巨乳ファンからも注目される存在だといいます。エロ本をめぐる状況は、ますます厳しくなりますが、一号でも長く続き、なんとか創刊50周年を迎えてもらいたいものです。

1997年1月号より。伝説の爆乳モデル、タイタニック・ティナの記事。213センチというその超巨乳は、加工された画像なのではないかという疑惑が今も取り沙汰されるが、バチェラー読者なら忘れられない。

2017年11月号より。40周年記念号ということで関係者5人が、生涯ベストモデル10人を選ぶという企画。クリスティ・キャニオン、ダニー・アシュなど伝説級のモデルの名前がズラリと並ぶ。各氏のコメントも思い入れ深い。

ウィークエンド・スーパー

創刊：1977年
出版社：白夜書房

1978年9月号

エロ本の仮面をかぶった〝なんだか分からない〟雑誌

　エロ本の中でエポックメイキングな存在となった雑誌がいくつかありますが、その中でも決して外せない1冊がセルフ出版（後の白夜書房、発行は日正堂）の『ウィークエンド・スーパー』です。

　まず『ウィークエンド・スーパー』と筆者の個人的な出会いを書かせてもらうと、そのきっかけはヒカシューというバンド。1979年にレコードデビューを果たしたヒカシューは、いわゆるテクノポップバンドの代表格として話題になり、当時中学生だった筆者も大ファンでした。そんなヒカシューが1980年にリリースしたセカンドアルバム『夏』のライナーノートに、リーダーの巻上公一が『ウィークエンド・スーパー』という雑誌でライターをしていること、そして『夏』

のジャケットのコンセプトは、同誌の1978年9月号の特集「愛情西瓜読本」にヒントを得たもの、と書かれていたのです。ライナーノートでは、この雑誌について「『**ウィークエンド・スーパー』という エロの仮面を被った皮肉と悪意に満ちた雑誌がある。その面白さ加減は、日本の数ある雑誌の中で最高と密かに思っているのだが**（**後略**）」と説明されており、さらに1981年に発売されたヒカシューのベスト・アルバム『ヒカシュー・スーパー』のジャケットロゴは『ウィークエンド・スーパー』のパロディになっていました。

地方都市に住む中学生だった筆者はその実物を手にすることはできませんでしたが、『ウィークエンド・スーパー』という奇妙な誌名は、ずっと頭にこびりついていたわけです。そして高校生になり、東京の古本屋に出入りするようになった頃、エロ本コーナーで『ウィークエンド・スーパー』を発見。あっ、これがあの『ウィークエンド・スーパー』か！　それは1979年11月号で、残念ながらあの「愛情西瓜読本」掲載号ではありませんでしたが、喜び勇んで購入しました。

表紙は女優の斉藤とも子。巻頭グラビアは16才のマージという白人少女の水着、さらに白石まるみのレオタード、ピンクレディーの新曲発表会のニュース。一色ページになって、荒木経惟撮影のヌードが登場しますが、やたら1枚の写真が小さかったりして何かおかしい。あとは二色ページで洋ピンの紹介記事があるくらい。巻末グラビアになってようやく8ページのヌードらしいヌードが登場します。その他のページは、エロと関係のない記事ばかりなのです。倉田まり子や森下愛子のインタビュー、ボクサーの輪島功一やキックボクサー富山勝治がジャンプしている写真、川島なお美のグラビア、れんが書房新社（弱小出版社と紹介されています）社長のインタビュー、女装ショップの紹介記事、暴走族の写真、レンタルルームのルポ、楳図かずおのインタビュー…。

『ウィークエンド・スーパー』は、エロ本だと聞いていたけれど、何なんだろう、この雑誌は？表紙をよく見ると「感じる映画雑誌」と書かれています。そういえば、映画情報も多いし、田中小実昌や高平哲郎、鈴木いづみなどの映画エッセイもある。いや、しかし、映画雑誌としても、何かおかしい。当時は雑誌を買うと、興味の無い記事でも隅から隅まで読んでいたので、この『ウィークエンド・スーパー』１９７９年11月号も全部読みました。お目当てだった巻上公一の「巻頭美少女インタビュー」は半ページほどの小さな記事で少しがっかりしましたが、その他の一色ページのエッセイ的な記事が楽しかったのです。

その中でも、赤瀬川原平による迎賓館のプールに行くルポがやたら面白く心に残りました。ちょうど赤瀬川原平が「尾辻克彦」の筆名で中央公論新人賞を受賞した時期で、ルポではなく純文学と名打たれています。しかし、その理由はルポだと取材費が必要だけど、純文学なら不要だからそっちにしましょうと編集長が純文学扱いにしたというのです。何でしょう、このとぼけた感覚。エロ本だか、なんだか分からない得体の知れないこの雑誌に、筆者はすっかり魅了されてしまいました。

１９８３年頃のことです。既に『ウィークエンド・スーパー』は休刊し、その後継誌である『写真時代』が人気を集めていた時期。『写真時代』も購入して読みつつ、古本で『ウィークエンド・スーパー』を探すようになりました。『写真時代』では、赤瀬川原平が「超芸術トマソン」を提唱して世間でも話題になりつつあった頃です。

筆者は、赤瀬川原平に心酔し、高校卒業後に彼が講師を務める美学校考現学教室に通うことになります。このあたりから人生が狂ってきたといえなくもないですね。

エロ本だからと臆することなく、自分が気になる人にどんどん原稿を頼んでいったことから、文化人の巣窟的な誌面となった『NEW SELF』が発禁により休刊した末井昭編集長が、『小説マガジン』(これは不発に終わる)『ピンクパンサー』(1号のみ)を経て1977年に創刊したのが『ウィークエンド・スーパー』でした。末井はとりあえず映画雑誌にしようと考え、その頃に見たゴダールの『ウィークエンド』を誌名にしようとしたところ、既に誌名とし

1978年9月号の特集「愛情西瓜読本」。企画構成は、チェッカーズや小泉今日子などのプロデュースを手掛けたことでも知られる秋山道男。悪趣味でシュールな感覚が、7ページにわたって炸裂している。エロ本史に残る伝説の企画。

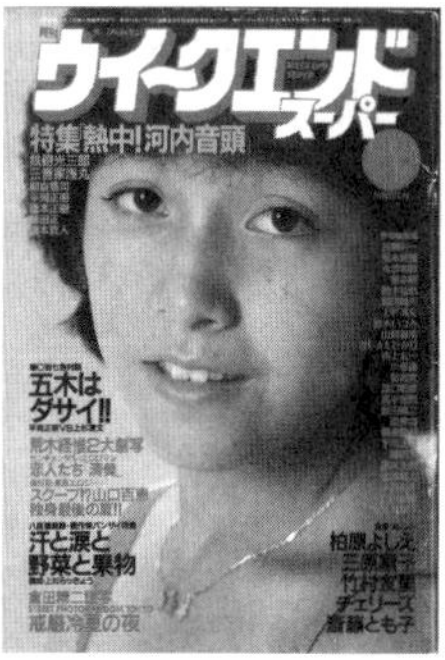

『ウィークエンド・スーパー』1980年11月号

表紙は柏原よしえ。この他にも、西川峰子、相本久美子、倉田まり子、高田みずえ、杏里、高見知佳など意外にメジャーな女性タレントが表紙に登場している。連載「翔んでるスター」では三波春夫や八代亜紀まで。

て登録されていたため、「スーパー」を付けたのだとか。そして『ウィークエンド・スーパー』は、『NEW SELF』以上に混沌とした誌面の雑誌でした。後に、『写真時代』へと結実する荒木経惟の二大連載「恋人たち」「偽ルポルタージュ」(企画が変更になっても常に連載は2本ありました)、原色感が強烈な小暮徹の「ニコニコ写真館」、芸能人がジャンプしている姿を撮る永橋和雄の「翔んでるスター」、写真によるハードな社会ルポである「倉田精ニ謹写」などの写真連載、そして赤瀬川原平、田中小実昌、高平哲郎、鈴木いづみ、南伸坊、巻上公一、山崎春美、といったエッセイ連載も充実していましたが、『ウィークエンド・スーパー』のカラーを決定づけたのは、何といってもラジカルな企画記事です。

ヒカシューが『夏』のジャケットコンセプトにした「愛情西瓜読本」は、官能学術野菜小説「スイカ畑でつかまえて」から始まり、世界でも有名な西瓜割り芸人、西瓜とSMプレイする人、西瓜に合わせて歯並びを矯正した人、革命的暴力西瓜主義者などが登場するという徹底した悪ふざけ的パロディが痛快。もちろん全てデタラメですが、これを真に受けたテレビ番組が取材を申し込んできたそうです。企画構成はスーパーエディター秋山道男。他にも「汗と涙と野菜と果物」「ナ

『ヘヴィ・スキャンダル』
1981年9月号

現在の『実話ナックルズ』的な誌面で創刊したが、この4号目では中身が丸々『ウィークエンド・スーパー』に。もちろん荒木経惟の連載なども引っ越しており、大滝詠一と鈴木いづみの対談などレアな記事もある。

ウで明るい自殺名所巡り」「明るいメディテーション」「それゆけ！国際プロレス」「ヤスジのアニマルユートピア」…、といった特集が印象深いですね。末井昭が水戸黄門、上杉清文が助さん、南伸坊が格さんのコスプレをしてインドやタイを旅する「水戸黄門漫遊紀行」や平岡正明と上杉清文が世の中に噛みつきまくる「差別〇七色対談」シリーズも最高です。どの企画も、大人が真剣に悪ふざけをしているという姿勢が魅力的でした。

末井昭は映画化もされた自伝的エッセイ「素敵なダイナマイトスキャンダル」（1982年、北宋社）で『ウィークエンド・スーパー』についてこう書いています。

なんだかよく分からないものが僕は好きだ。言葉で言い表せないようなもの、それでいて気になって仕方ないようなもの。分かってしまうと、頭の中の整理箱にキチンと整理されてしまって、一度整理されたものはなかなか取り出されない。分からないものは整理出来ないから、頭の片隅に吊るされたまま、どうも目ざわりなものとなるのだ。なんだかよく分からない雑誌、と一部の人から言われていたのが、『ウィークエンド・スーパー』という月刊誌で、僕がその編集長だった。だから、なんだかよく分からない雑誌、と言われることに、僕は快感があった。

末井が「イーカゲンに作った」雑誌だったという『ウィークエンド・スーパー』ですが、売上は好調でした。しかし、4年目を迎える頃には部数はどんどん減少していきます。末井はこの失速を「**ビニ本の影響**」（「荒木経惟・末井昭の複写『写真時代』」2000年／ぶんか社）、あるいは「**映画雑誌のような、芸能雑誌のような、エロ雑誌のようなものは、もう売れなくなってきた**」（「素敵なダイナマイトスキャンダル」）と分析しています。そして、「もっとはっきりしたもの」として『写真時代』を創刊するのでした。

『ウィークエンド・スーパー』は1981年8月号で休刊しますが、その後、6月に創刊されたばかりの『ヘヴィ・スキャンダル』を乗っ取る形で、中身は完全に『ウィークエンド・スーパー』9月号である『ヘヴィ・スキャンダル』9月号を発売しています（表紙には「気分はほとんどウィークエンド・スーパー」と書かれている）。その後、『ヘッドロック』に誌名変更されますが、長続きしませんでした。

今、『ウィークエンド・スーパー』を読んでみると、その誌面の混沌さに改めて驚かされます。まさに「なんだかよく分からない雑誌」です。現在は『ウィークエンド・スーパー』が失速した1981年当時以上に、「なんだか分からないもの」は否定される時代です。エロ以外の「分からないもの」要素を削ぎ落とし続け、付録のDVDがメインという形になった挙げ句にエロ雑誌は姿を消し、AVでもエロ以外の要素は排除されつつあります。

『ウィークエンド・スーパー』が持っていた「なんだかよく分からない」魅力を、アダルトメディアに求めるのは、もう不可能なのでしょうか。

1981年3月号より。荒木経惟の連載「恋人たち」。細かい写真と会話調のテキストで生々しい独特のムードを作り出している。荒木は他に写真日記的な「偽日記」も連載。本誌の看板カメラマンだった。

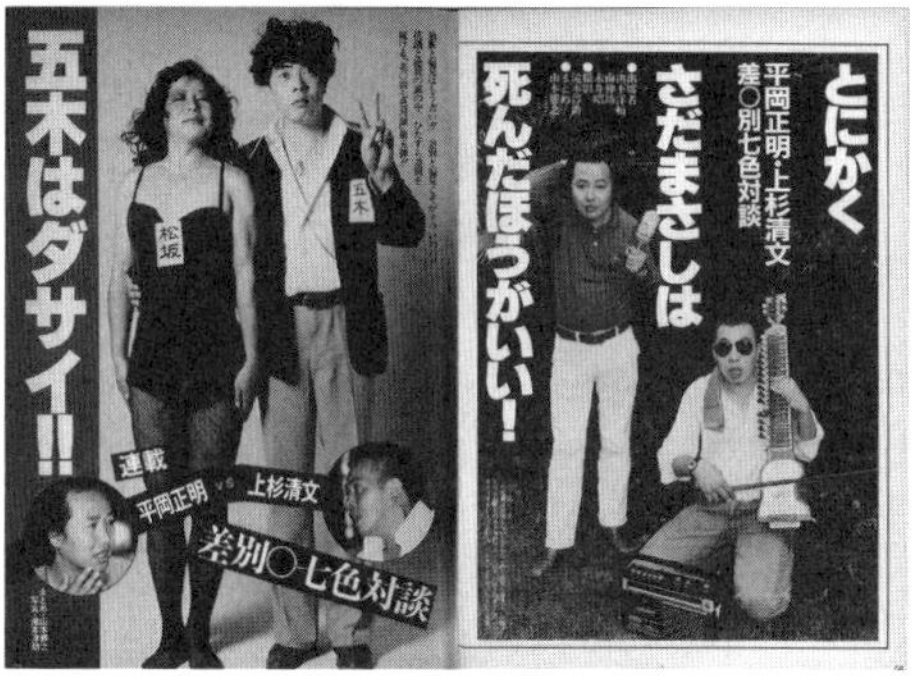

1980年11月号「五木はダサイ!!」、1981年1月号「とにかくさだまさしは死んだほうがいい!」。平岡正明と上杉清文が独断と偏見で世相を斬りまくる連載「差別○七色対談」。現在なら炎上間違いなしの過激発言を連発。

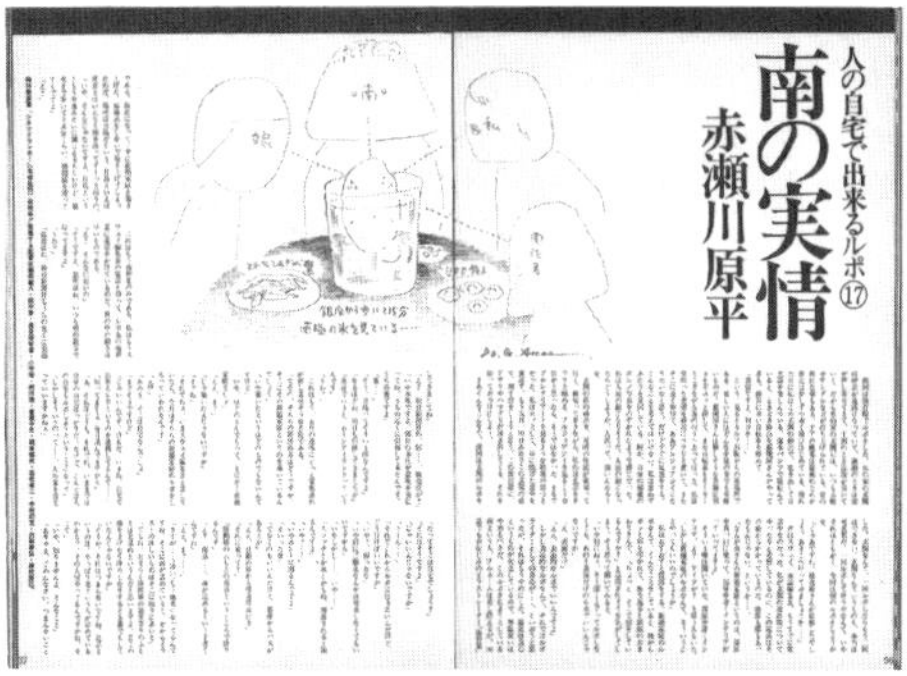

1980年7月号より。赤瀬川原平の連載エッセイ「自宅で出来るルポ」。この連載を、ほぼそのまま文学誌に掲載したら純文学として評価され、中央公論新人賞まで獲ってしまった。連載は後に『純文学の素』の題で書籍化された。

Jam

1979年2月号

創刊：1979年
出版社：ジャム出版、エルシー企画

エロ本のパンクムーブメントは自動販売機から生まれた

伝説といわれるエロ本はいくつかありますが、その中で最も神格化されているのが、この『Ｊａｍ』(ジャム出版／エルシー企画)でしょう。かつてのエロ本がいかにラジカルであったかを語る時には、必ず名前が上がり、近年ではサブカル雑誌『スペクテイター』Ｖｏｌ．39（エディトリアル・デパートメント／２０１７年）でも「パンクマガジン『Ｊａｍ』の神話」として大々的に特集されていました。

『Ｊａｍ』は１９７９年に創刊された、いわゆる自販機本です。日大芸術学部を中退した高杉弾が友人たちを巻き込んで作った雑誌で、エロ本の皮を被りながらも内容は高杉らが「面白い」と思うことを手当たり次第に放り込んだような奇怪な誌面となっています。表紙には「ＳＥ

Xと革命、両方とりたいキミのために」というキャッチコピーが躍っています。

誌名にひっかけて女体にジャムを塗りたくったヌードや、唇や乳首、股間の接写など、巻頭と巻末のグラビアこそエロ本らしさを見せていますが、それ以外のページにはエロの要素はほとんどありません。ドラッグや、エルヴィス・プレスリーの闇についての記事、13ページにわたる東京・関西のパンクバンドシーンについての特集、そして『Jam』が神格化される最大の理由ともいえるのが「山口百恵のゴミ大公開」でしょう。

人気絶頂だった山口百恵の自宅から出されたゴミ袋を漁り、それを写真で公開するという企画です。破かれたファンレターや高校生の時のテスト用紙、パンスト、メモ、そして使用済みのナプキンまで。あまりに非人道的なこの企画は女性誌などでも報道されたり、栗本薫がこの事件をモデルに小説を書いたりと社会問題化しました。ちなみに『Jam』の前身雑誌の『Xマガジン』でも、かたせ梨乃のゴミを漁っているのですが、この時は全く話題にはならなかったそうです。

また、この創刊号の中央8ページには「瞑想用ビジュアル・パターン」という謎の文様が書かれていますが、実は女性器の写真を思い切り拡大したものなのだとか。ただし、どう見てもそれがどう写っているのかは、よく分かりませんが…。

エロ本というフォーマットを使って、ここまで好きなことができるのか、と『Jam』の登場は業界に衝撃を与え、他の自販機本やエロ雑誌に大きな影響をもたらしました。その少し前にセルフ出版（白夜書房）の末井昭編集長が『ウィークエンド・スーパー』でゴールデン街系文化人を積極的に起用することでサブカル・エロ本の先駆けとなりましたが、『Ｊａｍ』は、もっと若くて無軌道であり、当時盛り上がりを見せていたパンク＝ニューウェーブの動きと連動したものだったといえます。創刊号の特集のタイトルが「ＮＯ ＰＵＮＫ！ ＮＯ ＷＡＶＥ!」だったことも、決して偶然ではありません。『Ｊａｍ』は、11号発行された後、書店で販売される『ＨＥＡＶＥＮ』という雑誌へと生まれ変わり、こちらも（一部で）大きな話題となります。

『Ｊａｍ』の「エロ本だからといって、エロばっかりやらなくてもいい。エロ本だからこそ、好きなことがやれる」というスタンスは80年代、90年代のアダルトメディアに大きな影響を与えました。そして、メジャーなメディアからはみ出すようなカルチャーの受け皿としてアダルトメディアは機能するようになったのです。

しかし00年代以降、アダルトメディアは純粋なエロを求められるようになり、『Ｊａｍ』的な要素は次第に消え失せていきます。結局、売れている時は何でもできた、ということになるのでしょうか。今は、こうした過激さを受け止める余裕など、アダルトメディアには残っていないのです。

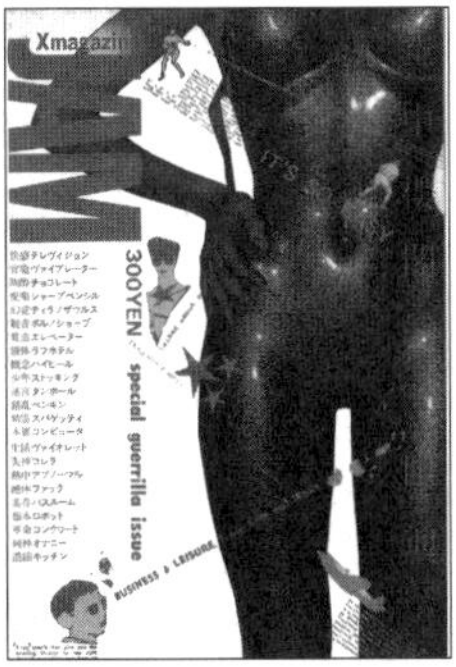

『Jam』
1980年1月号
『Jam』としての最終号。既に前号で『HEAVEN』への移行が宣言されているため、本号は「特別ゲリラ号」という位置づけになっている。天才デザイナー、羽良多平吉による表紙デザインがやたらとかっこいい。

1979年2月号より。大きな話題となった山口百恵の自宅ゴミ漁り記事。あまりにもやりすぎだと女性誌『微笑』(祥伝社）などでも非難された。90年代に電波系鬼畜ライターとして活躍した村崎百郎は、これに影響を受けてゴミ漁りを始めた。

1979年8月号より。「Jam's UP」と題された指でギリギリ隠しつつもドアップにした股間のグラビア。エロ要素が薄いといわれる『Jam』だが、フェティッシュ色が強いグラビアは意外に多く、ハッとさせられることがある。

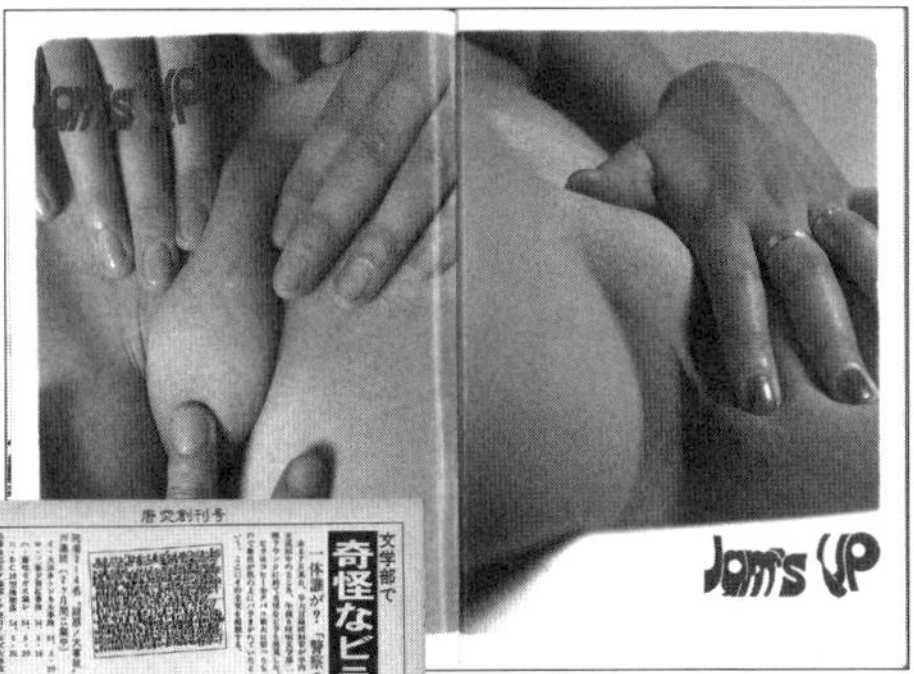

1979年11月号より。雑誌内新聞「早大文化新聞」の記事と架空の広告。こうした架空の広告は『Jam』の得意とするところで、何度も登場している。「唯物論者・共産主義者用仏壇も大量入荷！」のくだりは時代を感じさせる。

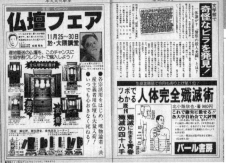

写真時代

伝説の編集長が編むエロ写真誌の到達点

1981年9月号

創刊：1981年
出版社：白夜書房

白夜書房から『写真時代』が創刊されたのは1981年でした。編集長は『NEW SELF』『ウィークエンド・スーパー』などの雑誌を成功させていた末井昭。これらの雑誌はエロ本でありながらも、ラジカルなサブカル雑誌と呼んだ方がしっくりくる誌面であり、そうした路線を推し進めたのが、この『写真時代』だったのです。

既存の写真論の範疇に入らない写真を集めた写真雑誌というのが、末井昭が考えたコンセプトでした。末井は著書『素敵なダイナマイトスキャンダル』（北宋社1982年）にこう書いています。

（前略）要するに、写真は写真論のために存在しているようなものなのだ。だ

が、写真論の範疇に入らない写真の方が本当は多いのである。DPE屋さんでサービス版に焼いてもらった旅行の記念写真、アルバムに貼られたダイナマイト心中してしまった母親の写真、日曜日には必ず公園に行って少女を探すロリコン少年が撮った写真、何千万部も売れているビニ本の写真、夫婦でお互いの裸を撮ったポラロイド写真、広告写真、三分間写真、心霊写真、UFO写真、そのほとんどには、写真論がない。

そのコンセプトの体現者として末井が選んだのは、『NEW SELF』時代から共に歩んできた写真家の荒木経惟でした。当初は誌名を『月刊アラキ』『アラキカメラ』『アラーキズム』にする案まであったのだとか。荒木経惟は『写真時代』創刊号から「景色」「少女フレンド」「荒木経惟の写真生活」と3つの連載をスタートさせています。以降も、連載自体は変わるものの、休刊時まで「3大連載」の枠は変わらず、荒木経惟は『写真時代』の顔でした。

またスランプに陥っていた写真家・森山大道を復帰させたのも『写真時代』です。創刊号では6ページにわたるインタビューと連載となる「光と影」を掲載。圧倒的な迫力の写真で森山は復活を遂げました。

荒木経惟、森山大道と当時の先鋭的な写真家の作品が巻頭を飾っていますが、その後のページは少女ヌード、南伸坊のモノマネ、高校生が撮影した河合奈保子のパンチラ写真、心霊写真、女装、奇形、赤外線写真、60年代のハプニング芸術とジャンルを超えた写真が次々と登場します。

正に「既存の写真論の範疇に入らない写真」のオンパレード。末井が考えたコンセプト通りに「写真論の範疇外の写真」がごった煮にされていました。『アサヒカメラ』『日本カメラ』など、生真面目な写真雑誌が幅をきかせていたこの時代に、こんな型破りな写真雑誌は空前絶後でした。

創刊号は13万部を印刷。これは当時の白夜書房としては破格の部数でした。『ウィークエンド・スーパー』は、売れたといってもせいぜい4万部。この頃の同社は売上不振に陥っており、『写真時代』の創刊は大きな賭けでした。編集長の末井が発売前に創刊号を知人に見せると「えらいものに社運を賭けちゃったね」とまで言われてしまい、発売後も怖くて書店に行くことができなかったそうです。

しかし、『写真時代』創刊号は売れました。書店では売り切れが続出し、たちまち人気雑誌となったのです。その人気の理由は、荒木経惟の撮影作品を中心に過激なヌード写真が多かったことでした。まだ陰毛がご法度だった時代に、陰毛どころか性器がチラリと写っているような写真まであったのです。

中でも1985年7月号の「荒木経惟の写真生活30 アラーキーの遺作」は、女性器のドアップに様々な写真をコラージュしたという過激なもの。コラージュは末井が手掛けています。この試みは、その後も連作として続き、「東京オマンコラージュ」と題されたこの作品は、後には美術評論家の伊藤俊治が中心となって編集した国内外のアートヌード作品集『NEW NUDE 3』(カメラ毎日別冊/毎日新聞社)にもアラーキー&スエーと共作クレジットで収録されることになります。

また、独多宇一の「絶頂写交録」、佐々木教の「マシンガンの教　ＯＨ！ＮＥＴＡ」、岩月尚の「現地調達の女」などの生々しいハメ撮り写真・ナンパ写真も〝実用面〟を支えました。こうした過激なヌード写真目的で買っていた読者も多かったのです。そのため、末井は毎月のように警視庁に呼び出されていたとか。それでいて『写真時代』は、とりあえず〝写真雑誌〟という体裁を取っているために書店では写真コーナーに置かれており、エロ本を買うのが恥ずかしい人にとっても手に取りやすかったのです。

『ＮＥＷ ＳＥＬＦ』『ウィークエンド・スーパー』から引き続き、数多くの文化人を起用した読み物も充実していました。中でも赤瀬川原平の連載「超芸術トマソン」は、大きな話題となりテレビ番組などでも取り上げられるなど社会的なブームとなります。南伸坊の「南伸坊の面白写真館」は様々な写真のパロディによって写真の構造を解体していくという連載でした。１９８５年12月号では「笑う写真」として殺人現場や指名手配の写真が満面の笑顔の南伸坊と組み合わされ、シュールなムードを生み出しています。

13万部でスタートした『写真時代』は部数を伸ばし、最盛期には35万部にまで達しました。このヒットの余勢をかって、中高年向けの『写真時代Jr.』や、

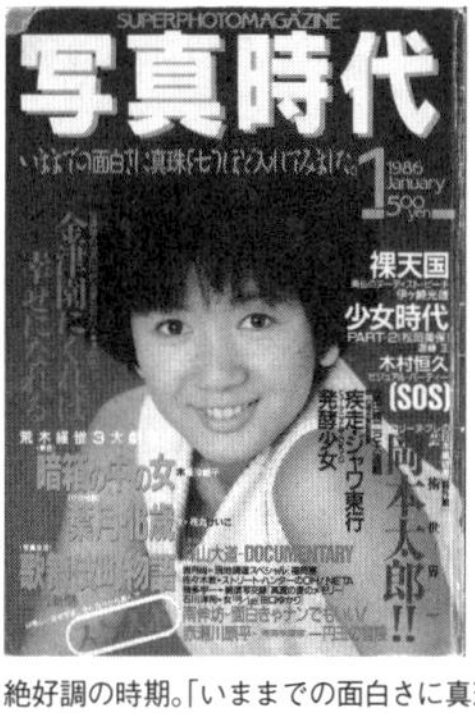

『写真時代』１９８６年１月号

絶好調の時期。「いままでの面白さに真珠を七つほど入れてみました。」という意味不明のキャッチコピーすら納得のパワーが誌面からあふれている。写真の露出度も高く、風俗系記事も充実しており、エロ本要素は多め。

高級映像文化誌『写真時代21』などの派生誌も誕生します。このようにヒットが生まれると、類似誌が創刊されるのが出版業界の常。三和出版からは『流行写真』、東京三世社からは『ザ・写真』、辰巳出版からは『写真生活』、平和出版からは『新風写真』など、そっくりの表紙でコンセプトも真似た雑誌が次々と創刊されていきます。本家を模倣するように、どの雑誌もギリギリの露出度を狙った過激な写真を掲載。創刊意図自体は、柳の下のドジョウを狙った安易なものだったことは否定できませんが、各雑誌もなかなか面白い誌面を作っていました。

エロ業界で異彩を放っていた石垣彰をメインに押し出した『写真生活』や、長岡直人が全国の有名観光地で女性モデルをヌードにして撮影する「写真紀行」を目玉にした『ザ・写真』などはインパクトも強烈でした。しかし、1985年7月に『ザ・写真』を出版していた東京三世社の社長や編集長など3人がわいせつ図画販売の疑いで逮捕される事件が起きます。『ザ・写真』8月号に掲載された「東京画報　上野アメ横篇」が問題となったようです。これは磐越西線、青函連絡船、天の橋立と続いた「写真紀行」の兄弟企画として東京でヌード露出パフォーマンス撮影をしたもので、上野公園やアメ横で女性モデルが裸になっています。警視庁のお膝元である東京で白昼堂々とこんな撮影を放置するわけにはいかない、と当局を刺激したからだ、と業界では噂されました。これまでは「やりすぎた」エロ本でも、警告・始末書という段階を経て発禁処分となっていたのが、いきなり逮捕・回収となったことも業界に衝撃を与えました。『ザ・写真』は即休刊となり、そして『流行写真』『写真生活』なども次々と休刊。本家の『写真時代』だけが、何とか生き延びました。

1986年には荒木経惟の連載「景色」の中で皇室関係の写真が写り込んでいたことから右翼団体からの抗議を受け、6月号の巻頭で日の丸をバックにした謝罪文を丸々1ページ掲載した事件も。もっともこの謝罪文も、ヌード写真多数の目次の対向面に掲載しているあたりに、本気で反省はしていないという姿勢が見え隠れしているように見えるのですが…。

『写真時代』が休刊したのは1988年。4月号が「わいせつ罪に当たる写真」を掲載していたということで、回収を命じられたことがきっかけでした。突然の休刊だったため、4月号には「休刊」の言葉は一切ありません。後の末井のインタビューによれば、荒木経惟撮影の「オンセンナマズ伝説」「東京ヌード」、そして飯島昇撮影の「SELF TIME ペロペロ留美ちゃんはアルバイター」などが問題になったそうです。確かに「オンセンナマズ」「SELF TIME」は男女のカラミ、「東京ヌード」は陰毛と当時はご法度だった写真が掲載されてはいるのですが、この号が『写真時代』として特別に過激だったとは思えません。おそらく、何らかのタイミングが悪かったのでしょう。「オンセンナマズ伝説」などはナマズの頭部の被り物をかぶった男性と女性のカラミであり、わいせつというよ

『写真時代』1988年4月号

「わいせつ」容疑で回収となったために、この号で休刊となる。確かにいろいろと過激ではあるが、なぜこの号が問題になったのかはよく分からない。突然の休刊だったため、特に「休刊のお知らせ」や回顧記事などはない。

りもコミカルでシュールな印象があります。
『写真時代』の休刊を受け、後継誌として『ｎｕｖｅ』『写真世界』といった雑誌が作られます。連載も継承しましたが、末井昭も編集長を離れ、新たに創刊した『パチンコ必勝ガイド』に注力していたこともあり、パワーダウンは否めず、長くは続きませんでした。

エロ業界人と文化人が入り乱れ、過激で混沌とした世界を作り出すという80年代のエロ本黄金期を代表する雑誌であった『写真時代』。それはエロ本というフォーマットで、どれだけ面白いことができるかという実験の場でもありました。休刊から30年以上を経た今、読み返してみても、『写真時代』の混沌としたパワーには圧倒されます。エロ本、いや雑誌とはこんなに面白いものだったのかと、改めて思い知らされるのです。

『写真世界』1989年4月号

『写真時代』の後継誌として連載なども引き継ぐが、どうにもパワーダウンしてしまった印象は拭えない。「南伸坊の寫眞世界」など、それぞれの連載は面白いのだが。『写真時代』的な姿勢と時代がズレてしまったのか。

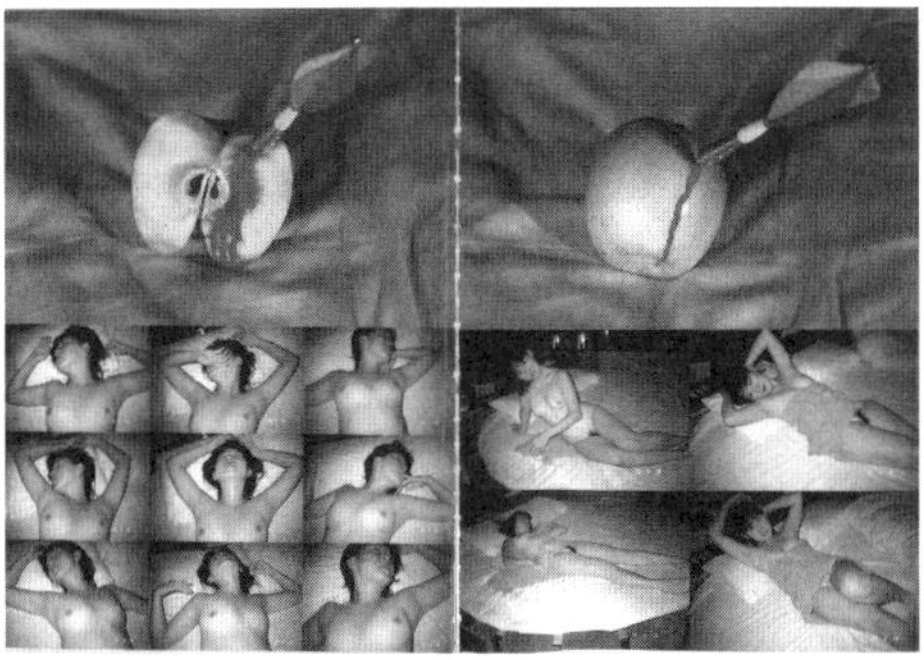

1987年12月号より。荒木経惟の連載「景色」。まだヘアヌード解禁以前の時期だが、はっきりと陰毛が写っている。単純にこうした露出度を求めて購入していた層もいたからこそ、35万部という部数が実現できたのだろう。

馬鹿と紙一重の冒険

1983年11月号より。赤瀬川原平の連載「発掘写真 超芸術の巻 馬鹿と紙一重の冒険」。後に『超芸術トマソン』(白夜書房) として1冊にまとめられ話題となるが、煙突の上で撮影したこの恐ろしい写真は、その表紙となった。

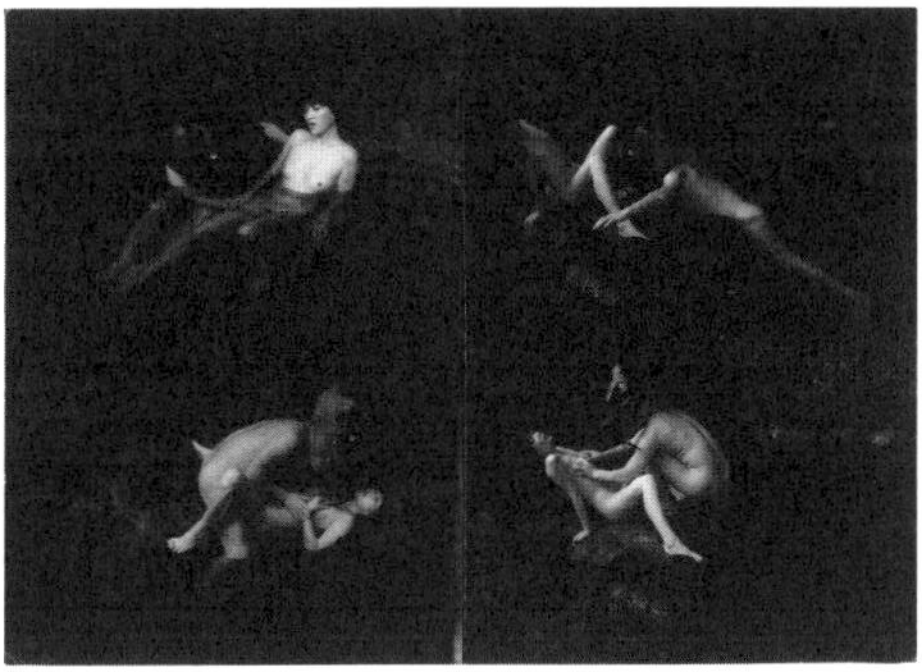

1988年4月号より。問題となったとされる荒木経惟撮影の「オンセンナマズ伝説」。男女のカラミが当局を刺激したらしいが、ナマズのマスクを被った男とのカラミは、わいせつというよりもシュールとしか思えない…。

オレンジ通信

時代と共に走り続けたアダルトビデオ情報誌

1985年2月号

創刊：1982年
出版社：東京三世社

80年代から90年代にかけて、「フルーツ本」「通信本」と呼ばれたジャンルのエロ本がありました。その元祖が東京三世社から1982年に創刊された『オレンジ通信』です。その後、1984年に三和出版から『アップル通信』、さらに1986年に『さくらんぼ通信』が創刊されます。その他に『マスカットノート』（大洋書房。後に『ミルキー通信』に改題）、『ギャルズ通信』（日本出版社）、『コスモス通信』（考友社出版）、『バナナ通信』（ラン出版）といったフルーツの名前か「通信」のいずれかが誌名に付けられた雑誌が次々と作られたのです。フルーツ名や「通信」のどちらのワードも付いていないですが、『ボディプレス』（白夜書房）や『ギャルズジャック』（新和出版社）なども、このジャンルに含まれる雑誌ですね。

後にAV情報誌の代表格として知られることになる『オレンジ通信』ですが、創刊時はヌードグラビアを中心としたごく普通のエロ本でした。創刊号の表紙には「杉浦則夫ダークアングル 初体験」「山木隆夫ラブショット ちはる18才」と、カメラマンの名前を冠した2つのグラビアのタイトルが書かれています。巻頭グラビアの「初体験」はSM写真の巨匠・杉浦則夫撮影によるカラミ物。とじ込みワイドグラビア付の19ページ。その他も単体のヌードグラビアや、エロ漫画家である小多魔若史（後の『痴漢日記』で有名になる山本さむ）の新体操盗撮や、なぜか古い海外のヌード写真コレクションなど、特に斬新なコンセプトがあるわけでもない内容です。ところが、当時盛り上がっていたビニ本や裏本の紹介記事が人気を集め、少しずつその比重が高まっていきます。表紙、そして背表紙にも「最新ビニ本ビデオ面白ギャラリー」の文字が大きく書かれるようになりました。

1984年になると、まだ「杉浦則夫ダークアングル」のグラビア連載は続いているものの、誌面のメインは完全にビニ本、裏本、そして裏ビデオの情報へと移り変わります。この年には、フルーツ通信誌として最大のライバルとなる『アップル通信』も創刊されるのですが、この時点では『アップル』もグラビア中心の誌面（しかも、こちらも巻頭は「杉浦則夫艶写館」！）で、裏ビデオ記事が少しあるだけ。このような類似誌が出たことを考えると、グラビア中心時代の『オレ通』もそこそこ人気は高かったのでしょう。

1985年に入ると誌面は完全にビニ本、裏本、裏ビデオの記事一色になり、アダルトメディアの情報誌というカラーを確立します。

1985年2月号を見てみましょう。巻頭特集は「1984ビニギャル・ベスト10」。当時、裏ビデオ評論家として名を馳せた奥出哲雄のセレクトによるビニ本モデルベスト10です。1位は、『ミッキー』『シーン』『ボイス』に出演した通称・ミッキーちゃん。当時のビニ本モデルは、名前なども決まっていない子がほとんどなので、みんな通称で書かれているのです。中にはAVでも活躍した竹下ゆかり（5位）のような子もいるのですが、それは例外的な存在でした。さらにDカップで人気だった中村京子を中心とした売れっ子モデルによる業界裏話座談会、裏ビデオ制作者インタビュー、千葉で裏本を販売している場所を探すルポ、そして本誌のメイン記事とも言えるビニ本、裏本、裏ビデオの紹介コーナー。読者が、貴重なビニ本などを交換し合う読者掲示板もあります。こうした誌面からは、まだこの時期AVが全く注目されていなかったことが分かります。何しろ、裏ビデオならぬ表ビデオと呼ばれていたくらいなのですから。

翌1986年の2月号から、『オレ通』の人気企画である読者投票による年間ベストが始まります。部門はモデル、裏本、裏ビデオ、アダルトビデオ、ブラックパック（162ページ参照）、海外ハードコア。ちなみにモデル第1位は竹下ゆかり、2位は菊池エリ、3位は杉原光輪子でした。この頃になって、ようやくAVも人気が出てきたのです。そして入れ替わるように、ビニ本、裏本は摘発の影響などもあり、失速して行きました。

1987年になると『オレ通』は完全にAV紹介がメインの雑誌となり、ビニ本、裏本、裏ビデオなどの記事は後半へと追いやられています。宇宙企画などが人気を集め、第一次AV黄金時代がやってきたのです。1988年には年間ベストの部門でも、監督賞や男優賞まで設立されています。記念すべき第1回の監督賞は豊田薫、男優賞は大賀麻郎でした。

AV情報誌としては、1982年に早くも第一号である『ビデオプレス』（大亜出版）が誕生しており、1988年の段階では『ビデオ・ザ・ワールド』（白夜書房）、『ビデパル』（フロム出版）、『ビデオボーイ』（英知出版）、『ビデオエックス』（笠倉出版社）といった雑誌が出揃っています。そんな中でも、その情報の濃さでも『オレ通』は頭一つ抜けた存在であり、その年間ベスト賞は以降もAV業界で最も権威のある賞とされていました。

『ビデオ・ザ・ワールド』も年間作品賞を発表していたものの、そのセレクトに癖が強過ぎるところが

『オレンジ通信』1991年2月号

『オレ通』では毎年2月号で、様々なジャンルの年間ベストを発表するのが定番企画となっていた。1990年度のベスト女優に選ばれたのは、ダイヤモンド映像専属だった桜樹ルイ。他に裏本、裏ビデオなども選出されている。

『オレンジ通信』2006年8月号

B５判からＡ４判と大判になり、ＤＶＤが付録となった時期。表紙は当時ソフト・オン・デマンドの看板女優だった範田紗々だが、誌面はＡＶよりも無修正動画などのアンダーグラウンドな情報が中心となっている。

あり、その年の流行を反映しているとはいえませんでした。そのため今でも筆者などは、ＡＶの歴史という観点で流行を調べる時は『オレ通』の年間ベストを参考にすることが多いのです。

１９９７年からは編集プロダクションのマイペンライプロダクトが編集を担当することになり、社長である石井始が編集長となります。石井氏は、村西とおる監督率いるダイヤモンド映像で、麻原彰晃のそっくりさん麻魔羅少将監督として活躍した人物であり、今なお刊行されている巨乳専門誌『バチェラー』（大亜出版、ダイアプレス）の初代編集長でもありました。石井はエロ雑誌の編集者としては珍しく、積極的にメディアにも登場し、業界のご意見番的な存在にもなった名物編集長です。

00年代に入ると、逆輸入ＡＶや裏ＤＶＤ、そして無修正動画配信といった新しい裏メディアも登場しますが、『オレ通』はそうした動きにも敏感に反応し、多くのページを割いて取り上げていました。むしろそちらの方が、ユーザーのニーズは強かったかもしれません。しかし00年代、エロ本業界に大きな変動が起きます。「ＡＶ雑誌」（90ページ）で触れた通り、２０００年創刊の『月刊ＤＭＭ』（ジーオーティー）が、何と２９０円という超低価格を打ち出し、さらに２００６年には三和出版がＤＶＤ付で３５０円という『ＮＡＯ ＤＶＤ』を創刊。すると、それを追うように『月刊ＤＭＭ』も２９０円の定価を据え置きでＤＶＤ付録を付けたのです。さらにソフト・オン・デマンドからも、４８０円でＤＶＤ付の『出るまで待てない!!』が創刊されます。これらの雑誌は、大手ＡＶメーカーが自らが発行に関わることで、この価格を実現していたのです。『オレ通』も

２００４年からはＤＶＤを付録に付け、判型を大型化させるリニューアルで対抗しましたが、価格は９９０円。とてもこの低価格競争には参戦できませんでした。

多くの雑誌が付録のＤＶＤについては、ＡＶのサンプル映像を収録するにとどまっていた中、『オレ通』はオリジナル映像にこだわり、ＡＶ監督のインタビューなどを撮り下ろしたりもしていました。しかし、それもユーザーのニーズとはズレていたのかもしれません。その後も売上は落ち続けました。２００８年に編集がマイペンライプロダクトからコンセントへと変わり、新体制となったのですが、それからわずか5号目の２００９年1月発売号で『オレンジ通信』は、27年間の歴史に終止符を打つこととなります。

最終号では、長年同誌で執筆していたライターの沢木毅彦、秋元康介、原達也氏による座談会（なぜかコアマガジンの『ビデオメイトＤＸ』の松沢雅彦編集長も参加）「オレ通20年の卒業式」が掲載されています。その中で秋元康介は、ＡＶ雑誌の変化として「**どんどんメーカー側に寄って行っちゃった**」「**作品を紹介する時に批判的なことは一切書かないのが当たり前と思ってるメーカーも今は多いんじゃないかな**」と言っています。もはやＡＶ誌は、ＡＶメーカーの広報誌へと変わっていたのです。

『オレンジ通信』
２００９年３・４月合併号

27年間の歴史に幕を下ろした終刊号。表紙はマックス・エー専属の伊東遙。「AV30年史」や「裏モノ総括座談会」、そしてライターたちの座談会など息の長かった雑誌ならではの回顧的な記事も多く、資料的価値もある。

ライバル誌であった『アップル通信』も2007年に休刊。あれだけたくさんあった「フルーツ本」「通信本」も、とっくに全て姿を消していました。

「オレ通20年の卒業式」には、他にもこんな会話がありました。

松沢　昔のエロ本読者って、編集部の真ん中に回転ベッドがあって、毎日セックスばかりしているような人間が作っていると思っていたはずなんですよ。AVだって全部ヤクザがやっているんだろ、みたいな。でも、今の時代は何でもわかっちゃうでしょ。そんなワケないって。だから、エロ本は決して夢のようなものではなくなっちゃったんですよ。

秋元　そうなんですよ。結局エロ本は胡散臭い奴らが作っているんだろうって。でもそれがよかったんですよね。

原　今やエロもしっかりとしたビジネスって感じだもんね。シノギじゃないもん。

現在はAVメーカーが発行しているPR誌的なスタンスの2誌しか残っていないため、AV業界で事件が起こっても、それを報道するAV雑誌はありません。つまりAV雑誌だけを読んでいても、AV業界の動きはつかめないという状況になっています。

1984年11月号より。当時の人気コーナー「ビニ本面白ギャラリー」。この時期のビニ本は、ほとんど性器が丸見え状態に過激化していた。80年代半ばの『オレ通』はAVよりもビニ本、裏本、裏ビデオの情報が中心だったのだ。

2001年2月号より。膨大なAVのレビューが『オレ通』のアイデンティティだった。映像のキャプチャも豊富なため、AVが見られない読者でもエロ本として楽しめた。この頃は、AVがレンタルからセルへ移行していた時期。

2008年12月号より。裏ビデオから裏DVD、そしてネット配信へと無修正動画も移行していった。『オレ通』はいち早くそうした状況にも対応していたが、やはり紙媒体ではリアルタイムに追いかけていくのは難しかったか。

ザ・ベストマガジン／ザ・ベストマガジンスペシャル

水かけからパンティへ最も売れたエロ雑誌

1984年6月号

創刊：1984年
出版社：ベストセラーズ

1975年に集英社から創刊された『日本版プレイボーイ』は、日本の出版界に大きな衝撃をもたらしました。「大人の男性」を意識したゴージャスで洗練されたその誌面は、それまでの日本の雑誌とはかけ離れたものだったのです。創刊号45万8千部が、わずか3時間で売り切れてしまったという伝説も産まれています。そうなると、当然のように他社も『日本版プレイボーイ』を意識した「大人の雑誌」を次々と創刊させて追随したのですが、制作費もセンスも本家に遠く及ばず、その多くは単なるエロ本へと路線変更を余儀なくされていきました。

1984年にベストセラーズから創刊された『ザ・ベストマガジン』も、そうした雑誌の一つでしたが、実は初代編集長の印南和麿は『プレイボーイ』の日本版を出したいと渡米しヒュー・ヘフナーに会っているのです。集英社から『日本版プレイボーイ』が創刊されるよりも前の話です。そうした経緯から見ても、『ザ・ベストマガジン』が、もう一つの『日本版プレイボーイ』となることを念頭において創刊されたことが分かります。

創刊号の巻頭ヌードグラビア「官能に火をつける狩人の役目もときには必要なのだ」（撮影：大舞地静樹）も南国のリゾートビーチで黒人男性と日本人女性が絡み合うゴージャスなイメージのもので、『日本版プレイボーイ』に負けないような「大人の男性」を意識した誌面。また『007美しき獣たち』に出演した村田麻也子（ボンドガールと書かれているが、実際には端役）のセクシーグラビアも、コールガール風のコスチュームで海外の雑誌グラビアかと見間違うような仕上がりです。ただし、全体的には『日本版プレイボーイ』よりも、女、セックス、金、車、野球、仕事といった男性の欲望を忠実にすくい上げ、ドメスティックにアレンジが加えられています。

創刊時のキャッチフレーズは「いま、男が最高！」。

何よりもインパクトがあったのは、その表紙でした。なんと大物女優である大原麗子の顔に水をぶっかけた写真なのです。これは強烈なインパクトがありました。しかも表紙モデルはその後、坂口良子、小柳ルミ子、加賀まりこ、高橋惠子、岩下志麻、倍賞美津子など大物女優ばかりがキャスティングされ、水をぶっかけられていったのです。これはカメラマンのリウ・ミセキが当時、水を使った撮影に凝っていたため、その延長のアイデアだったそうですが、その撮影は毎回かなり困難を極め、スタッフたちは胃潰瘍になったという話もあるほど。結局、この〝水かけ表紙〟は6年間続き、72人の女優がずぶ濡れになりました。その最後の年には、毎回水かけに使っていたガラスの花瓶がパカッと割れてしまったそうです。リウ・ミセキは「これは水をかけた女優さんの怨念のせいかもしれません」とコメントしています。ちなみに、創刊24周年の2007年には水かけ表紙が一時的に復活。細川ふみえや山田まりあが、顔に水をぶっかけられています。また、村上龍のエッセイ「すべての男は消耗品である」は、27年間にわたって続いた看板連載で、その後単行本化されるとベストセラーとなりました。

そして『ザ・ベストマガジン』は大ヒットを記録し、最盛期には百万部を超える『日本版プレイボーイ』以上の成功を収めます。この背景には、当時急成長していたコンビニでの販売も追い風となったようです。

売れる雑誌があれば、類似誌が生まれるもの。『日本版プレイボーイ』を意識して創刊された『ザ・ベストマガジン』が、今度は模倣される側に回ったわけです。『ザ・トップマガジン』(大亜出版)、『ザ・ヒットマガジン』(三和出版)、『ザ・ビッグマガジン』(大洋書房)、『ザ・ナイスマガジン』(司書房)と、誌名も表紙ロゴもそっくりな雑誌が次々と創刊されます。東京三世社の『カサノバ』や、講談社の『BUNTA』などもこの中に入れてもいいのかもしれません。また『ザ・ベストマガジン』自体も、『ザ・ベストマガジンスペシャル』『ザ・ベストマガジンオリジナル』『ザ・ベストマガジンゴールド』『ザ・ベストマガジンプレミアム』『ランジェリー・ザ・ベスト』などの派生誌を次々と創刊し、ファミリー化を進めていきました。『ザ・ベストマガジン』自体は、あくまでも「アダルト色の強い一般誌」という『日本版プレイボーイ』的なスタンスを自称していましたが（世間的にどう見られていたかは別として）、これらの派生誌は、ストレートにアダルト色を打ち出し、いずれも成功しました。

中でも1992年に特別増刊として誕生し、翌1993年より月刊化した『ザ・ベストマガジンスペシャル』は、90年代から00年代にかけては、「最も売れているエロ本」と呼ばれるほどのヒット雑誌となったのです。筆者も90年代後半から『ザ・ベストマガジンスペシャル』で仕事をしていましたが、この時期の同誌の勢いはすごいものがありました。まず制作費が桁違い。アイドルからAV女優といった有名モデルのヌードグラビアはもちろん、企画ページで素人OLや女子大生という肩書で無名モデルを大量に起用し、その何十人もの女性たちが惜しげもなく大股開き（しかも野外撮影が多い）を連発してい

『ザ・ベストマガジンスペシャル』1996年10月号

一応「一般誌」である『ザ・ベストマガジン』に対して、エロ本という姿勢を崩さない『スペシャル』。「読者が見たいのはこれだろう」とばかりに大量のモデルがひたすら大股開きしている。記事ページの情報量も多い。

『ザ・ベストマガジンスペシャル』2008年8月号

後に『スペシャル』の代名詞となる大ヒット企画、パンティ付録はこの号からスタート。「読者が好きなのはパンティ」とばかりに、ひたすらパンティで押し切る姿勢は一貫しており、清々しささえ感じられる。

るのです。正に圧巻とも言える誌面。
自律神経測定器や脳波測定器まで駆使した「性感帯の測定ＳＥＸ実験」などのセックス実験企画や、「日本一の過激女性誌『微笑』のＨ記事25年史」「深夜Ｈテレビ番組変遷史」といった資料性の高い記事などの作り込みも素晴らしく、全てのページにおいて一切手を抜かないという編集部の意気込みを強く感じます。当時、エロ本の制作費は１冊３～４百万円という時代に、『スペシャル』は一千万円以上かけているという噂でした。

00年代に入り、エロ本は冬の時代を迎えます。多くの有名雑誌、老舗雑誌が休刊の憂き目にあっていました。しかし『スペシャル』は全盛期に比べれば部数の落ち込みはあったものの、それも他誌に比べれば、さほど影響のない程度だったようです。

00年代以降の『スペシャル』の代名詞といえば、付録でしょう。「付録戦争」（１２８ページ）でも触れた通り、ＤＶＤ付録は既に他誌でもやっていましたが、２００６年６月号では当時の人気ＡＶ女優、ｎａｏ．（なおどっと）の愛液の成分を分析して大量生産したという複製愛液を付録に付けています。またＤＶＤも、２００７年８月号では、何と3枚24時間収録に挑戦。内容も24時間テレビをパロディ化した撮り下ろしのバラエティ番組風になっています。こうした過激なまで

『ザ・ベストマガジン オリジナル』１９９６年11月号

『ザ・ベストマガジン』の派生誌だが、発行は系列会社のハローケイエンターテイメント。内容的には『スペシャル』と、ほとんど変わらない。お宝ブームを反映した内田有紀のグッズコレクションや「風俗60年史」が面白い。

のサービス精神は、既に元気を無くしていたエロ本業界において、眩しいほどでした。

そんな同誌の付録の中で、最も反響を呼んだのがパンティです。最初にパンティ付録を付けたのが、2008年8月号。「史上初！1冊に1枚、脱ぎたて生パンティが付いている！」のキャッチと共に段ボール製の台紙に収録された布パンティが1枚、本誌に挟まれています。「誌面で美女が着用した」と書かれていますが、もちろんそんなことのない新品です。実は、この時期の誌面は極端な〝パンティ推し〟。あらゆるページでパンティにまつわる記事をやっており、この8月号でも「東京ひとり暮らしOLの1週間パンティ密着ヌード」「魅惑のTバック娘SEXYパンチラ大集合」「美尻OLの生純白パンティ実物大！」「あなたの持っている一番高い&安いパンツ見せて下さい！」と、ほとんどのコーナーがパンティ絡みになっています。ちょっと呆れてしまうほどのパンティの洪水です。ここまでの号でも、毎回数百枚のパンティが読者プレゼントに出ており、今回は満を持してのパンティ付録だったのでしょう。

そして、そんなパンティ推しは大当たり。以降、『スペシャル』は毎号パンティを付録に付け、好調な売れ行きを続けていました。既にエロ本業界は瀕死の状態でしたが、この頃『スペシャル』の編集長に話を聞くと、「え、今、エロ本売れてないの?」などと言っていたほど。毎月、中国から安価なパンティを大量に輸入していて、まるで下着問屋でもやってるみたいだ、ともこぼしていましたが…。さらに複数のパンティに加えてブラジャーや制服、水着などをつけた『ランジェリー・ザ・ベスト』も発売し、こちらも好調でした。これほどまでに日本にはパンティフェチの男性が多かったのかと、驚いたものです。

　しかし2010年には、コンビニがパンティ付録に難色を示したことで、この路線も続けられなくなり、『スペシャル』も失速してしまいます。それでも本誌『ザ・ベストマガジン』が2011年に休刊した後も、『スペシャル』は2016年まで継続。最終号である10月11月合併号では、最後だからということか、再びパンティ付録が復活していました。

　そして、その後もパンティ付録メインのムックである『ランジェリー・ザ・ベスト』や『ザ・ベストマガジンスペシャル極』は、ベストセラーズがエロ本から撤退する2018年までは断続的に刊行されていました。しかしこれらのムックは、3センチの厚さの段ボールケースに数枚の下着が収められ、それを挟み込む本誌は、わずか68ページ。完全に主従が逆転してしまっています。結局、一番強かったのは、パンティということだったのでしょうか…。

『ザ・ベストマガジンスペシャル極』
2017年6月号

『スペシャル』本誌が2016年に休刊した後もパンティ付録をメインにした増刊は発売され続けた。パンティ4枚に上下揃いセットという付録を収めた段ボール箱の方が、本誌よりもずっと分厚いという本末転倒感がすごい。

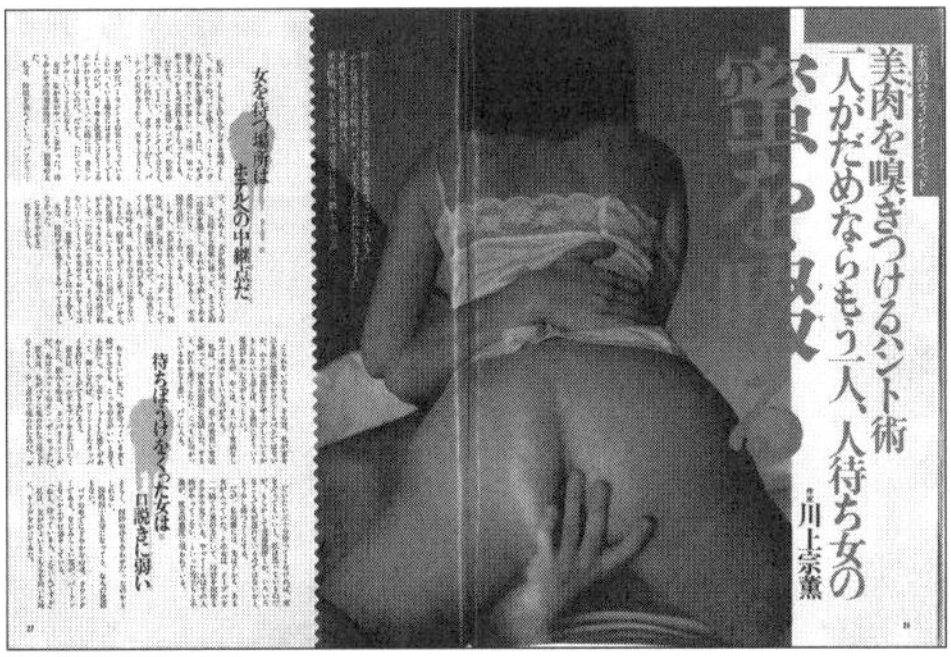

『ザ・ベストマガジン』1985年4月号より。イメージ写真と組み合わせた川上宗薫のエロティックエッセイ。ちょっとアダルトなムードのヌードグラビアが多かったのが『ベストマガジン』本誌の特色であった。

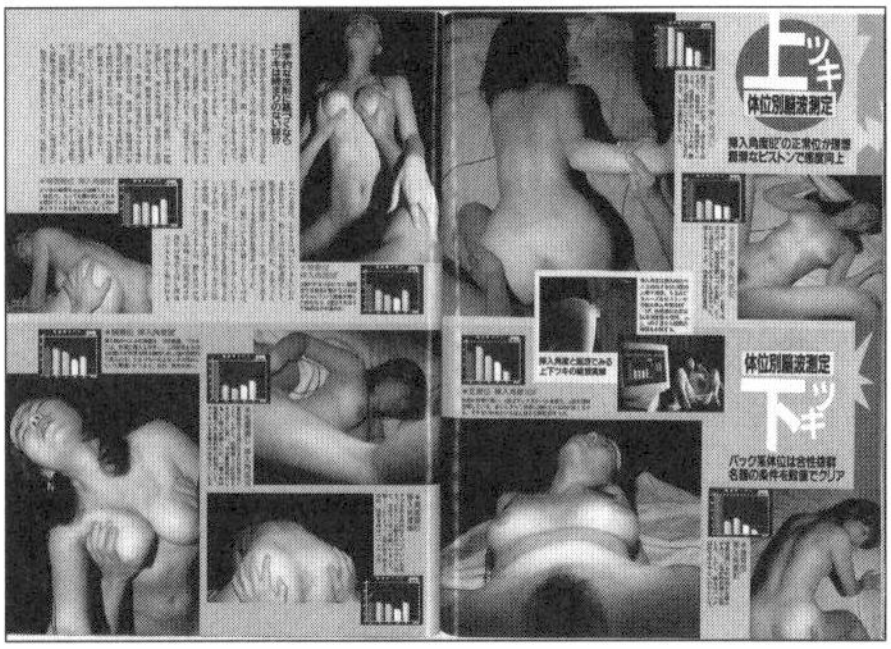

『ザ・ベストマガジンスペシャル』1997年1月号より。「上ツキ、下ツキの体位別感度比較実験」。脳波測定機などのハイテクを用いた実験記事は、『スペシャル』の定番企画。上ツキと下ツキのAV女優を使って実証実験。

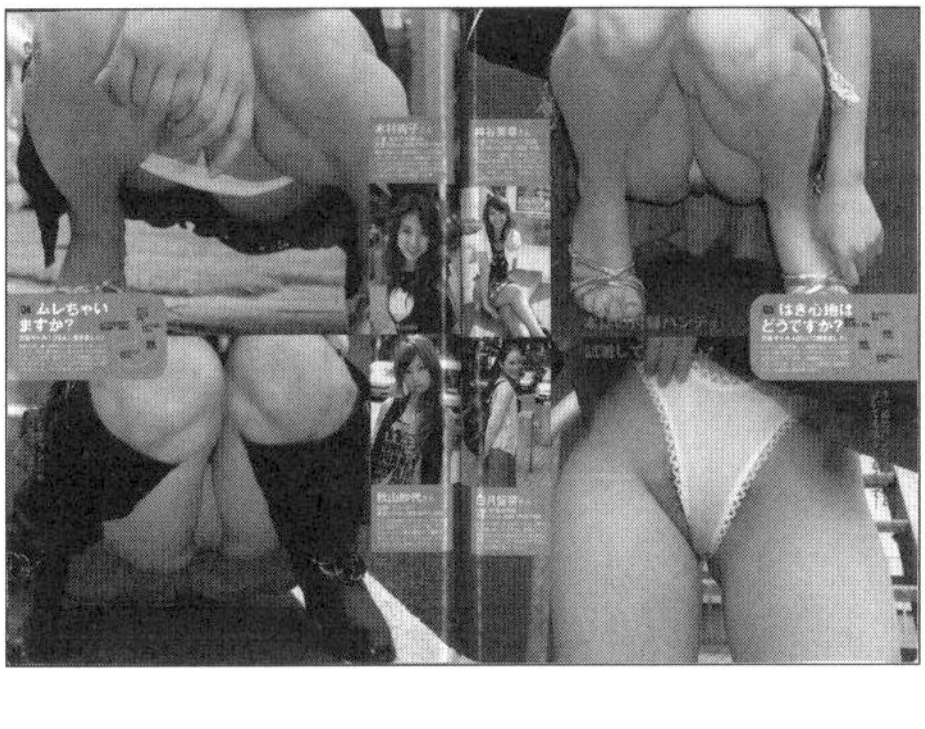

『ザ・ベストマガジンスペシャル』2008年8月号より。渋谷にいた女の子に付録のパンティを履いてもらうという企画。他のページもパンティに関しての企画が目白押し。この路線が成功して、エロ本不況の中でも好調だった。

ペントハウス

話題性重視の誌面で
ライバル誌と差別化

1983年5月号

創刊：1983年
出版社：講談社

1983年に講談社から創刊された『日本版ペントハウス』は、明らかに1975年に集英社から創刊されて大ヒットしていた『日本版プレイボーイ』を意識した雑誌でした。

『ペントハウス』は1965年にイギリスで創刊され、1969年にアメリカでの発行をスタートさせた男性誌です。アメリカでも『プレイボーイ』のライバルと目され、1969年にいち早くグラビアでのヘア解禁を果たしたことでも知られています。こうした過激な路線が支持され、80年代には『プレイボーイ』の売上を抜いたほどで、堂々たるライバル誌といってもいいでしょう。

その『ペントハウス』の日本版、しかも最大手出版社である講談社から発刊されるというのだから、否が応でも期待は高まります。『日本版プレイボーイ』の類似誌は数多く作られていたのですが、本家に遅れること8年、遂に本命の対抗馬が登場したという印象でした。

創刊号（1983年5月号）の表紙は、ボブ・グッチョーネ自身が撮影したペントハウス・オブ・ザ・イヤーのコリーン・アルフェン。豊かなバストを大胆にさらけ出しています。今からは考えられませんが、当時はメジャーな雑誌の表紙でも乳首を堂々と出していたのです。目玉企画は当時話題の中心だった三越の元社長・岡田茂のロングインタビュー。そしてグラビアは女優、岸恵子のセミヌードでした。確かに大物女優ではありますが、当時50歳の岸恵子です。驚きはあるが、なかなか微妙なキャスティングであります。

しかし『日本版ペントハウス』は、その後も意外なキャスティングのグラビアを連発して世間を驚かせました。創刊号で登場した岡田茂の愛人として話題になった「三越の女帝」こと竹久みち、近年では相撲協会議長としてクローズアップされた華道家元の池坊保子、倍賞美津子＆アントニオ猪木夫妻（当時）、作家の山田詠美、千昌夫の妻であったジョーン・シェパード、ロス事件の三浦和義が経営していたフルハムロードの元店長の小野睦子など、ニュースの渦中にある話題の女性を次々に脱がせていったのです（セミヌードも多いのですが）。

中でも強烈なインパクトがあったのは、1983年8月号に登場した榎本三恵子のヌードでした。田中角栄の筆頭秘書の妻であり、ロッキード事件の公判に証人として出廷。記者会見での発言、「ハチのひと刺し」は流行語にもなりました。後にテレビ番組「おれたちひょうきん族」ではハチの着ぐるみで登場したりもしていします。その女性がいきなりヌードグラビアに登場したのです。しかも、その号の表紙からして乳房をあらわにした彼女のヌード。ハワイで加納典明によって撮影されたこのグラビアは、フルヌードの大胆なものであり、今から見ると34歳という年齢以上に成熟した色気をたたえたものでした。グラビアの扉には太陽に向かって両手を広げて立つ彼女のシルエットと共に「これはロッキード証人である私自身への決別メッセージです」との文字が大きく書かれています。この号は即日完売となりました。

このように『ペントハウス』が目指していたのは、「ニュースなヌード」でした。初代編集長の名田屋昭二氏は当時を振り返って、こう語っています。

「モデルや女優さんのきれいなヌードを掲載する点で『日本版プレイボーイ』はノウハウもあり、芸能界での人脈もありました。そこで指向したのが、世間を驚かせるような意外性のあるヌード。（中略）誌面としてのインパクトもあるけれど、ニュースになればテレビや新聞でも取り上げられるわけです。これには何億円もの宣伝価値があった」（『ＦＬＡＳＨ』２０１６年６月28日号）

ライバル視していた『プレイボーイ』と、いかに差別化を図るかが『ペントハウス』の戦略だったのです。

そしてもうひとつ『ペントハウス』ならではの名物企画がありました。袋とじです。実は前述の榎本三恵子のヌードグラビアが『ペントハウス』の袋とじの第一号なのですが、その翌号では「Gスポット女体内特撮成功」なる企画を袋とじにしています。これは当時注目された女性器内の性感帯であるGスポットを、アップで撮影したという記事でした。なんと膣内に医療用のカメラを挿入し、その部分を接写した写真がデカデカと掲載されているのです。もちろんそれは内臓写真ともいえるもので、ピンクの肉壁が一面に写っているだけなのですが、それでもヘアすらご法度の時代に講談社という超大手出版社の雑誌が膣内のクローズアップ写真を掲載するというのは、衝撃的な事件でもあり、大きな話題となりました。

『ペントハウス』は以降、毎月袋とじ企画を連発します。続く11月号では「特撮成功 ドキュメント 処女膜19歳」を放ちます。今度は処女膜です。またも医療用カメラを使って、19歳の女性の処女膜を接写。1ページ大に女性器の内部が超どアップで掲載されたのです。ヒダのような処女膜はもちろん、外陰部、尿道口、膣壁、と押し開いた女性器のピンクの内部が大写しになっており、ご丁寧に同い年の性交経験者の膣内写真も並べて掲載しています。おそらく摘発覚悟で挑戦した企画だと思われますが、特に問題はなかったようです。もちろんこの号も、わずか3日間で完売しました。

『ペントハウス』1983年8月号

榎本三恵子フルヌードグラビアを掲載。「これは若い人へのアジテーションです」と本人の勇ましい文章も掲載。この号には他に「人気アイドルタレントただ今全員便秘中」なる刺激的な記事も。

そして、その翌月の12月号は「迫力撮・クリトリス 刺激前・刺激後」です。女性の最も敏感な器官といわれるクリトリスの「刺激前」(平常時)「刺激時」「刺激後」の様子を接写。実物の8倍という大きさのアップで掲載しています。平常時は4ミリのクリトリスが、刺激を受けると8ミリと2倍の大きさに勃起し、肥大することが見て取れます。ちなみにこのモデルになった女性は21歳で、実際の恋人に協力してもらって撮影したそうです。このシリーズは、後半に全裸の男女モデルがカラミを見せる組み写真も掲載されており、下手なエロ本よりも、よっぽど刺激的でした。

1984年11月号の袋とじは「女体パーツ研究調査1 性器篇」。女性の下半身を型取りして実物大の石膏模型を作るという企画です。色こそは石膏の白ですが、形状ははっきりと再現されています。つまり、女性器の形状が無修正で、そのまま誌面に掲載されているのです。型を取られたのは、ノーパン喫茶のアイドルであるハニー、ポルノ女優の河合憂樹、元祖Dカップモデルの中村京子、さらに家事手伝い、短大生、建築会社OL、美容師といった素人女性を含む7人。誌面にはこの7人の女性器がずらりと並んでいるのです。河合憂樹などは、平常時に加えて、直径32ミリの張形をインサートした時の性器の状況まで型取りされています。シワの一本一本まで克明に再現されたこの石膏模型はかなり生々しく、刺激的でした。しかもこの模型、読者プレゼントまでされていたというから驚きます。今でも日本のどこかに、当選したこの模型を秘蔵している人がいるのでしょうか…。ちなみにこの石膏模型は、後に『ナイスマガジン』(司書房)というエロ本が同様の企画を連載化し、大人気コーナーとなっていました。

その後も『ペントハウス』の暴走は止まりません。１９８６年1月号の「ピン・レリーフが女性器を科学する」は、裏から押し当てると無数のピンが持ち上がり、その形状が浮き出すというピンレリーフというオモチャを股間に押し当てるという企画。一応、それらしい形状は浮き上がるのですが、別にそれを見てもうれしくはありません（笑）。同年12月号では「女性の濡らし方講座」という特集に、濡れると服が透明になるというディゾルボ加工したフォトシートが付録に付きました。一番笑ってしまったのは、１９８７年3月号の付録「アイロンドール」です。AV女優・永井陽子のヌード写真をアイロンプリントで布に転写して、輪郭を切り取って縫い合わせ、中に綿や布をつめると、ぬいぐるみが出来上がるというものですが、実際に作った読者は、果たしていたのでしょうか？

また『ペントハウス』の名物ヌード企画として人気を集めたのが、１９８５年2月号から始まった「一流企業ＯＬヌード」です。第一弾ではヤマハ、日本空港ビル、第一勧銀、コーセー化粧品のＯＬたちが、顔を手で隠しているものの全裸でその肉体を披露してくれています。「来春入社される新入社員の皆様方にも、これぞ本物の入社案内です。入社後、君の隣のデスクに座っているかもしれない美人現役先輩社員が文字通り裸になって教えてくれるヌードリクルート特集ですよ！」というリード文も気が利いています。2カ月かけて50社のＯＬに打診して、ようやく10人ほどにＯＫをもらうものの、撮影当日にすっぽかされるということも多かったようです。しかしその苦労の甲斐もあり、人気企画としてシリーズ化され、数多くの一流企業のＯＬがヌードになりました。ＯＬ以外にも看護婦や保母さんなども登場しています。中にはこの企画を見て、自分から売り込んできたＯＬもいたそうです。最近では、一流企業のＯＬや一流大学の学生がＡＶに出演することも、そう珍しくなくなりましたが、80年代には事件であり、週刊誌などでも大きく報じられていました。

他に印象深い企画としては、１９８４年2月号の「新潟三区ヌードルポルタージュ」もあります。「今太閤」と呼ばれた田中角栄元首相の地元選挙区に、野坂昭如が参院からくら替え立候補して注目を集めていた新潟三区にヌードモデルを連れて行き、あちこちで野外露出的に撮影するという企画。田中角栄の銅像前、選挙事務所前、長岡駅前、実家近くに作られた広大な道路などで脱ぎまくります。地元のおばあちゃんたちとの混浴ショットも強烈です。このように、ライバルである『日本版プレイボーイ』に比べると、かなりキワモノ路線を歩んでいたようにも見える『ペントハウス』ですが、大手出版社ならではの予算をかけた豪華な撮影で、エロ本のような企画をやるという姿勢は、なんとも痛快でした。エロ以外でも、「ユリ・ゲラー日本を占う」（１９８３年1月号）、「田中角栄自殺説」（１９８３年11月号）、「マイケル・ジャクソンは今狂っている」（１９８７年9月号）といった刺激的な記事も目立ちました。

雑誌としての面白さは『プレイボーイ』を凌いでいた部分もあったように思える『ペントハウス』ですが、残念ながら１９８８年12月号で休刊を迎えることとなります。5年という歴史は雑誌として成功したとは言い難いでしょう、ライバルの『日本版プレイボーイ』は33年続いたのですから。最終号ではこれまでの総集編ヌードと並んで、「マンハッタン美人ＯＬ大胆ヌード」として有名百貨店や生命保険会社、銀行のアメリカ人ＯＬたちのヌードが掲載されています。日本のＯＬとは違って、全員顔出しになっていたのは、異国の雑誌だからバレないだろうという安心感からなのでしょうか。何しろインターネットのない時代ですから。

その後、１９９５年にはぶんか社から『ペントハウスジャパン』が創刊されます。米『ペントハウス』と提携しているものの、講談社版とは関係ありません。この『ペントハウスジャパン』も創刊当初はゴージャスな大人向け雑誌を指向していたものの、売上が振るわず、どんどん普通のエロ本化していきました。２００４年には米『ペントハウス』との契約を解消し、『ペントジャパン』に改名。２００６年に休刊した時は、熟女路線のエロ本となっていたのです。

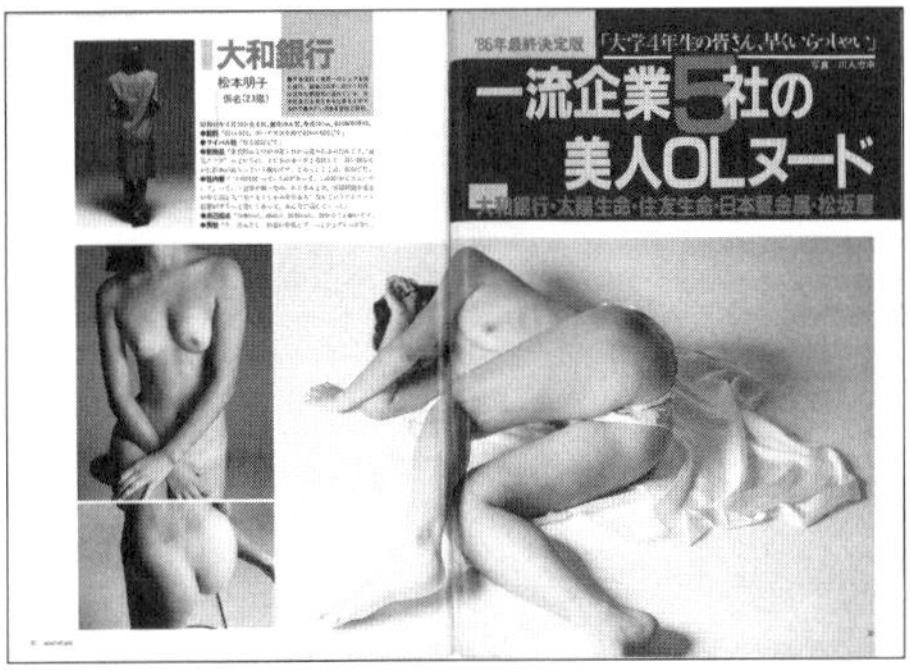

1986年12月号より。人気企画だった「一流企業５社の美人ＯＬヌード」。この号では、大和銀行、太陽生命、住友生命、日本軽金属、松坂屋のＯＬが顔を隠しながらも大胆なヌードを披露した。社風や新商品についても語り、信憑性を高めている。

ベッピン／ビージーン

印刷にもこだわった美麗グラビアで人気に

1993年5月号

創刊：1984年
出版社：英知出版

1983年に発売された『ミス本番・裕美子19歳』は、日本のAV史においてエポックメイキングな存在となった作品です。田所裕美子という無名の少女が主演したこの作品は、当時としては異例の2万本の大ヒットを記録しました。ごく初期のAVでは愛染恭子を始めとする成人映画女優の出演作が人気を集めていたのですが、田所裕美子の素人っぽい清楚さは衝撃的だったのです。

『ミス本番・裕美子19歳』を発売したのは、宇宙企画というメーカーでした。宇宙企画の前身は、ビニ本などを制作していたハミング社。70年代末から盛り上がっていたビニ本のブームにも陰りが見え始めた80年代初頭、多くのビニ本制作者たちは、AVという新天地へと移転を始めていたのです。

『ミス本番・裕美子19歳』のヒットは、AV業界に「本番美少女ブーム」を巻き起こします。素人っぽい可愛い女の子が「本番」を見せる、AVのトレンドはそうした路線へと移行していたのです。と、いっても実際は、本番は疑似という作品が多かったのですが…。

「本番美少女ブーム」の先端を走っていたのが宇宙企画でした。宇宙企画は、1982年に出版部門として英知出版を設立していました（正確には、それ以前からあった出版社を買い取っています）。当初は写真集などを出版していたのですが、1984年の春に、最初の雑誌である『ビデオボーイ』を創刊。1982年に『ビデオプレス』（大亜出版）、1983年に『ビデオ・ザ・ワールド』（白夜書房）、そして1984年初頭に『ビデパル』（フロム出版）とAV専門誌は既に数多く創刊されていましたが、『ビデオボーイ』は、美少女グラビアに力を入れた誌面で先行誌と差別化を図っていました。創刊号から、なんと10万部を発行。そして、さらに売上を伸ばしていきました。

その3カ月後に創刊されたのが『ベッピン』です。『ベッピン』は、創刊号では武田久美子や松本伊代、原田知世、可愛かずみ、辻沢杏子などのアイドルが数多く登場し、ヌードはほとんどありません。号を重ねるうちにヌードやAV女優のグラビアの比率は高くなっていくのですが、当初は芸能系のグラビア誌を狙っていたのではないでしょうか。創刊号の時点で、そのグラビアのクオリティの高さは、既存のエロ本の中で群を抜いていました。グラビアの印刷には徹底的にこだわり、少しでも色味が違うと、印刷機を止めさせたという逸話まであります。

宇宙企画は１９８６年に、高田馬場のファッションヘルスに勤務していたクォーターの美少女、早川愛美を専属女優としてデビューさせます。既に超人気風俗嬢としてテレビなどにも出演していた早川愛美ですが、宇宙企画はデビューにあたって、彼女をまっさらの素人として売り出しました（なぜか風俗での源氏名のまま）。翌年には、秋元ともみ、麻生澪も専属女優としてデビュー。過激なプレイを売りにするＡＶも増えてきていましたが、宇宙企画は時代に逆行するかのように、ソフト路線を独走していました。セックスシーンはごくわずか（しかも、あきらかに擬似本番）、中には全くカラミシーンすらないというＡＶとは思えない作品まで作っていました。しかし、それでも宇宙企画のＡＶは売れまくっていたのです。

可愛い女の子であれば、ハードなことをしなくても売れる。ＡＶ女優がアイドルのように扱われ始めたこの時代、宇宙企画のコンセプトは見事に受け入れられていたのです。そして「宇宙少女」と呼ばれた宇宙企画出演女優たちの人気を支えたのが、英知出版の雑誌でした。

英知出版の雑誌は、宇宙少女たちを大々的に取り上げていくのです。まず、『ベッピン』でヌードグラビアを公開し、人気を高めてから満を持して宇宙企画でＡＶデビューという手法も取られました。つまり、メディアミックスです。

宇宙少女たちは、活動期間に比べてＡＶの出演本数が極めて少ないのが特徴です。早川愛美は５年間の活動の中で単独ＡＶ出演作は５本。１９８７年のデビュー作『ぼくの太陽』が、ＡＶで初めてオリコンチャートにランクインしたと話題になったかわいさとみに至っては、カラミのあるAVは、そのデビュー作1本だけなのです。

その代わりに、カラミのないイメージビデオやオムニバス形式のマガジンビデオはたくさんリリースされています。英知出版からも『ビデオマガジン ベッピン』などのマガジンビデオは数多く作られました。宇宙少女たちは、AV女優といっても、その主戦場はグラビアやイメージビデオだったのです。

宇宙企画・英知出版のイメージ戦略は徹底していました。宇宙少女たちはAVにも出るし、ヌードにもなるけれど、清楚な少女である。そんなある意味で矛盾したイメージを打ち出していたのです。インタビューなどでも、シモネタはほとんどなく、まるでアイドルのような会話ばかりでした。そう、宇宙少女はAV女優ではなく、アイドルを目指していたのです。宇宙少女たちによるライブイベント、「宇宙少女レビュー」なども開かれ、アイドル路線は順調に見えました。

しかし、90年代を迎える頃、時代の空気は変わっていきます。ルックスが良いのにハードな本番を見せる樹まり子や桜樹ルイのようなAVアイドルが現れ、もはや「可愛い」だけでは勝負できない時代がやって来たのです。そして1994年、英知出版に大きな事件が襲いかかります。『ベッピ

『秋元ともみ写真集 青空に星いっぱい』（1987年／英知出版）

英知出版＝宇宙企画イズムを体現したようなモデル、秋元ともみの写真集。数少ないAV出演作は、ほとんどカラミのない極めてソフトな内容だったが、それでも大ヒットした。『オールナイトフジ』などのテレビ番組にも出演。

ン』12月1日号がわいせつ図画販売の容疑で摘発されたのです。90年代初頭、ヘア表現が実質解禁され、写真集や雑誌にはヘアヌードがあふれていました。その最中での摘発でした。どうやら陰毛に手や口が触れている企画ページが問題となったようです。ヘアを写すのはいいが、触れたらNG。それが当時の基準ということでした。この事件を受けて、『ベッピン』は休刊を余儀なくされます。24万部を誇る雑誌が姿を消すこととなったのです。

しかし、そのわずか2カ月後に英知出版から新しい雑誌が創刊されます。誌名は『ビージーンズ』。誌名ロゴも表紙デザインも、そして連載も『ベッピン』そのまま。つまり、誌名を変えただけの再創刊でした。誌名が変わったことすら気づかずに買っていた読者もいたかもしれません。誌名の『ビージーンズ』は、美人＝べっぴんの意味があったのでしょう。やがて誌名からSが取れて『ビージーン』となります（一時期は『ビジン』と読ませていました）。

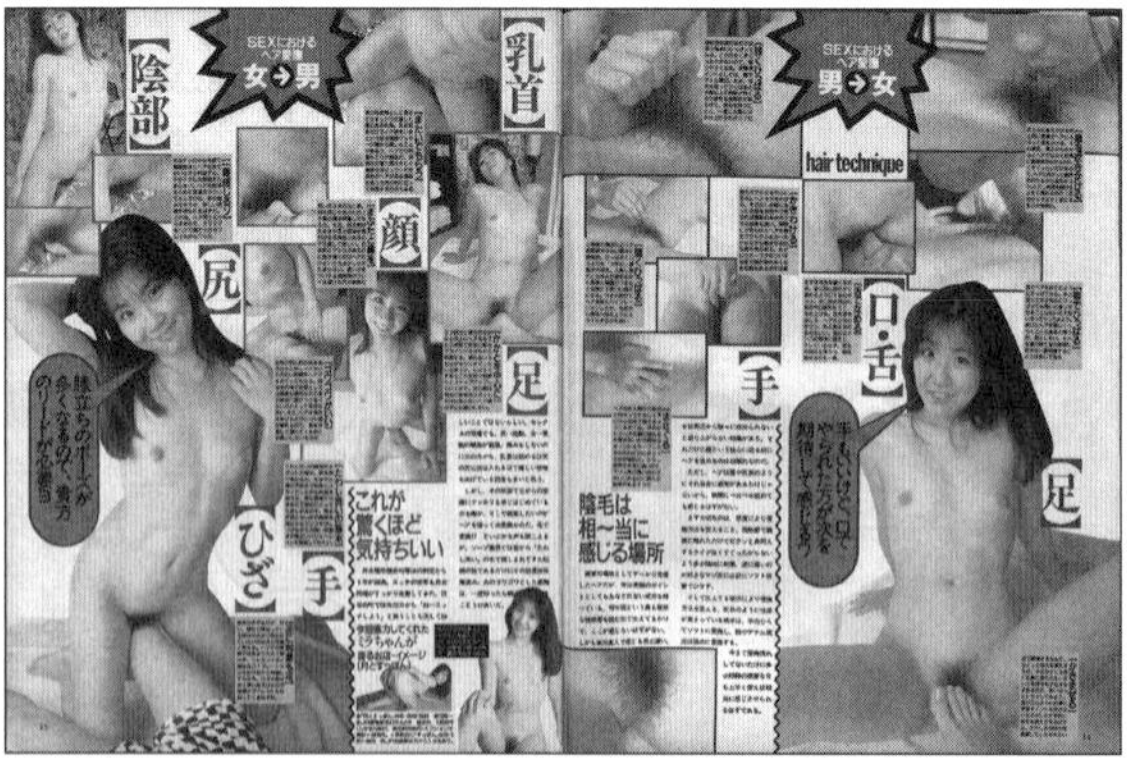

『ベッピン』1994年12月1日号より。「決定版！ヘア愛撫テクニック集」の陰毛に指や口などが触れている写真が「わいせつ」とされて摘発された。ヘアヌード全盛の時代だったが、その「わいせつ」の境界線はまだ揺れていたのだ。

創刊号の表紙に書かれていた「ヘアばかりの男性誌にはもう飽きた」のキャッチコピーは、再創刊の経緯を考えると複雑な気持ちにさせられますね。

『ビージーン』は初脱ぎグラビアを目玉としたグラビアヌード雑誌としてその後も善戦し、２００５年には（『ビージーン』として）創刊10周年を迎えます。

しかし、版元である英知出版の経営は苦しいものになっていました。『ベッピン』摘発の2年後の１９９６年に10億円の脱税の疑いで、５億６千万円の追徴課税を支払うことになったのです。さらに出版不況の波が押し寄せました。ついに２００１年、オーナーである山崎紀雄は英知出版を売却することになります。その後、英知出版は転売され続けたあげく、２００７年に倒産します。しかしその前年の２００６年、英知出版は男性向け雑誌発行部門をＤＭＭグループのジーオーティーに譲渡していました。『ビージーン』は、英知出版からジーオーティーに移りながらも発行は続いたのです。

そして２０１１年、それまで７９０円だった価格を２９０円へと大幅な値下げを敢行。しかもＤＶＤ付きでこの値段でした。ジーオーティーは当時発行しているエロ本を軒並み大幅値下げさせたのですが、この戦略がエロ本業界崩壊の一因となったといわれ

『ビージーンズ』
１９９５年２月15日号

『ベッピン』摘発による休刊を受けて、リニューアル再創刊。とはいえ、『ベッピン』と内容的にはほとんど変化はない。ただこの号の表紙で一番大きく表記されているのが、ボクサーの薬師寺保栄というのがちょっと面白い。

ています。次々と老舗エロ雑誌が息絶えていく中、『ビージーン』は健闘を続けたものの、2014年についにその歴史に幕を下ろすこととなります。『ベッピン』時代を含めれば30年、『ビージーン』となってからだけでも19年という、かなり息の長い雑誌でした。

ちなみに英知出版と共に時代を作った宇宙企画も、2002年に売却され、こちらも転売され続けた後に、大手AVメーカーのケイ・エム・プロデュースに落ち着きましたが、現在は同社のレーベル名として、その名が残っています。

10年代に入ると多くのエロ雑誌が撮り下ろしを止め、AVメーカーから提供された動画と写真に頼り切った作りとなっていった中、『ビージーン』は美しい撮り下ろしヌードグラビアと、連載コラムなどの読み物の豊富な一色ページという、80年代に確立された典型的なエロ本の構成は変わることなく休刊まで続けました。最後までエロ本らしいエロ本というスタイルを貫いたのです。

そのため、2014年の『ビージーン』休刊をもって「エロ本の終焉」としてもいいのかもしれません。いみじくも『ビージーン』休刊号の表紙には「さよならエロ本…」というキャッチコピーが大きく書かれていました。

『ビージーン』2014年10月号

版元をジーオーティーに移してから8年後に休刊。この号では筆者も参加した「サラバ、愛しきエロ本たちよ」という座談会を掲載。エロ本時代の終焉を踏まえて、その歴史を振り返っている。全251号の表紙一覧もあり。

『ベッピン』1984年2月号（創刊号）より。武田久美子のグラビア。創刊号はアイドルのグラビアや記事が多く、ヌードなどのエロ本要素は少なかった。創刊記念イベントが『タモリ倶楽部』とのコラボだったとの記事も。

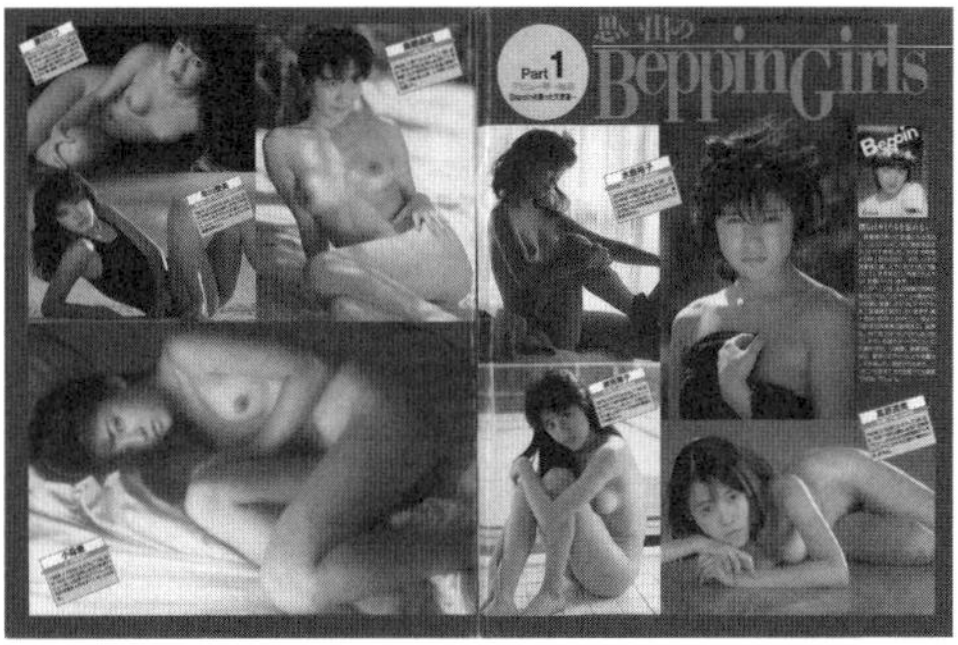

『ベッピン』1994年2月号より。創刊10周年特集でグラビアを飾った歴代モデルを紹介。タレントの水島裕子のヌードデビューは『ベッピン』だったそうだ。もちろん早川愛美、小森愛などの宇宙少女たちも登場している。

『ビージーン』2013年２月号より。掟ポルシェの連載など、１色ページには細かいコラムや記事が詰まっているという、エロ雑誌の黄金フォーマットを最後まで守っていたというのは、2010年代以降に休刊した雑誌では珍しかった。

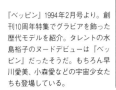

ボディプレス

エロ業界の〝リアル〟を語る異色のエロ雑誌

1985年10月号

創刊：1984年
出版社：白夜書房

一般的にはあまり知られていないものの、一部で語り継がれるという雑誌があります。エロ本にもそうした雑誌は多いのですが、『ボディプレス』もその一つでしょう。『ボディプレス』は1984年末に白夜書房から創刊され、1987年に休刊した雑誌です。

創刊号の表紙には、「最新版ビニ本、ウラ本、裏ビデオ、海外ハードビデオ総点検!」「九州モノ裏ビデオを見る!」「創刊記念特大プレゼント 新作ビニ本72冊大放出!」といった文字が踊っています。この頃、ビニ本や裏本、裏ビデオなどの情報誌として『オレンジ通信』(東京三世社)や『アップル通信』(三和出版)が人気があったため、その路線を狙っていることが分かります。裏表紙には「来月号だって、りんごやみかんより美味いっ!!」という2誌を意識したキャッチコピーが書かれています。

『ボディプレス』の初代編集長は、後にライター、AV監督、作家として活躍する東良美季でした。彼がエロ本編集者時代を語った「縁は異なもの。ミスター・Oを待ちわびながら」(『エロ本黄金時代』河出書房新社)というテキストの中で『ボディプレス』が、『オレンジ通信』に対抗するアンダーグラウンド情報誌として、白夜書房の伝説的編集者・中沢慎一が企画したということが記されています。ちなみに誌名の『ボディプレス』は「(女の)肉体を出版する」という意味とプロレスの技を組み合わせたもので、中沢の命名です。その編集長として東良が任命された時、彼はまだ25歳でした。

しかし『ボディプレス』は、『オレンジ通信』や『アップル通信』とはずいぶん手触りの違う雑誌でした。そして、それはエスカレートしていき、結果的に日本のエロ本史の中でも他に類を見ない特異な雑誌へと変貌していったのです。

実は筆者は、『ボディプレス』の創刊号(1984年12月号)をリアルタイムで購入しています。まだ高校生でした。たまたま書店で手に取ってパラパラめくってみると、ヌードグラビアの局部の消しがやたら際どかったのです。青い四角形の消しが入っているのですが、それが極小で、さらにうっすらと透けている…。これはすごいと興奮しました。購入したのは、それが理由でした。しかし、読んでみるとグラビア以外の記事がやたらと面白いのです。ビニ本や自販機本の編集者の回想録や巨乳モデル中村京子のエッセイ、ビニ本コレクター斉藤修の「オカズ」遍歴、そして何よりも、人気モデルの橋本杏子のロングインタビューが印象的でした。

それまでのヌードモデルやピンク女優、風俗嬢などのインタビューは、読者が喜びそうなエロい発言ばかりを集めたようなものばかりでしたが、この「モデルの肖像」と題されたインタビューは、橋本杏子を一人の19歳の女の子として扱ったものでした。インタビュアーである東良と橋本杏子がタメ口で会話を交わす友達のような関係性であることや、極めて叙情的な文体で綴られていることが新鮮だったのです。

『ボディプレス』は、エロ業界の内側の人間にスポットライトを当てたエロ雑誌でした。エロ業界といえばヤクザ、もしくはサングラスをかけたうさんくさい人たちという印象だったのが、この『ボディプレス』を読むと、自分とそう変わらない年齢の20代の若者たちがエロ本を作っているのだということが伝わってきました。それは単にエロ本好きだった高校生にとって、大きな衝撃だったのです。以降、筆者は『ボディプレス』を愛読することとなります。そして『ボディプレス』によって、エロ業界に憧れを持ち、数年後には実際にこの業界へと足を踏み入れることとなるのでした。

基本的にはビニ本、裏本、裏ビデオの紹介を中心にしていた『ボディプレス』ですが、１９８５年に入ると、その柱の一つであるビニ本が失速し始めます。再編集、あるいは表紙とタイトルを変えただけで内容は同じという再生本ばかりになっていたのです。１９８５年5月号では「わしらもマジメに考えた！　ビニ本を生きかえさせられるための20の方法」という特集を組んでいます。「毛剃りに走るな 見え隠れするヘアもエロなのだ」（ハニー白熊）、「オメコの限界を無視することこそ異物挿入の真髄だ」（ラッシャーみよし）、「美しい女のアナルをいたぶるのが最高」（中野D児）など、ライターたちがビニ本再生のポイントをあげていきます。特集の中には「業界人観察地図in新宿」という企画があり、当時のエロ業界人が待ち合わせ場所に使った店などが紹介されているのですが、もはやほとんど現存していないのが、時代の流れを感じさせますね。

1985年8月号では、当時のエロ本ライターのあり方を変えた伝説的なライターであり、『ボディプレス』にはスーパーバイザー的に関わっていた奥出哲雄を大々的にフィーチャーした「奥出哲雄と作るボディプレス」なる特集を決行。ライターの名前をここまで全面に出すエロ本というのもずいぶん挑戦的です。この号ではこれまであった普通のヌードグラビアも撤廃し、井上一真＋奥出哲雄名義の大量のヌード写真と非ヌードのスナップ写真を組み合わせた前衛的な写真群が巻頭を飾りました。さらに、奥出哲雄ロングインタビューや奥出哲雄が影響を受けた裏ビデオのレビュー、他誌のエロ本を評論する座談会など、奥出哲雄の視

1985年8月号より。特集「奥出哲雄と作るボディプレス」の巻頭は、6ページにわたる奥出哲雄ロングインタビュー「先生、大いに語る。」。1人のライターをここまで大々的にフィーチャーするエロ本は前代未聞だ。

点でアダルトメディアを分析していく内容となっています。奥出哲雄以外のライターも、それぞれキャラクターを押し出し、時にはモデル以上の扱いを受けていました。これは当時のエロ本の特色なのですが、その中でも『ボディプレス』は突出していました。そこではライターも、またスターだったのです。

『ボディプレス』の特色として、デザインの秀逸さもあげられます。とにかくポップなのです。パステルカラーを多用し、空間を活かした誌面デザイン。そしてファッション雑誌かロック雑誌かと思わせる斬新なデザインの表紙。大手出版社の編集部でも『ボディプレス』のデザインを参考にしていたと、後に関係者から聞いたことがあるほどです。アートディレクターとして三谷雅史がクレジットされていますが、実際にはデザイナー、カメラマンとしても活動した東良の意向もかなり反映されていたと思われます。そのビジュアル志向は当時のエロ本の枠を完全に超えていました。

1986年10月号の特集「写真機たちの逆襲」は、そうした志向が極限まで打ち出された例だといえるでしょう。特集の巻頭こそ江崎哲郎による当時の人気モデル渡瀬ミクの写真（ただしワンピースを着ている）ですが、次のページは木下裕史による女性の顔のアップ、そして山の中のホテルの無人のベランダ、海外の街角、髭面の大男が革ジャンの前を開いて胸毛が密集した上半身を見せつけている写真。ここまで女性のヌードは一切無し。初めて出てきた裸が、男性の毛むくじゃらの胸なのです。その後も着衣の女性や景色の写真が続き、やっと出てきたヌードは井上一真による、女性がホテルのベッドで後ろ向きになって尻を見せている写真で、これも顔は写っていません。さらに平地勲による薬師丸ひろ子、風吹ジュン、秋吉久美子、山口百恵のスナップが続いたかと思えば、いきなりソラ豆太郎によるSM写真が登場。エロも風景も芸能人もごちゃごちゃになったカオスのような写真特集です。これが写真雑誌やアート雑誌なら分かりますが、『ボディプレス』はれっきとしたエロ本です。この時、東良編集長はどうしてもこの特集をやりたかったのでしょう。

とはいえ、こうした路線が〝エロ本〟を求めていた読者に受け入れられるのは難しかったようです。次号の11月号を最後に『ボディプレス』は編集長が交代になります。それが決まっていたからこその思い切った「写真機たちの逆襲」特集だったのかもしれませんね。二代目編集長となったのは、ライター、編集者、ビニ本の男性モデル、AV監督として業界の有名人であっ

『ボディプレス』1986年10月号

東良美季編集長時代を象徴する「写真機たちの逆襲」特集号。

『ボディプレス』1987年4月号

中野D児編集長時代は、グッとカラフルでフェティシュな誌面に。

た中野D児でした。東良時代のどこかセンチメンタルなムードは消え、代わりにフェティッシュでポップなテイストが前面に押し出されます。

しかし、カメラマンやAV監督、ライターなどの業界人座談会やモデル座談会を中心とした特集「楽しいエロ稼業」（1987年2月号）のようなエロ業界の内側にフォーカスを当てる編集方針や、自分へのインタビューなどやたらと編集長が主張するカラーは継続されたともいえます。「業界少女ロンリーハーツクラブバンド」「フランキー・ゴーズ・トゥ・ベストワン」「87年 性と文化の革命」「女は世界の奴隷か?」など、ロックの名曲をもじった特集タイトルやキャッチコピーも共通しています。しかし残念ながら中野D児編集長の『ボディプレス』も、ちょうど1年で終了となります。中野D児とも縁の深い菊池エリが表紙を飾った（中野体制第一号も彼女が表紙だった）、1987年12月号がその最終号でした。表紙に書かれたキャッチコピーは「君のお口に白い花、アバヨ」。

同誌は新編集長によって継続するような告知もありましたが、結局その後は発刊されることはなく、約3年間の歴史に幕を下ろしました。

東良時代、中野時代を通して『ボディプレス』は今どの号を読み返しても、その洗練されたデザインと熱気あふれる誌面は読み応えがあります。エロ業界という特殊な世界の中にも青春があったのだなと、思いを馳せたくなるのです。

1985年6月号より。「モデルの肖像」森下優子編。「僕も少しづつ大人になる。でもいつまでも『イージーライダー』に憧れていたいと思います」…。そんな文章でまとめるヌードモデルのインタビューは衝撃的だった。

1985年7月号より。南ももこ、中村京子などのモデルたちの自宅で撮影。業界少女（本誌ではモデルたちをこう呼んだ）たちを一人の女の子としてとらえる視線が、東良時代の『ボディプレス』の最大の魅力であった。

1987年3月号より。中野D児時代の名物企画が「業界モデル座談会」。モデルたちの飾りのない発言が新鮮だった。フェラチオがテーマのこの回でも、「私、フェラチオ好きじゃないから」と正直に告白してしまうモデルもいた。

デラべっぴん

黄金時代を牽引したエロ雑誌の基本形

1985年12月号

創刊：1985年
出版社：英知出版

80年代から90年代にかけての日本のエロ本業界を白夜書房と共に牽引していた英知出版で、最も売れた雑誌、それが『デラべっぴん』です。美麗なグラビア、凝った企画グラビア、そして記事が充実したモノクロページという典型的なエロ本のフォーマットを定着させた雑誌の一つと言っていいでしょう。1984年に創刊された『ベッピン』の姉妹誌として1985年に誕生。実はその前身として4カ月前に『大べっぴん』という雑誌が創刊されていたのですが、発禁処分となりわずか2号で休刊してしまったため、仕切り直しで新創刊されたという事情がありました。創刊号の表紙は当時大人気だった人気モデルの梶原真理子。ロマンポルノで活躍した青木琴美、宇宙企画の看板娘・早川愛美、CMなどでも人気のタレント、小野リエなどがグラビアに登場しています。

奇妙な語感の誌名はデラックス＋ベッピンの意味。当時『少年マガジン』の別冊で『デラックス・マガジン』というグラビア誌があったため、それにあやかったとのことです。また、「とても」を意味する名古屋弁の「でら」にもダブルミーニングさせているのかもしれません。

ちなみに漫画『実験人形ダミー・オスカー』（小池一夫、叶精作）に主人公が「デラックスなべっぴンじゃアねえか。デラべっぴン!!」と叫ぶシーンがあり、これが語源という説もまことしやかに囁かれていましたが、「ダミー・オスカー」の該当回が描かれたのは1989年なので、『デラべっぴん』創刊の方が先です。とはいえデラックスといいながら、実際には『ベッピン』などの雑誌で撮り下ろしたグラビアの未使用素材を流用して1冊作ってしまおうというコンセプトだったとか。実際に創刊号からしばらくは、表紙や一部の企画ページ以外の写真は新規に撮り下ろしはせずに、流用素材のみで構成されていたそうです。

といっても『デラべっぴん』が安易に作られたわけではなく、その分企画グラビアに力を入れていました。創刊号では、5千人分の日本人女性のデータが入力されたという「ニャンコピューター」による女性器CG再現企画が目を引きます。これはわざわ

『大べっぴん』1985年8月号

短命だった『大べっぴん』創刊号。内容的には、ほぼ同じ。誌名ロゴの上の「GAL'S PERFORMANCE MAGAZINE FOR MEN」というキャッチフレーズは、その後『デラべっぴん』にも引き継がれた。

ざレントゲン技師を呼んで、ＭＲＩ機材を使用して撮影したそうです。またランジェリー特集では、編集長と社長が東京中の下着屋を回って５００万円分揃えたという成果が現れています。それまでのエロ本では、下着にまで気を使うという発想はなかったのです。こうしたこだわりが『デラべっぴん』の完成度を高めていたのでした。

そして『デラべっぴん』の伝説的な企画として語られている「オナマイド」が、１９８９年12月号からスタートします。「オナマイド」は、ヌードのＡＶ女優の写真を切り抜いて組み立てられるという工作企画。完成するとオナニー動作をさせることも可能です。それ以前にも、同様に可動する人形を組み立てられる「ポップアップドール」という工作企画があり、その発展型といえるでしょう。実際に切り抜いて組み立てた読者がどれくらいいたのかは不明ですが、ＡＶ女優が手足別のパーツに分解されて、組立前のプラモデルのように並べられているのは、シュールで誌面を見ているだけで楽しかったですね。「オナマイド」は人気企画となり、その後10年間も連載が続き、４冊の総集編別冊も発売されました。

「オナマイド」と並んで人気だったのが、「フォト激画」。ＡＶ女優と男性モデルのカラミを分解写真で構成したストーリー仕立てのグラビアなのですが、その写真が実に細かく組み合わされ、合成されているのが圧巻でした。もちろん挿入などはありませんが、それでも抱き合ったり触ったりと男女のカラミポーズが生々しく、興奮を掻き立ててくれます。この男性モデルのほとんどが編集者だと知った時には、嫉妬した読者も多かったでしょう。

電車の中や教室、アイスホッケー場など様々な舞台セットを、社内の専務室などに一週間かけて手作りで組み上げたりもしていました。編集長自らセットの設計を手掛け、その細部へのこだわりは尋常なものではなかったようです。このように企画グラビアに定評のあった『デラべっぴん』ですが、未使用素材の流用だった当初のグラビアにしても、そのセレクトには細心を払いクオリティは高いものでしたし、印刷の色合いも徹底的にチェックし、何度も印刷所と交渉したそうです。

号が進むにつれ、次第に撮り下ろしも増え、グラビアの評価も高まっていきます。1990年からは篠山紀信門下のカメラマン小沢忠恭が「風写真帳」のシリーズタイトルで巻頭ヌードグラビアを撮り下ろすようになり、そのアート性の高い叙情的な写真は『デラべっぴん』の新しい顔となっていきました。

モノクロの記事ページは、グラビアや企画グラビアの完成度に比べると、AV女優のインタビューやセックスのハウツーといったエロ雑誌の定番記事ばかりという印象でしたが、90年代半ばからは充実し始めます。中でもよく知られているのが、1996年8月号の「エヴァンゲリオン」特集。その後、現在に至るまでブーム

1992年3月号より。小沢忠恭撮影によるあいだもも。「風写真帳」というタイトルのこのシリーズグラビアは、90年代の『デラべっぴん』の顔だった。表紙には「小沢VSもも、迫力満点の感激ショット」というキャッチが。

を巻き起こしたアニメ『新世紀エヴァンゲリオン』ですが、この時点でアニメ専門誌以外で特集を組んだのは『デラべっぴん』が最初でした。しかも、14ページという大特集なのです。その内容も監修が岡田斗司夫で、企画が「アニメ史における位置づけ」「3大アニメ誌での扱い比較」「元ネタ研究」など、かなりディープなもの。驚くのは、宮崎駿、富野由悠季、押井守の各監督にコメントを求めていることです。もっとも「見たことがありません」(宮崎)、「コメントはひかえさせていただきたい」(富野)、「2本くらいしか見てないんで、コメントしようがありません」(押井)と、3人共がけんもほろろなコメントというのも、さすがですね。

さらに、さかもと未明や町野変丸などによるコラム集ページ「かわうそ」もスタートし、モノクロページも盛り上がっていきます。ちなみにこの「かわうそ」、実は筆者も「安田理央のブクロ系」という風俗コラムで参加していました。エロ本のコラムが面白かった時代です。90年代半ばは、エロ本が最も売れた時期でもあり、『デラべっぴ

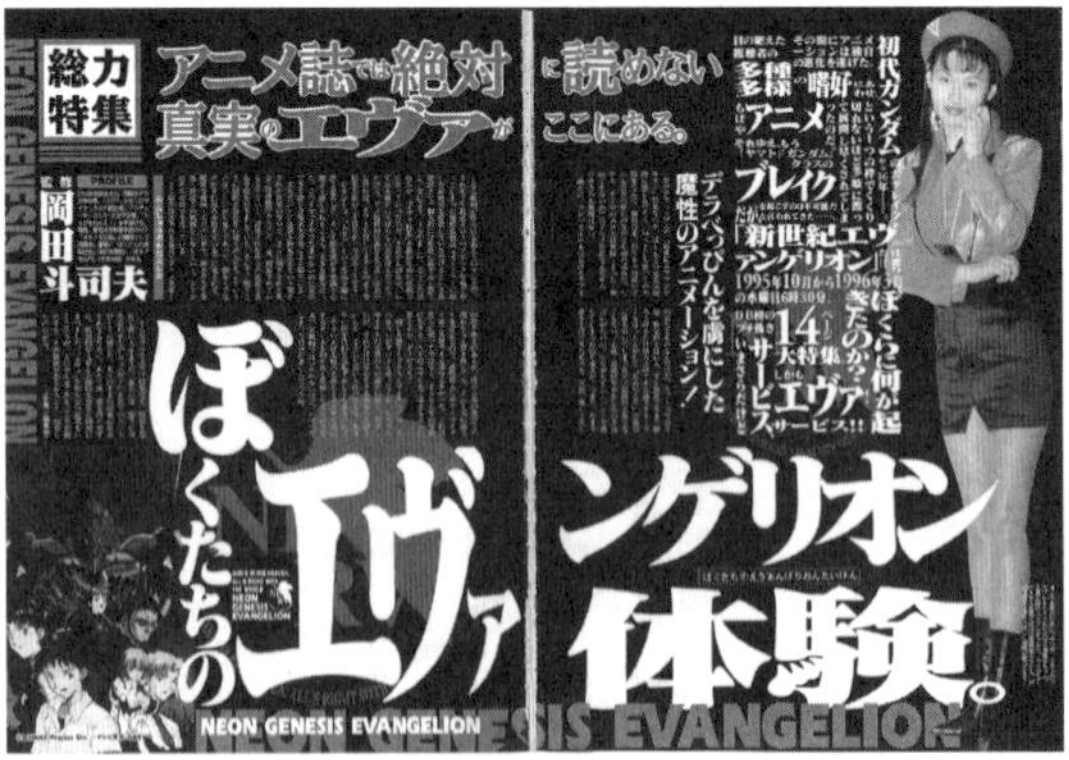

1996年8月号より。テレビアニメ『新世紀エヴァンゲリオン』(1995年10月～1996年3月)の14ページにわたる大特集。アニメ専門誌にも負けない、マニアックな掘り下げが話題となった。まだ一般誌ではあまり取り上げられていない時期だ。

ん』も実売35万部という黄金期を迎えます。

しかし00年代に入ると、他のエロ本同様にその勢いが衰えてしまいました。売り上げが落ち込みを見せると対策として、丁寧に作り込まれた美少女のヌードグラビアから、素人（風）モデルの過激な企画グラビアへとメインコンテンツが移っていきます。「次世代アイドル発掘プロジェクト」と名打った、「スカ魂」という素人スカウト連載もスタート。当時はAVアイドルの美しいヌードよりも、素人の生々しさが受けたのです。２００１年８月号になると表紙にデカデカと「かなり恥ずかしい！　かなりエッチ!!　シロート娘のグチョグチョＤｅｅｐＫｉｓｓ＋α」などと、露骨なキャッチコピーが踊るようになります。この時期は、英知出版の兄弟会社であるAVメーカー宇宙企画も、従来の美少女路線に行き詰まりを見せていました。宇宙企画とのタイアップで成功を収めていた英知出版にとっても、時代の変化に対応しなければならなかったのです。

２００１年11月号からは、それまでの平綴じから中綴じへとリニューアル。写真もより過激に露骨な路線へと移行していきます。

そして２００３年11月号、『デラべっぴん』は、表紙のタイトルの部分に巨大な「裏」という文字を表記するようになります。パッと見では「裏デラべっぴん」という誌名に変更されたかのようです。「デラべっぴん」の文字はかなり小さくなり、もはやその誌名はセールスポイントにならないということを自覚したかのようでした。

内容もまた完全に「裏」路線にシフト。「催眠スワップパーティで若妻が発情オンナへと」「11人に輪姦される20歳の清楚系娘！」といったルポスタイルの企画グラビアのみとなり、撮り下ろしのヌードグラビアは姿を消していました。もはや、そこにはかつての『デラべっぴん』の面影は、何一つ残っていません。

この頃、筆者は風俗ルポを連載していたのですが、当時の編集長が「読者の高齢化が止まらなかったんだけど、裏モノ路線にしてから、少し読者が若返った」と話していたことを覚えています。エロ本を読むのは、中年以上。インターネットが普及した00年代は、もうそういった時代だったのです。『デラべっぴん』はそんな時代の中でも抗おうとしていたのですが、やはり力尽き2005年2月号で休刊となります。19年の歴史に幕が下りたのです。

その翌年、2006年に英知出版はエロ雑誌をすべてジーオーティーへ譲渡。『ビージーン』など一部の雑誌はジーオーティーで発行を続けました。ちなみに版権を譲り受けたジーオーティーでは、アダルトニュースサイトとして『デラべっぴんR』を運営中。伝説のエロ本の誌名は、今も受け継がれているのです。

創刊19年、通巻231号にして、ついに歴史に幕を下ろすことになった休刊号。全盛期のイメージからは想像もつかないような猥雑な表紙に…。「デラべっぴん」の誌名ロゴより「裏」の文字の方が大きいのが、往年の読者には寂しい限り。

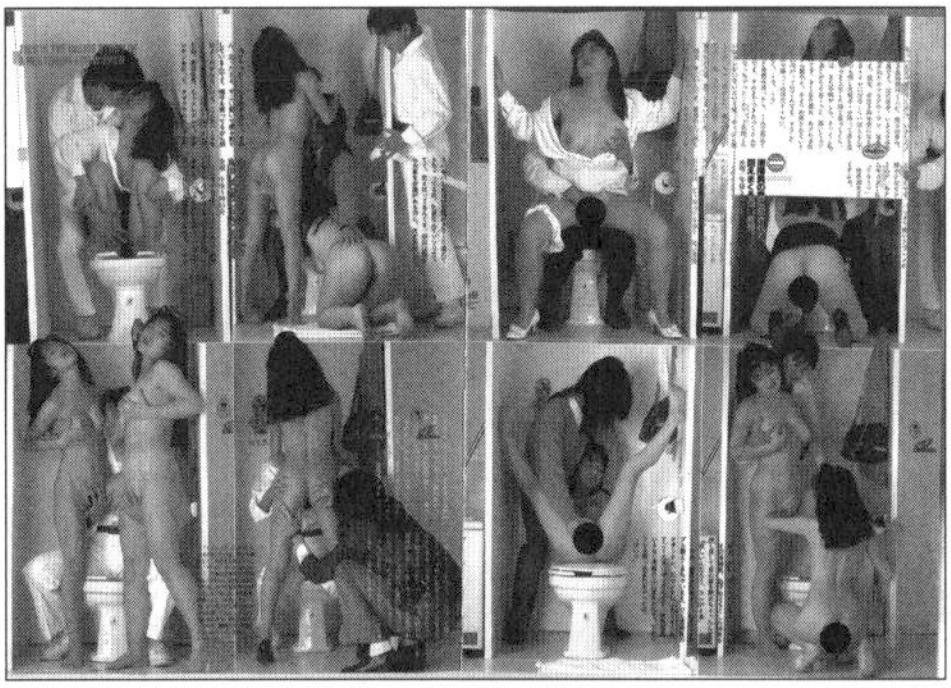

1990年5月号より。人気企画ページ「フォト激画」。細かいカラミ写真の組み合わせで、ストーリーやシチュエーションを見せていく。毎回、社内に編集者たちが手作りでセットを制作していたという。男優は編集者らしい。

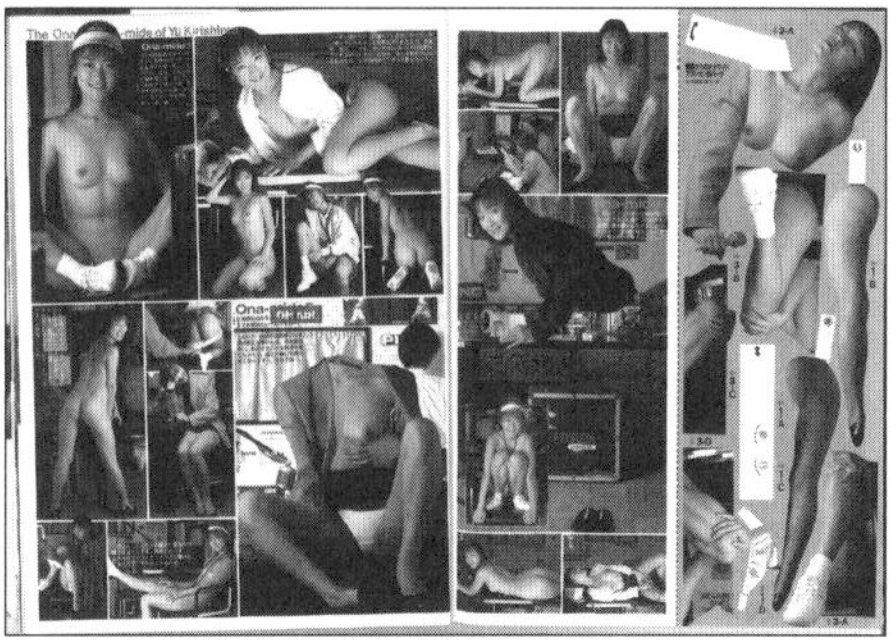

1990年2月号より。伝説の企画「動くオナマイド」。切り抜いて組み立てると、桐島ゆうが腰を振ったり、大股開きしたりする。ちゃんと動くように計算されていたのだが、実際に組み立てた読者がどのくらいいたのかは定かではない…。

2004年2月号より。「裏」路線になってからの巻頭グラビア。露出プレイのサークルが、路上などで大胆に露出しているというもの。表紙の誌名ロゴ上のキャッチコピーも、「素人娘のタブー映像全開マガジン」になっていた。

ザ・テンメイ

鬼才・加納典明が一人で全写真を撮り下ろした

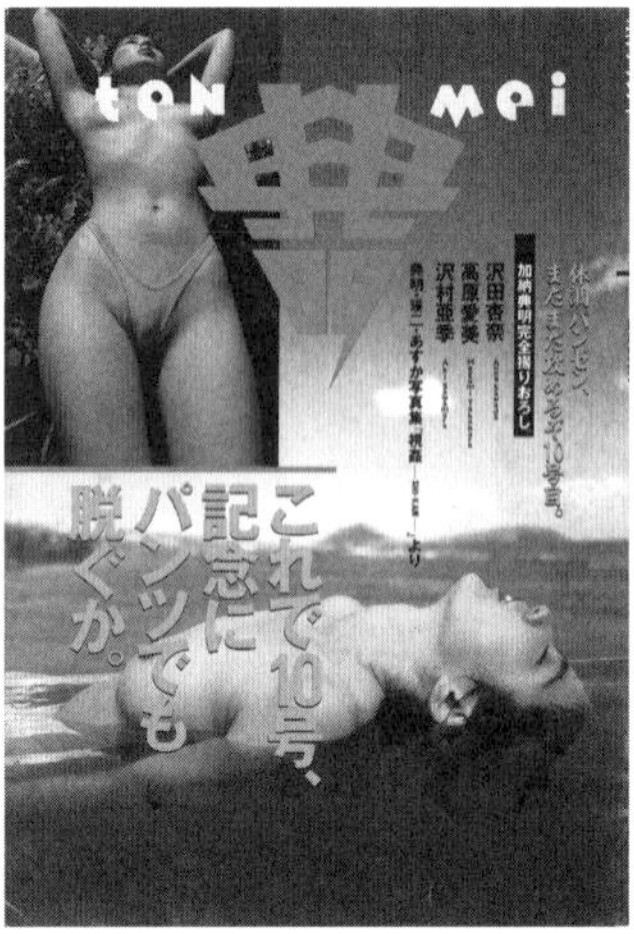

1994年1月号

創刊：1993年
出版社：竹書房

1991年1月に発売された篠山紀信撮影による樋口可南子の写真集『Water Fruit』(朝日出版社)は、陰毛がはっきりと写っているカットが17カ所もあったにもかかわらず、「警告」にとどまり「摘発」には至りませんでした。それは、陰毛をわいせつの基準だと考えていたそれまでの日本の常識からすれば、大きな事件だったのです。その後、遠藤正の総集編的な『日時計』(竹書房)、篠山紀信が宮沢りえのオールヌードを撮って社会的な騒動となった『Santa Fe』(朝日出版社)など、陰毛が写った写真集が次々と発売されるも、警察が見逃したことから、これを事実上のヘア解禁だと出版界は受け取り、90年代前半には、空前のヘアヌード写真集ブームが訪れることになりました。

中でも気を吐いていたのは、『日時計』で35万部のヒットを叩き出した竹書房でした。『日時計』に続いて清水清太郎の『Ｆｒｏｍ午後5時』、四十八手をモチーフにした男女モデルのカラミ物『愛のかたち』などを次々と出版。この時期、まだまだ警察の動きにビクビクしながらという状況ではありましが、竹書房には『愛のかたち』に対して、電話で「注意」があったのみだったそうです。ヘアヌードの成功に確信を持った竹書房は１９９２年6月に、野村誠一、清水清太郎、渡辺達生、小沢忠恭の４人のカメラマンが女性グラビアを撮り下ろすというオールカラーの雑誌『ＢＩＧ４』を創刊します。創刊号の段階では、水着やセミヌードも多く、ヘアが露出したカットはそれほどないのですが、ほぼ全ページが撮り下ろしグラビアというこの雑誌のインパクトは大きく、創刊号から40万部という大ヒット雑誌となりました。

そして、この『ＢＩＧ４』で手応えを感じた竹書房は、さらに冒険的な雑誌を生み出すこととなります。それが『ザ・テンメイ』でした。60年代から先鋭的なカメラマンとして活躍していた加納典明が、たった1人で全てのページを撮り下ろした写真だけで構成する前代未聞の月刊誌です。かつて白夜書房の伝説的雑誌『写真時代』も企画段階では『月刊アラキ』『アラーキズム』といった誌名が考えられていたといいますが、それでも荒木経惟1人で全ページを撮り下ろすなどという発想は無かったでしょう。『ザ・テンメイ』にしても、最初は加納典明の全作品を収録した豪華写真集という企画だったようです。そして、そのＰＲ的な位置づけとして号外誌を出そうという企画から、個人月刊誌へとコンセプトが発展していったのでした。

1993年2月に発売された創刊号では、中島宏海、新井晶子、田中忍の3人の女優を撮り下ろしています。中島は水着、セミヌードまでですが、残りの2人はしっかりと脱ぎ、『ザ・テンメイ』の代名詞となる大股開きも披露しています。ただし、この時点では、まだヘアの露出はほとんどなかったのは、改めて見てみるとちょっと意外でした。創刊号の最初のページには加納典明による宣言が掲載されています。なかなか面白い文なので、少し長めに引用してみましょう。

（前略）いかにも芸術でございます、といった泰西名画風の写真もいいかもしれない。マシュマロのような、きれいな、ヌードもいいだろう。

かったるいんだよ。

（中略）アートよりも、一週間たったらドブに捨てられる運命の雑誌のグラビアのほうが、生きかたとしてオレはアーティスティックだと信じている。

（中略）オレは劣情そのものを撮る。

時代とケンカして、ドブに捨てられる運命の100万部雑誌をめざす。

確かに、まだアート色の強い『BIG4』に比べると、『ザ・テンメイ』の写真は猥褻で過激でした。それは荒木経惟の猥褻さ、過激さよりも、もっとストレートであり、その傾向は号を追うにつけ、さらに激しくなっていきました。モデルも当初は女優中心だったのが、AV女優中心へとシフトし、そのポーズも過激化していったのです。

創刊5号にあたる1993年8月号を見てみましょう。巻頭に登場するのは、イタリアのフィレンツェ大学に留学し、オペラ歌手を目指していたというインテリ痴女系AV女優の藤小雪。なんと最初の4ページは、Tバックの尻を突き出した下半身だけで、彼女の顔はまったく写っていません。その後もやたらと下半身のみのアップのカットばかり。完全に彼女を「モノ」扱いしている撮り方です。後半には、明らかにハメ撮りを意識した生々しい写真も掲載されています。他の3人のモデルも、極端に股間を強調したカットばかり。この時期のカメラマンたちが、ヘアヌードとして売り出されながらも、それなりにアート感を出そうと苦心していたのに比べると、加納典明は創刊号の宣言通りに、1週間後にはドブに捨てられるような劣情にこだわったエロ写真を貫いていました。

下着や水着が股間に激しく食い込んで、かなり際どいところまで見えてしまっているような大股開きの連発。それは、ヘアヌードが実質的に解禁されるための言い訳であったアート性をかなぐり捨てているようでした。そしてその『ザ・テンメイ』の姿勢は、読者には熱狂的に支持されたのです。その発行部数はなんと最高70万部に及んだそう。写真誌としても、エロ雑誌としても、常識を遥かに超える数字です。最も売れたのが自衛隊基地の売店だったという都市伝説も、なんとなく説得力がありますね。

『ザ・テンメイ』の魅力の一つに、生々しい加納典明の写真をスタイリッシュに演出している長友啓典によるアートディレクションもあります。ポップで、どこかユーモアを感じさせるそのデザインは、『ザ・テンメイ』ならではのカラーを生み出していました。そして筆者が最も惹かれるのは、吉永淳による表紙のキャッチコピーです。

「**こんなに売れるなんて、世の中まちがっている。**」(**8号**)
「**ナメたらアハン。**」(**17号**)
「**危ないタマ、マタ、投げています。**」(**19号**)
「**ナニがあっても、かくさないでね。**」(**21号**)
「**好きなのは、ぶっきら棒でカタイ人。**」(**22号**)

その後の展開を思うと複雑な気持ちになる「**典明に、そろそろオリの用意を!!**」(**9号**)や、一方的にライバル視していた荒木経惟に向けた「**無事に年越し、荒木よスマン。**」(**11号**)といったコピーも印象的です。このとぼけたセンスが、唯一無二であるこの雑誌のスタンスを象徴しているようでした。

その荒木経惟をゲストに迎えた『スーパー・テンメイ』や胸にテーマをしぼった『オッパイ・ザ・テンメイ』といった別冊も好調でした。

しかし、『ザ・テンメイ』の幕切れはあっけないものでした。1995年2月13日に警視庁は、竹書房の社長と編集者2名、そして加納典明をわいせつ図画販売の容疑で逮捕します。これは

『ザ・テンメイ』の総集編別冊である、『きクぜ！2』（1994年11月発行）への容疑でした。実は『ザ・テンメイ』本誌の1994年8月号（17号）にわいせつ性があるとして竹書房が「警告」を受けていたにもかかわらず、その号の写真を総集編である『きクぜ！2』に再録していたのです。また、警告後にも該当の17号を増刷していたり、「摘発するなら最高裁まで争う心構えはできている」などと加納典明が挑発的な発言をしていたことで、当局のプライドを刺激したのでしょう。

結局、竹書房も加納典明もわいせつ性を認め、争わない姿勢を見せて有罪を受け入れたことで、この事件は終結します。『ザ・テンメイ』も逮捕直後に発売予定だった25号の発売を中止し、そのまま休刊となりました。ちなみに、最終号となった24号のキャッチコピーは「オレは、ぜったいイジメない。」でした。

加納典明らが逮捕された1995年は、ヘアヌード写真集が年間300冊以上という最多発行を

『ザ・テンメイ』
1993年12月号

挑発的な表紙のコピーが印象的な第9号。巻頭では目黒のSMクラブの女王様が、大胆な大股開きヌードを披露している。人気AV女優だった国見真菜は活動2年目で20歳を前に引退、本号がラストヌードとなったという。

『きクぜ！2』
（1994年／竹書房）

「わいせつ図画販売」容疑で加納典明や竹書房社長などが逮捕された問題の写真集。『ザ・テンメイ』の総集編で、本誌掲載の22人の女性のヘアヌードのオンパレード。食い込み股間のアップなど、確かにこれは「わいせつ」。

記録するもののそれぞれの売上は伸び悩み、既にブームが終わったことを印象づけていました。翌1996年には、「ヘアの商人」と呼ばれたプロデューサー、高須基仁が活動基盤としていた風雅書房が倒産、そして竹書房でもヘアヌード写真集を手掛けていた第三編集部が解体され、それまでヘアヌードブームを牽引してきた出版プロデューサーの二見曉も社を追われることとなります。宮沢りえの『Santa Fe』(朝日出版社)が155万部、川島なお美の『WOMAN』(ワニブックス)、樋口可南子の『Water Fruit』(朝日出版社)、島田陽子の『Kir Royal』(竹書房)らが55万部などと、写真集が軒並み数十万部もの売上を記録したという狂乱のヘアヌードブーム時代は、こうして終焉を迎えました。

今や、陰毛が出ている、出ていないなどと騒ぐ人はいなくなってしまったし、陰毛は永久脱毛するのが常識などという流行まで囁かれているほどです。デビューするAV女優の半数近くがパイパンだったりします。しかし、かつては「婦人科カメラマン」などと揶揄されていた女性を撮るカメラマンが、モデルと同じくらいの級数で名前が表記されるなど注目を浴びるようになったり、ヌードグラビアというものの価値が見直されたりと、このヘアヌードブームがもたらした影響も意味のあるものだったのではないでしょうか。そして、今、この時代に改めて見直してみても、『ザ・テンメイ』のインパクトは、まったく色あせていないのです。

1993年8月号より。イタリア留学経験もある音大生ＡＶ女優・藤小雪が四つん這いで尻を上げた、下半身のみの写真がいきなり４枚続く。その後のハメ撮り風カットも生々しい。ヘアヌード写真集にありがちな芸術性は皆無な潔さ。
※写真は修正しています。

1994年8月号より。警告を受けたと思われる戸川奈緒の写真。かなり大胆に食い込んでおり、こんな写真が掲載されていた雑誌がコンビニなどの店頭に堂々と並び、数十万部も売れていたというのは、考えてみると凄い。
※写真は修正しています。

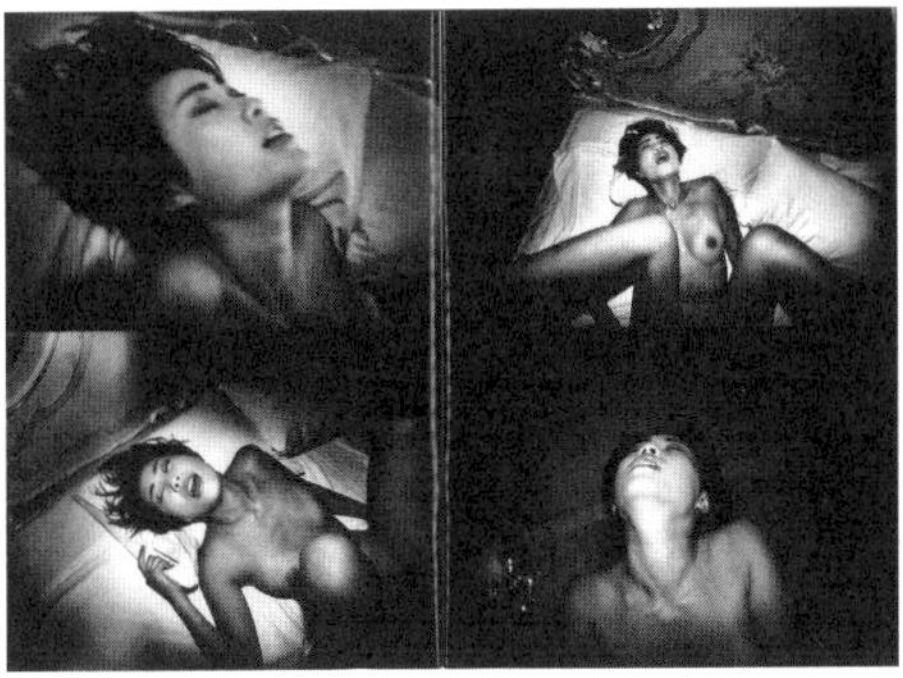

1994年11月号より。自然光を活かした屋外撮影の写真がメインだが、本当に挿入しているのではないかと疑いたくなるような生々しい臨場感のあるハメ撮り風写真も多い。実際に、撮影現場でのレイプ疑惑が報道されたことも…。

フィンガープレス

先鋭過ぎた時代の徒花　世界初?の痴漢専門誌

1995年12月号

創刊：1995年
出版社：笠倉出版社

エロ本に限ったことではありませんが、昔の雑誌の企画などには、現在のコンプライアンスでは許されないものがたくさんあります。例えば、80年代には盗撮を推奨する本や専門誌も数多く発売されていたし、幼女・少女を性の対象とすることも批難されなかったのです。そうした中で90年代になると、エロ本はフェチ的な細分化が進み、数々の専門誌が作られたのですが、その中でも異彩を放っていたのが、笠倉出版社から1995年に創刊された『フィンガープレス』です。表紙には「世界初の痴漢専門誌」と誇らしげに書かれています。

そう、明らかな犯罪行為である痴漢をテーマにした雑誌なのです。表紙をめくるといきなり女の子の下半身の写真と

「**痴漢は犯罪です。**」という大きな文字が書かれています。表紙にも「**痴漢を奨励するものでは決してありません**」「**この雑誌を読んで実際に行為はせずに願望をみたして欲しいと、そういう気持ちから作ったわけです。いわば犯罪防止雑誌ってとこですか**」などと言い訳めいた文章が書かれているのですが、内容は痴漢を推奨しているとしか思えない記事のオンパレード。

表紙には誇らしげに「あの山本さむ氏も全面協力‼」と書かれています。山本さむは、もともとは小多魔若史の名前でエロ漫画家として活躍していたのですが、1994年にそれまでの痴漢体験を書いた著書『痴漢日記』が話題となり、以降は「痴漢評論家」としての活動が多くなります。テレビや週刊誌にも登場し、ピンク映画『痴漢電車 ミニスカートに御用心』(新東宝)や、AV『わくわく痴漢講座』シリーズ(V&Rプランニング)などにも出演していました。

つまりこの時期、山本さむは「痴漢の名人」として、ちょっとしたスターだったのです。現在の目で見れば信じられないことですが、90年代以前は「痴漢」という行為は、かなり緩く捉えられていました。例えば嵐山光三郎が編集長を務め、サラリーマン向けの雑誌として人気の高かった『DOLIVE』(青人社)でも、その創刊号(1982年7月号)で「ここまでならつかまらないスレスレ痴漢法」なんて特集をやっていたくらいなのですから…。渡辺和博や南伸坊らが、「ブスは痴漢されると騒ぐ。美人はさわってもオコラない」などと、ひどいことを書いています。

さて『フィンガープレス』では、その山本さむが、痴漢仲間と対談する「痴漢列伝」という連載まであります。第一回は「山の手線のゴンさん」が登場。

「それはね、やっぱし三十年間やってきた、集積ですよ。ヘタにヒジでね、満員電車の中で胸を触ったり、揉んだり、ケツ触ったって逃げる女は逃げちゃうんですよ。まあそこにいくまではやっぱし十、二十年くらいのキャリアっつうか、いろいろ経験して一番いいんじゃないかなって分かったんです」

「百人の女のケツ触って一人が感じてくれればいいの。百人のケツ触って五人が拒否しなければいいの」

など痴漢哲学を語りまくっています。ゴンさんは人気だったのか、第三号では「山手線のゴンさんのギャンブル三昧」という連載まで始まり、しかも読者からの人生相談まで募集しています。

また創刊号では、痴漢初心者3人と、よく痴漢に遭う女の子3人の対談などという企画まであります。もちろん話が成り立つわけもなく、「出したり？　…サイテーじゃないの、アンタ。洗たくしたって落ちないんだからね、一番ヒキョーだよね、そういうの」と罵られて終わるのであります。当然と言えば当然の結果ですね。

最も〝悪質〟だといえるのが「満員電車徹底攻略」という連載。「この駅では、ホームのこの位置から何時何分の電車に女子高生が多く乗る。また、髪をセミロングにした痴漢受けしそうなO

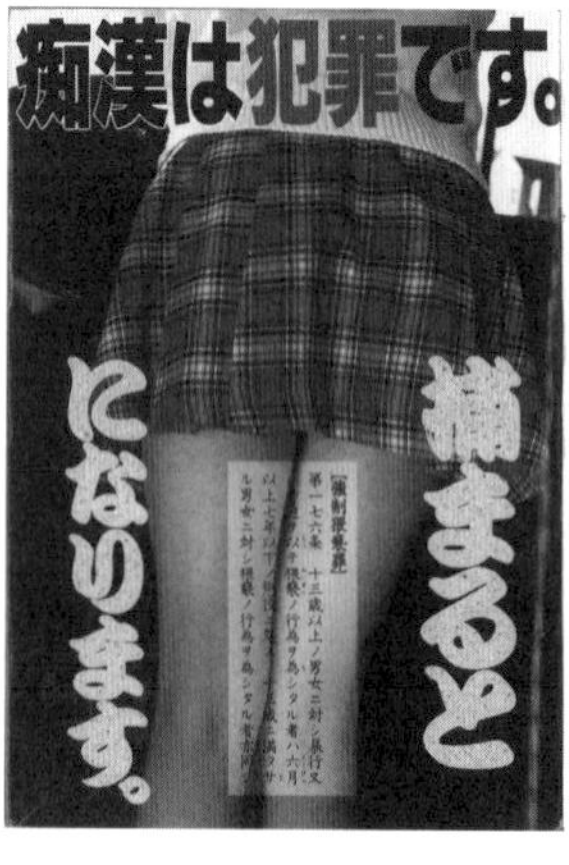

1995年12月号より。表紙をめくるといきなり「痴漢は犯罪です」「捕まると強制猥褻罪になります」という警告が現れるが、誌面は明らかに痴漢推奨なので、とりあえずの言い訳として作られたページなのだろう。

Lが何両目から乗り込む、といった綿密データをできうる限り採取し、読者の遠征の際に役立ててもらおうというのが、このコーナーなのだ」とあります。いわば沿線別痴漢ハウツー記事です。「犯罪防止雑誌」という趣旨はどこへ行ってしまったのでしょうか…。

記事は、とにかく具体的です。第一回の「山手線内回り」編は次のような内容。

「山手線間は2分なのでじっくり触わるということはまず無理だが、駅ごとのドア開閉の左右を知ることによって、最長で5分触わることが可能だ。因みに右側のドアが開閉するのが目白、高田馬場、新大久保、原宿、渋谷。左側は池袋、新宿、代々木だ」

「代々木駅はホームを挟んで、御茶ノ水方面から来るJR中央線各停が止まる。乗り換え客は多くはないのだが、何故かT女学館やA学院などのお嬢様女子高生が必ず乗り換える」

「S女子は渋谷駅から一番近く徒歩で5分程なので、遅刻寸前に行く子は渋谷着8時25分頃の電車に乗ってくる。このS女子はチェックのミニスカートが3種類あって自由に選ぶことができるという制服人気校で、かなりのミニにしてはいている子が結構いる」

女子高生のデータばかりなのは、これを書いている編集者が女子高生専門だからだそうです。

第三回の「井の頭線」編では、編集者が忙しかったからということで痴漢小説を連載している作家が代理に井の頭線に乗ってレポート。慣れていないからか、朝のラッシュアワーにめんくらい、OLに寄りかかられて鼻の下を伸ばす程度で終わっています。

「しかし、最近、女性に触っていない私は全身が敏感な性感帯となっていて、下半身では邪悪なエネルギーが滾っていて、どうもＯＬの尻から股間を守らなければならなかったのです。妄想だったら括れた腰を掴んで、グリグリヒップにポッキーを押しつけてやるんですが、そこは小説と違うところ。痴漢作家が女性の尻にポッキーを押しつけて騒がれでもしたら洒落にもなりません」と、ずいぶん弱気。挙げ句の果てには便意に襲われて痴漢どころではなくなる始末です。

全日本女子プロレスでダンプ松本率いる極悪同盟のメンバーだった、コンドル斉藤が漫画を描いていることにも驚かされます。しかも、自分が満員電車に乗って痴漢されるのを描くというルポ漫画なのです。90年代のサブカル系エロ雑誌では、女性ライターたちもみんな体を張って汚れ仕事をしていたのだよなぁ、と思い出してしまいます。しかし、痴漢されようとボディコンを着て満員の山手線や埼京線に乗り込めば、ちゃんと痴漢されるというのだから、当時はどれだけ痴漢が多かったのかということも分かります。

「痴漢にいつも触られている女の子インタビュー」という連載まであるのですが、登場するのが未成年ばかりというのも、今考えるとすごい話です。れっきとしたエロ本、しかも痴漢専門誌というマニア誌に15歳の女子中学生が登場し、痴漢体験を語ったりしているのです。ちなみに彼女が最初に痴漢されたのは小学5年生の頃だったとか…。

こういう雑誌なので、もちろん読者の投稿もあります。当然、痴漢体験告白です。

「**いい女いいスタイルいい匂い。自分の惹かれるものがある異性に出会ったならば、必ず男なら触ってみたくなるのは本能だ。その本能の通りに行動した痴漢自慢者たちよ、好き勝手に自分の**

行動を暴露しなさい」

あれ、「犯罪防止雑誌」では…？

毎日、総武線と山手線で通学する間に痴漢しているという学生、銀座のデパートでエレベーターガールにタッチするのを楽しみにしているという男、新幹線で隣の席で寝ていた女子小学生（！）にイタズラした男…。そして、最優秀賞をもらったのは初詣の時に中学生に痴漢し、スカートの中まで隠し撮りしたという体験記でした。いくらなんでも、それはヤバイのではないかと思う告白ばかりなのです。

痴漢以外にも「全日本尾行友の会」などというコーナーもありました。これは好みの女性の後をつけ自宅や勤務先を調べ上げるという、ストーカー行為の記事です。

「もう俺はエリの部屋を知っている。毎朝、電車の中で痴漢をしている野郎どもはエリの部屋を知らないのだ」などと、同じ痴漢に対してマウンティングしているのも、何だかすごい。

この『フィンガープレス』、テレビや週刊誌などでも数多く報道されています。これだけ鬼畜な内容とあって、良識あるマスコミからさぞかし叩かれまくったのかと思いきや、「ほとんどが好意的に書いてくれた」そうです。やはり当時は、痴漢に対する意識が現在とずいぶん違うのです。

とはいえ、「3年前から企画を温め」（創刊号次号予告より）て、満を持して創刊したにもかかわらず、『フィンガープレス』は隔月で8号、わずか1年ちょっとで休刊に追い込まれてしまいます。やはり世論の影響があったのかと思いきや、単純に売れ行きが悪かったためだったようです。

休刊号となった１９９７年2月号は表紙に「世界初の痴漢専門誌 爆死!!」の文字が踊り、「完全永久保存版」とうたっているものの、ほとんどが痴漢物ＡＶの紹介記事と体験告白投稿で構成された手抜きとしか思えない誌面でした。しかもこれまで７８０円だった定価が、約2倍の１，５００円となっているヤケクソぶり。

ところが『フィンガープレス』は意外なかたちで21世紀まで生きながらえることとなります。京都のストリップ劇場「ＤＸ東寺」の公式サイトのワンコーナーとして、「フィンガープレス」が作られたのです。これは公式に名前が引き継がれたものでした。当初は掲示板1つとチャットのみの小規模なものでしたが、次第に掲示板の数も増え、痴漢愛好者たちの情報交換の場として、なんと２００９年まで続いたのでした。

『フィンガープレス』１９９７年2月号（最終号）

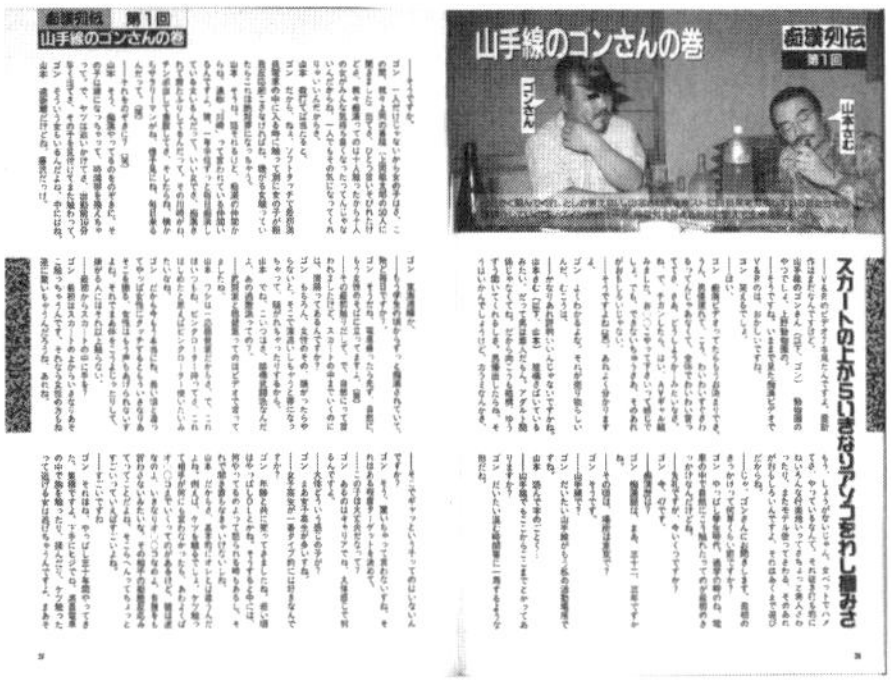

1995年12月号より。山本さむが痴漢仲間と対談する連載企画。第一回のゲストは痴漢歴33年の「山手線のゴンさん」。「痴漢というのはね、段取り通りにはいかない部分があるんですよ」と、哲学やテクニックを披露している。

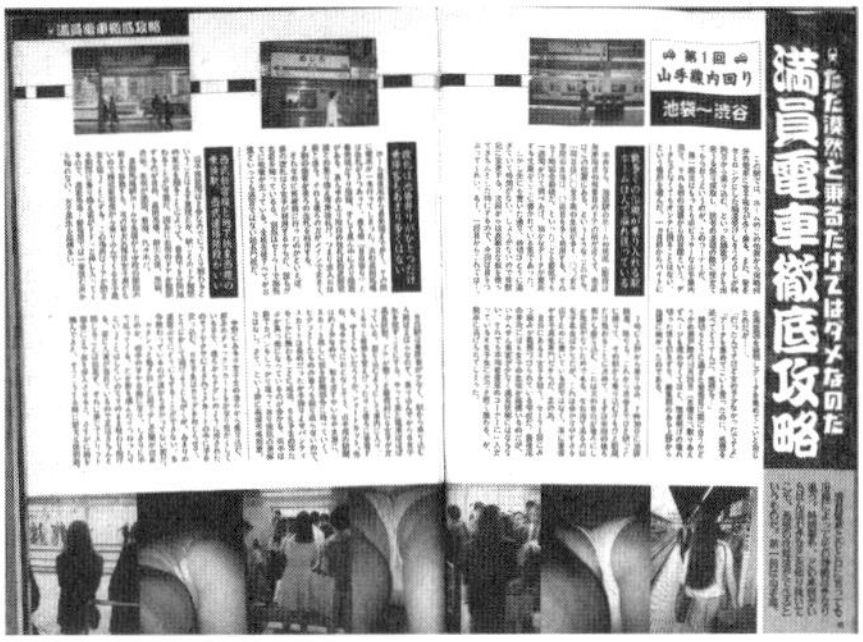

1995年12月号より。ハウツー連載企画「満員電車徹底攻略」。第一回は池袋から渋谷までの山手線。「夕方6時頃の外回りは若い子がかなり乗り込む」「新宿駅は乗客の総入れ替えが起きるのでドサクサ触りには適している」…など。

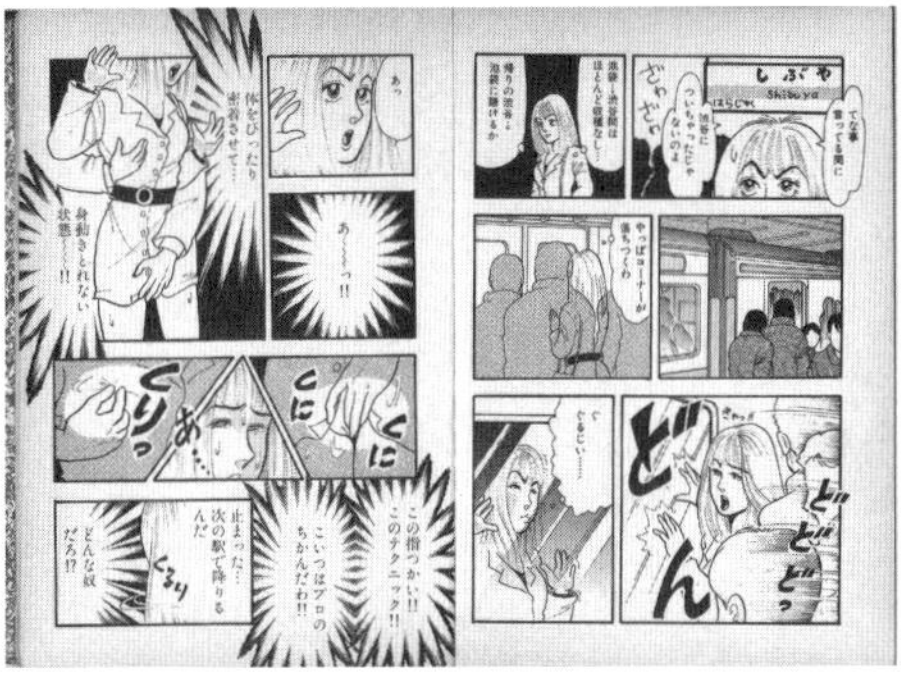

1996年4月号より。女子プロレスラー漫画家・コンドル斉藤が、わざと痴漢されるというルポ漫画を連載。朝の山手線では、なかなか収穫はなかったけれど、渋谷〜池袋駅間でイケメンの痴漢に遭遇して喜ぶというオチ。

ララダス

マニア誌の極致!? 野外露出専門雑誌

1996年7月号

創刊：1996年
出版社：メディアックス

90年代は「エロ」が過激化していった時代でした。ついにヘアヌードも解禁され、さらに若くて可愛い女の子がＡＶに次々に出演し、もはや単なるハダカには、それほどの価値がなくなったことで、プレイの過激さが求められていたのです。そんな中で注目されていたのが野外露出でした。密室ではなく、屋外で裸体を晒す。本来なら公然わいせつ罪に問われてしまう行為。だからこそ、それは過激なプレイとして注目を集めたのです。

屋外で裸になるということでは、19世紀末からヨーロッパから広がった、男女共に全裸で過ごすことを目的とするヌーディズム運動が有名ですが、一般に野外露出といった場合は、そのスリルや羞恥心を刺激とする性的な行為を指します。

SMの世界では古くから羞恥責めの一つとして露出は用いられていました。AVでも黎明期である1984年にリリースされた『SMを10倍楽しくする方法』（みみずくパック／監督：中村幻児）で、早くも白昼の電車内、新宿駅の交差点や地下街で全裸&亀甲縛りのプレイが撮影されています。さらに、1989年の『迷惑陀仏』（シークレット）はAV女優の三上るかが、「自分がやりたいことをやる」と監督・主演を務めた作品なのですが、山手線車内や新宿アルタ前でのフェラチオや踏切でのセックスなどまさにやりたい放題の問題作でした。

そして90年代に入ると、ビデ倫の審査を通さないマニア向けのインディーズビデオが盛り上がりを見せ、そこでも野外露出は人気のジャンルだったのです。名古屋のメーカーであるラハイナ東海の『屋外露出』シリーズがヒットしたのを皮切りに、多くのメーカーが野外露出AVをリリース。SM色の強いブロードやシャトルワン、スカトロとミックスさせたギガなどが印象深いのですが、ソフト・オン・デマンドも当時はかなり過激な屋外露出AVを撮っていました。また、80年代末から人気を集めていた『投稿ニャン2倶楽部』（白夜書房）を始めとする投稿雑誌でも、過激なプレイの一つとして野外露出の投稿写真は増えていたのです。

そうした「露出」ブームを背景に、1996年に創刊されたのが野外露出専門誌『ララダス』（メディアックス）です。誌名は「裸々出す」の意味で、当時人気のあった現代用語辞典『イミダス』（集英社）や地域気象観測システム「アメダス」をもじったのでしょう。

創刊号の表紙には「見られて快感！露出美人」「大胆に挑戦 素人女性街角ヌード」「どこでもヌー

ディーな気分の危険な女たち…」といった刺激的なキャッチコピーが踊っています。巻頭グラビアは、「Up! UP!! To The Heaven　二番目の私」とタイトルが付けられた街頭露出。モデルはAV女優でしょうが、応募してきた素人女性だということになっています。まずは世田谷の外れの小さな商店街のポスト前でコートの前をはだけて、全裸の体を露出。続いて井の頭公園へ。ノーパンにミニスカで陰毛を見せながら売店でそばを食べ、ボートの上で放尿。さらに吉祥寺の街のあちこちで裸を晒し、歩道橋の上では全裸でM字開脚。常に後ろに通行人が写り込んでいます…。

続いてのグラビアでは、18歳の短大生（学生証の写真付）の「ナマの私、隅々まで見て欲しい」。線路沿いで全裸、公園で立ち放尿、全身網タイツ（乳首も陰毛も丸見え）で公衆電話を掛けるなど、こちらも過激です。

「NON-STOP淫乱発情ウォーキング」というグラビアでは、21歳OLが銀座歌舞伎前でショーツを脱ぎ、原宿の道路沿いの電信柱に全裸で縛り付けて放尿、お台場で大開脚で放尿。全く恐れ知らずですね。

読者による投稿写真も負けてはいません。「結婚して4年、子供のいない二人の楽しみは露出プレイです」と全裸で馬に跨る人妻、公園のジャングルジムの前で立ちションする女子大生など、素人とは思えない、いや素人ならではの大胆さなのです。AV紹介コーナーでは15本もの露出系作品が取り上げられていて、この時期いかに露出ブームが盛り上がっていたかが確認できます。ここまででも分かるように、やたらと放尿が多いのも特徴です。創刊5号にあたる11月号からは

「羞恥の液体シリーズ」などというコーナーまでできて、23歳の派遣OLが住宅街の道路や駐車場、公園などで放尿しまくっています。後で掃除する人の身にもなってほしいですね（笑）。

1997年には、投稿写真をまとめた別冊『ララダスSPECIAL　投稿野外露出』も発売。107人に及ぶ投稿者からの野外露出プレイ写真の集大成といえるムックです。レンタルビデオショップ、ゲームセンター、スーパーマーケット、スナック、ファミレス、牧場、竹下通り、海水浴場、そして罰当たりにも神社まで、ありとあらゆる場所で脱ぎまくり露出プレイを楽しむカップルたちからの投稿写真が満載。常連投稿者であるムーミンパパ夫妻のインタビューも掲載されています。夫36歳、妻32歳で8歳の娘もいるそうです。二年前から夫は妻への調教を始め、その赤裸々な記録写真として残されているのです。インタビューの最後に読者へのメッセージを求められると夫は「妻の苦悶する姿をお楽しみ下さい」、そして妻

『ララダスSPECIAL　投稿野外露出』（1997年）

『ララダス』に寄せられた野外露出プレイの投稿写真の集大成。「テレクラ大好きっ。18歳幼妻、白昼堂々野外ストリップ！」「3Pプレイに飽きたら野外露出で羞恥責め」など刺激的な野外露出投稿写真のみという1冊。

『ララダス』1998年6月号

通巻23号。野外露出ブームが最高潮の盛り上がりを見せていた時期だけあって、投稿もかなり過激化。この号ではやたらと野外放尿が多いのが印象的だ。歩道で、公園で、団地でと、街のあちこちで放尿しまくっている。

は「こんな私を見て悦んでもらえるなら、とても嬉しいです」と答えています。

そして１９９８年、露出ブームは頂点を迎えます。野外露出ＡＶの歴史を振り返った『ザ・ベストマガジンスペシャル』（ベストセラーズ）１９９９年12月号の特集「野外露出ＡＶ変遷史」によれば、１９９８年は「全国で15社ものメーカーが競合していた露出ＡＶの爛熟期」とされています。競争が激化したことで、露出プレイもどんどん過激化していったのです。そして、それは投稿写真の世界でも同じことでした。『ララダス』へのマニアからの投稿もエスカレートしていきました。トラックが走っている大きな道路の脇で全裸で四つん這いになったり（６月号）、塾の講師だという2人の女性が夜の公園で全裸でレズ行為をしたり、人の少ない田舎ではつまらないと新婚旅行で東京にやって来て、観光客がいっぱいのお台場でＪＫ制服をはだけて乳房と股間を晒したり（９月号）…と、暴走しています。

すると投稿者に負けてはプロの名折れだとばかりにグラビアページもヒートアップ。桜が咲き乱れ、花見客でにぎわう公園で、22歳のＯＡ機器メーカーＯＬを男性2人がかりで抱え上げてＭ字開脚させノーパンの股間を丸出しに晒させたり（６月号）、23歳の国立大学院生を後ろに人がいるバス停でバイブ責めにしたり（９月号）と、いつ通報されてもおかしくないような撮影にまで踏み切っています。まるで、度胸試しのチキンレース状態です。

そうなると、当然降りる者も出てきます。それまで、３人の女の子を全裸で商店街を駆け抜けさせる『東京下町の銭湯まで2㎞女の子3人全裸で歩いて行けるのか?』や、都内を一周するトラックの荷台で女の子に全裸オナニーをさせる『過激露出』シリーズなど、かなり危険な露出撮影に挑んでいたソフト・オン・デマンドが、1998年に露出ビデオからの撤退を表明。恵比寿ガーデンプレイスの動く歩道で全裸になったり、バドガール風のボディペインティングをした全裸で繁華街でビールを配るなど、過激すぎるプレイを収録した『最後の露出』という作品を最後に「もうこれ以上はできない」とリリースを打ち切ったのです。これは、ある意味で賢明な判断だったといえるでしょう。

そして『ララダス』も、この年の12月号で休刊となります。20歳の楽器店員にJK制服を着せて、街のあちこちで股間を晒させる巻頭グラビア「コスプレで街へ行く・制服篇」から始まり、多くの人が歩いている道路のすぐ脇の駐輪場で21歳コンビニ店員を全裸で脚を広げさせる「調教鑑定隊が行く」、新宿駅新南口で四つん這いで尻肉まで開いてみせる「カップル参加調教指南 ボクの彼女を従順マゾにして下さい！」など、最終号でも露出プレイのボルテージは全く下がっていません。投稿も相変わらず過激で、60人もの投稿者の写真が掲載されています。そして、巻末にはいつもと変わらずに投稿の募集があり、さらに「ララダス1月号の発売は12月17日（木）の予定です」と次号予告も掲載されています。

しかし、この1999年1月号が発売されることはありませんでした。露出撮影により逮捕されたための急な休刊という説も囁かれましたが、その真偽は不明。

ただ『ララダス』が29号にして、その歴史を閉じたことは間違いないようです。いや、野外露出専門誌という極めて犯罪性の高い雑誌が29号も発行されたということの方が奇跡だといえなくもありません。

00年代に入ると、迷惑防止条例の施行など屋外での撮影への取り締まりが厳しくなり、それまでは現行犯でなければ見逃されていたのが、商品になったものに対して摘発されるといったケースも増え、野外露出の撮影を行うリスクが高くなります。それでも原宿の竹下通りを全裸で疾走するといった『露出バカ一代』シリーズ（バッキービジュアルプランニング）のような、過激な露出AVも一部では作られていました。しかし10年代に入るとさらに規制は強まり、AVでもエロ本のグラビアでも、野外露出プレイはほとんど見られなくなります。投稿写真では、まだ野外露出に挑戦する強者もいるのですが、逮捕されることも多いようです。

野外露出専門誌『ララダス』は、過激化に歯止めが効かなくなっていた90年代だからこそ乱れ咲いたエロ本の徒花だったのかもしれません。今もマニアの間では、そのバックナンバーは高値で取引されています。

『ララダス』1998年12月号

次号予告は掲載されているものの、おそらくこれが最終号。巻頭グラビアの「コスプレで街へ行く　制服篇」のモデルは笠木忍。公衆トイレでフェラしたり路上で全裸放尿したり。投稿よりも編集部撮影の方が目立っている感。

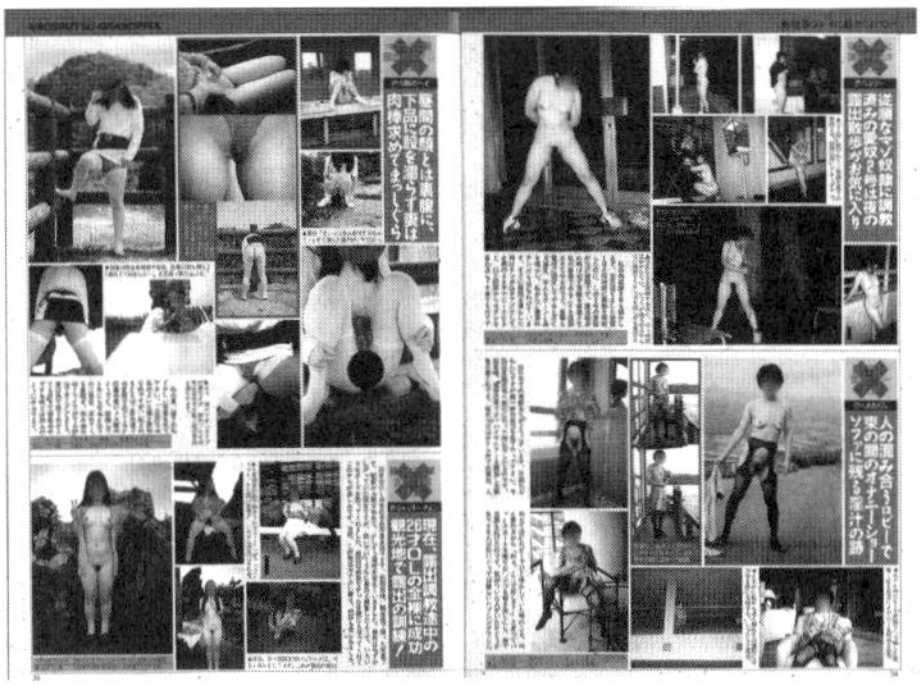

1996年12月号より。過激な露出プレイに挑戦するマニアからの投稿が、誌面一杯に展開されている。旅の恥は掻き捨て…とばかりに、観光地へ連れて行っての露出プレイも多いようだが、その大胆さには見ている方が心配になる。
※写真は修正しています。

1998年9月号より。人気投稿者からの手紙をそのまま掲載。露出中に通行人に見られてしまった話も生々しい。「エッチな雑誌にエッチな私が載って全国の男性読者に視姦されているかと思うと下半身がムズムズしてしまいます」。
※写真は修正しています。

1998年12月号より。朝の通勤時間に通行人が行き交う道路のすぐ脇の駐輪場で全裸露出。他にも客が大勢いる駅のホームでの全裸バイブオナニーなど、エスカレートが止まらない。確かにこのあたりが潮時だったのかも。

おとこGON!

エロメディアの裏を暴く特濃サブカルマガジン

1998年9月号

創刊：1998年
出版社：ミリオン出版

1994年にミリオン出版から創刊された『GON!』は、虚実入り乱れるB級ニュースマガジンとして大ヒット。90年代サブカルの雄ともいえる存在でした。その『GON!』の増刊として1998年7月に誕生したのが『おとこGON!』です。創刊号の表紙には「非常識&不道徳&無教養満載の世紀末怒外道雑誌」「世紀末B級ニュース誌GON!が、アタマとろとろな全国のアニイに向けて突撃!!」といったキャッチコピーが書かれています。誌名に「おとこ」と付いているように、本誌『GON!』ではあまり触れてこなかった男性向けのアダルトネタを中心にした雑誌でした。

創刊号では、合法ドラッグを風俗嬢に飲ませてみる、中出しビデオ88本紹介、女子アナフェラ面選手権、といった企画が掲載されています。圧巻だったのが当時、少年マガジンで連載され人気だったラブコメ漫画『BOYS BE…』の表紙イラストの元ネタとなったグラビア写真を探し出すというもの。そのほとんどが『クリーム』『すっぴん』のグラビアをトレースしたものだったのですが、26点ものイラストの元ネタを探すというその作業量を考えると、気が遠くなります。こうした「無駄な労力」をかけるのも『GON！』の企画の特色でした。

この『おとこGON！』が創刊された経緯として、サブカル路線からエロ路線に変更して売れに売れていた『宝島』を意識したということがあったようです。『宝島』は1992年11月9日号で、一般誌としては初めてヘアヌードを掲載して大きな話題となったことから、それまでのカラーを一新し「ヤング向け実話誌」へと路線変更。最盛期には40万部以上という人気雑誌へとのし上がっていました。当時『宝島』に迫る勢いだった『GON！』も実験的に誌面にエロネタを導入してみると、従来読者からの批判もあったものの、売り上げは大きく伸びたのです。その手応えからエロ要素を強めた『おとこGON！』の創刊に踏み切ったというわけです。『おとこGON！』創刊号はほぼ完売と、その目論見は当たりました。

半年後の1999年1月に『おとこGON！』2号が発売。芸能人裏ビデオ、玉門占い、押し倒し（凌辱）ビデオ、そして後に大きな問題となるアイコラ（アイドルコラージュ）の大々的な特集もあり、創刊号に比べてよりエロ色は強まりました。しかし最終ページには、「おとこGON！Vol.3は地球が終わっちゃうんでつくりませ～ん。もし、恐怖の大王っつうのが来なかったらつくるかも…。じゃあみなさんよい終末を」と書かれており、これで『おとこGON!』は終わってしまうのかと思いきや、約半年後の8月に今度は『おとこGON!パワーズ』の誌名で復活。ここからは隔月、そして6号からは月刊となりました。誌名に「パワーズ」が付いたのは、より力強い大人のエロ実話雑誌というイメージで勝負するためだったそうです。それでもコンビニでの「GON!」ブランドの強さもあったため、「おとこGON!」も残したということだとか。

復活した『おとこGON!パワーズ』は、『おとこGON!』時代よりも、文字の級数が小さくなりギュッと濃縮された誌面になります。そして何よりも大きな変化が、エロ雑誌でありながら「エロ記事を検証する」、いや、はっきりいってしまえば「エロ記事の嘘を暴く」という姿勢を打ち出したことです。例えば『パワーズ』として最初の号となる第3号では「雑誌別素人ヌードの真贋大検証」という12ページにわたる特集があります。

「**同じネーチャンなのに、名前も年齢も職業も違う。いったい雑誌、週刊誌で脱がされまくる素人娘は本当の素人なのか。業界誌をチェックし、編集部を電話で直撃!その真相を突き止めた!!**」

エロ雑誌で「素人」として登場する女性が、本当に素人なのかを検証するという企画です。なんと、本当に編集部に問い合わせの電話までしています。「他の雑誌にも出てる? うーん、似ているコいっぱいいますから」と答える編集部もあれば「あの、ホントはモデル事務所のコで…」と正直に答える編集部もあり、その反応も面白いのです。この特集では計69誌の素人ヌード掲載誌をチェックしているのですが、その中には『パワーズ』の版元であるミリオン出版の雑誌もちゃんと取り上げているのが潔いです。ちなみに「グラビア誌なので素人告白ヌードでも顔出し。でもモデルだよな」とバッサリ。

第4号では「嘘だらけのパンティプレゼントに喝っ！」「中出しAVのウソを暴く」。そして第5号では「ヤラセだらけの一流週刊誌のSEX特集を暴く！」と大手週刊誌の素人ヌードや盗撮グラビアの真偽に迫り「君たち、テレビ局のヤラセを叩く前に一度自分を省みてはどうか」と忠告しています。その後も「有名女子大生ヌードのウソを暴く！」（第6号）、「週刊誌の告白記事の大嘘を暴く！」（第7号）と続きます。

他にも「袋とじ企画徹底大検証」（第3号）、「消えた投稿写真」「裏本の研究」「エロ本の女性器隠し技25年史」（第4号）、「日本一ダメなCD-ROM付き雑誌を探せ」（第5号）、「エロ本の下着大カタログ」（第6号）、「お宝雑誌VS芸能界の仁義なき戦い」「写真エロ本興亡史」（第7号）といった、エロ本を研究する企

『おとこGON！パワーズ』1999年10月号増刊

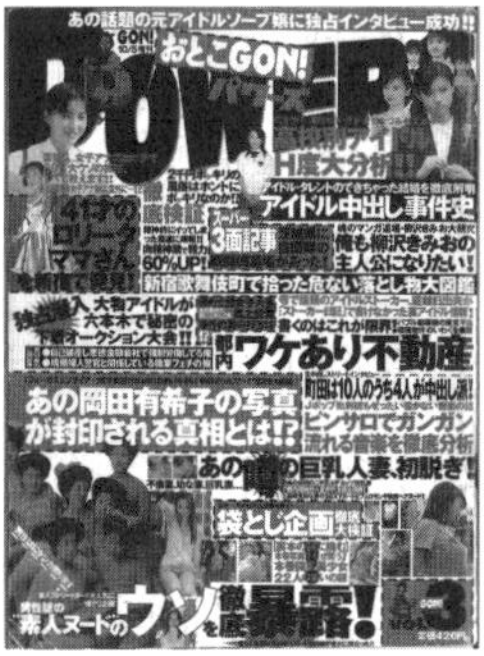

『おとこGON！』から改題して最初の号（Vol.3表記になっている）。巻頭記事の「ロリータママさんは41才！」は童顔過ぎるクラブママだが、今だとあまり珍しくないかも。他は資料性の高い記事が多く、読み応えがある。

『おとこGON！パワーズ』2000年10月号増刊

社長と編集長が逮捕されてしまった問題の号。モーニング娘。以外にも広末涼子や小島奈津子など、多くのアイドルや女子アナのアイコラが17ページにわたって掲載されている。iモード関係の記事が多いのも時代を感じさせる。

画も多数。エロ本研究誌としての面を持つ雑誌でもあったのです。60年代のエロ手帖や街頭エロ写真のようなレトロネタ、ストリップや裏ビデオなど、その研究対象はエロメディア全般に及び、資料的価値の高い記事が多く、読み応えもありました。

しかし2000年半ばあたりから、「巨乳美乳アイドル36人」「菅野美穂の性欲」（第8号）、「超淫靡！裏松島菜々子物語」（第9号）、「アイドル49人全部見せ！」（第10号）と、芸能寄りの企画が目立つようになります。そして第12号では「モーニング娘。をまっぱだかにさせてもらいます。」という大特集を掲載。当時、大人気だったアイドルグループ、モーニング娘。のアイコラ（アイドルの顔とヌード写真を合成した疑似ヌード写真）やお宝写真、激似ビデオなどを紹介した特集です。さらに、「アイドルコラージュの罪と罰」というアイコラの大特集もその後に続きます。こちらでは広末涼子、SPEED、田中麗奈、浜崎あゆみ、深田恭子などのアイコラが掲載されました。この時期、インターネットではこうしたタレントのアイコラが大流行していたのです。記事ではアイコラを「不特定多数の目に触れさせるのは違法」だと弁護士のコメントを紹介するなど、一応報道の形をとっていましたが、その後もお宝写真や激似ビデオなどの芸能路線は続きます。

ところが、2001年1月に事件は起きました。

「モー娘。」に顔すげ替えヌード＝ミリオン出版社長ら2人逮捕-警視庁（時事通信）

人気アイドルグループ「モーニング娘。」の顔にすげ替えたヌード写真を雑誌に掲載したとし

て、警視庁捜査2課と牛込署は31日、名誉棄損の疑いでミリオン出版社長、同社編集長両容疑者を逮捕した。
調べによると、容疑者らは昨年9月2日に発売された月刊誌「ＰＯＷＥＲＳ（パワーズ）」で、数ページにわたり、ヌード写真に「モーニング娘。」の顔写真をすげ替え、本人のヌードのように見せ掛けた合成写真を掲載。約１８万６０００部を全国の書店やコンビニに陳列させ、名誉を棄損した疑い。（時事通信社 ２００１年 1月31日）

この事件を受けて『パワーズ』は休刊となり、『別冊ＧＯＮ！』として再スタートを切ることとなります。

２００１年２月に発売された『別冊ＧＯＮ！』１号は、さすがに芸能系企画は控えめではありますが、おおむね『パワーズ』と同様の誌面となっていました。その後も風俗要素を強めるなどして、『別冊ＧＯＮ！』は２００６年まで続きました。最終号となった２００６年２月号は、「紙エロお宝大全」というエロ本の歴史を総括するような大特集をほぼ全ページにわたって掲載しています。明治のエロ写真から始まり、自販機本やビニ本、投稿雑誌やヘア

『別冊ＧＯＮ！』
２００１年４月号

改題リニューアルしての第一号。巻頭はライバル出版社である英知出版が買収されたことにちなんで、英知グループ写真集特集。さすがに芸能色は後退して、エロとは関係のない『GON!』本誌的な記事が増えたような印象。

ヌード雑誌、さらには裏ビデオや風俗に至るまでを幅広く網羅した〝日本アダルトメディア史〟ともいうべき充実した内容です。

興味深いのは、同業である各社のエロ本編集者たちにエロ本業界の現状について聞いたインタビューに多くのページを割いているところ。「さらば紙エロの時代」というテーマで聞いたところ、多くの編集者に「それ、オタクの雑誌だけじゃないの？　そのタイトルには共感できないな」と言われたそうですが、結局この後、まもなくほとんどのエロ雑誌が姿を消していったことを考えると、感慨深いものがあります。『おとこGON！』『おとこGON！パワーズ』『別冊GON！』は、エロ本が終わりを迎えようとした時代に、その歴史を総括する使命を与えられた存在だったのではないかと思えるのです。

本誌『GON！』も、エロ本路線へと変更した後に2007年に休刊。『おとこGON！』と同じように『GON！』の別冊として誕生した『実話GON！ナックルズ』は、『実話ナックルズ』として現在も発行されています。

『別冊GON！』
2006年2月号

最終号は、エロ本の歴史を総ざらいする大特集。資料性も高く、エロ本好きなら読んでおきたい一冊だ。他社の編集者たちのインタビューでは「エロ本が無くなるはずがない」と語られているが、結果はご存知の通り……。

1999年10月号より。エロ本業界のタブーとも言うべき、素人疑惑に挑んだ「雑誌別素人ヌードの真贋大検証」。素人ヌード掲載雑誌69誌を徹底チェックしている。特集の最後には「本物の素人ヌード」を自信満々に掲載。

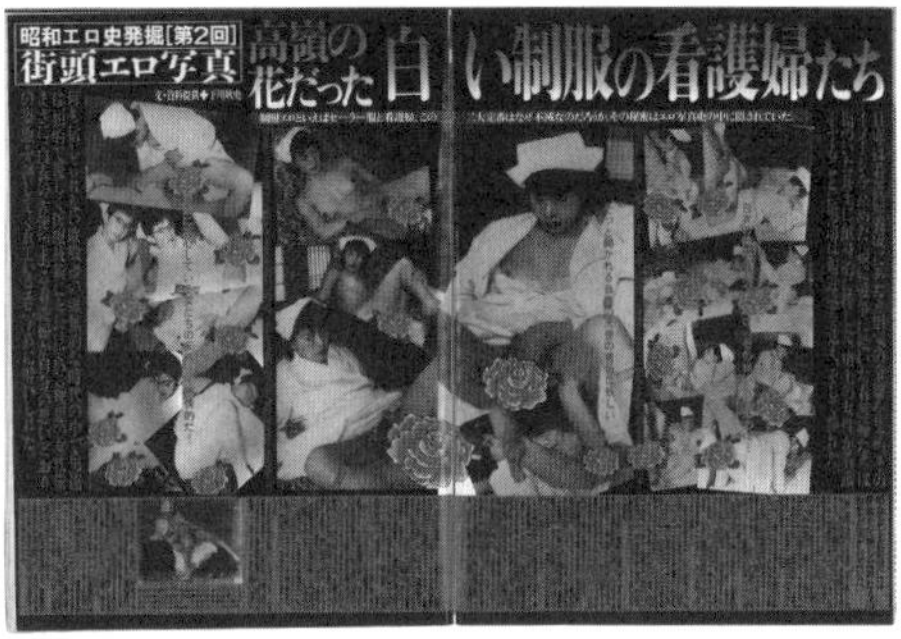

2000年5月号より。風俗史研究家・下川耿史による連載「昭和エロ史発掘」。レトロなエロまでもフォローしているのが素晴らしい。昭和20〜30年代のエロ写真で、セーラー服に匹敵する人気のコスチュームは看護婦だった。

『別冊GON!』2006年2月号より。豊富な図版と共に語られる「エロ本40年史」は圧巻。ビニ本、自販機本から素人ナンパ誌に至るエロ本の歴史を一望できる。図版も文字も極小でビッシリなので、読むのが大変なのだが…。

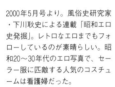

おわりに

どんなものにも歴史はあり、その変遷は文化である。それがたとえ「エロ」と呼ばれるものであっても…。これがアダルトメディア研究家としての筆者のスタンスです。

ここ数年、社会的に「エロ」への風当たりは非常に厳しいものとなっています。２０２２年に突如施行された通称「AV新法」は、AVは作品ではなく、出演した女性にとっては単なる「傷」にしか過ぎないと決めつけられたように感じましたし、大手クレジットカード会社がアダルト系サイトでの決済を次々と停止していったことも、業界に対して大きなダメージを与えました。

90年代後半から急速に広まったインターネットは、「エロ」の自由化を推し進めていったように思われましたが、今後「エロ」はネットの世界で地下へと潜っていくことになるのかもしれません。

正直、「エロ」が再び日陰の存在になっていくということは、ある意味で本来の姿に戻るだけのことなのかもしれないという気持ちもないではないのですが、それでもやはり、「エロもまた文化である」という筆者のスタンスは変わりません。

文化である以上、その歴史は書き残されていくべきだと思うのです。

本書の第1章「エロメディア大百科」は、『ラジオライフ』（三才ブックス）の２０２０年8月号から現在まで続く連載「安田理央のエロメディア全史」をベースにしたものです。

1980年に創刊され、熱狂的な読者に支持されてきたマニアックな雑誌の代表格である『ラジオライフ』から連載の依頼を受けた時は、長く雑誌ライターとして活動してきた身としては光栄に思えました。それが、このように一冊にまとめられるということは感無量です。

そして第2章「エロジャンル大辞典」や第3章「エロ雑誌列伝」は、『ラヴァーズ』(大洋図書)『昭和の不思議101』(ミリオン出版)『実話BUNKAタブー』『実話BUNKA超タブー』(コアマガジン)『スカパー!TVガイドプレミアム』(東京ニュース通信社)などに掲載された原稿を大幅に加筆、再構成したものです。

いわば、ここ数年の筆者の原稿の集大成でもありますし、「はじめに」でも書いたように、エロメディアの歴史の入門書といえるものになったと思います。個人的には、「エロメディアの教科書」だと考えながら制作していました。ま、そんな授業科目のある学校なんて無いですけどね。

最後に、『ラジオライフ』での連載を立ち上げてくれた初代担当者のT氏、そしてその後、4年間にわたって連載と本書の編集をしてくれた三才ブックスの宍倉氏に感謝を。

参考文献

阿久真子『裸の巨人 宇宙企画とデラべっぴんを創った男 山崎紀雄』(双葉社/2017年)
荒木経惟・末井昭『荒木経惟・末井昭の複写『写真時代』』(ぶんか社/2000年)
有野陽一『エロの『デザインの現場』』(アスペクト/2014年)
飯沢耕太郎『『写真時代』の時代!』(白水社/2002年)
飯田豊一『『奇譚クラブ』から『裏窓』へ』(論創社/2013年)
池田俊秀『エロ本水滸伝』(人間社/2017年)
川本耕次『ポルノ雑誌の昭和史』(筑摩書房/2011年)
川又ルチオ『ビバ!ビニ★ギャルズ』(立風書房/1981年)
稀見理都『エロマンガ表現史』(太田出版/2017年)
桑原稲敏『切られた猥褻—映倫カット史』(読売新聞社/1993年)
現代風俗研究所『日本風俗業大全』(データハウス/2003年)
斉藤修・編『ザ・プレミア本』(綜合図書/1987年)
斉藤修・編『ザ・プレミア本スペシャル』(綜合図書/1987年)
斉藤四郎『エロ本編集者入門』(宝島社/1998年)
佐野亨・編『昭和・平成 お色気番組グラフィティ』(河出書房新社/2014年)

新海均「カッパ・ブックスの時代」（河出書房新社／２０１３年）
末井昭「素敵なダイナマイトスキャンダル 新装版」（復刊ドットコム／２０１３年）
鈴木義昭「ピンク映画水滸伝—その誕生と興亡」（人間社／２０２０年）
仙田弘「総天然色の夢」（本の雑誌社／２００１年）
高橋鐵「裸の美学」（あまとりあ社／１９５０年）
永井良和「風俗営業取締り」（講談社／２００２年）
長澤均「ポルノ・ムービーの映像美学」（彩流社／２０１６年）
西潟浩平「カストリ雑誌創刊号 表紙コレクション」（カストリ出版／２０１８年）
原翔「盗撮狂時代—ビデオに覗かれた密室の真実」（イースト・プレス／１９９８年）
藤木ＴＤＣ「アダルトビデオ革命史」（幻冬舎／２００９年）
三木幹夫「ブルーフィルム物語—秘められた映画75年史」（世文社／１９８１年）
みのわひろお「日本ストリップ50年史」（三一書房／１９９９年）
本橋信宏「全裸監督 村西とおる伝」（太田出版／２０１６年）
米沢嘉博「戦後エロマンガ史」（青林工藝舎／２０１０年）
「あかまつ別冊01 戦後セクシー雑誌大全」（まんだらけ出版／２００１年）
「アダルトビデオ10年史」（東京三世社／１９９１年）

「アダルトビデオ20年史」（東京三世社／1998年）
「大人限定 男の娘のヒミツ」（マイウェイ出版／2015年）
「スペクテイター39号　パンクマガジン『Jam』の神話」（幻冬舎／2017年）
「SEXYコミック大全」（ベストセラーズ／1998年）
「日本昭和エロ大全」（辰巳出版／2020年）
「非実在青少年読本」（徳間書店／2010年）
「別冊宝島 性メディアの50年」（宝島社／1995年）
「マニアビデオ大全集」（コアマガジン／1998年）
「『有害』コミック問題を考える」（創出版／1991年）
「有害図書の世界」（メディアワークス／1998年）
「週刊アサヒ芸能」（徳間書店）
「週刊現代」（講談社）
「週刊ポスト」（小学館）
「FLASH」（光文社）

協力
TAKA（裏ビデオ w:i:k:i）
DBM（デラべっぴんマニア）

【な】

【は】

【ま】

人物・作品・キーワード INDEX

【あ】

【か】

Book Design / 田中秀幸（Double Trigger）

安田理央【Yasuda Rio】

1967年、埼玉県生まれ。ライター、アダルトメディア研究家。美学校考現学研究室卒。主にアダルト産業をテーマに執筆。特にエロとデジタルメディアの関わりや、アダルトメディアの歴史の研究をライフワークとしている。AV監督やカメラマン、漫画原作者、イベント司会者などとしても活動。2020年より月刊ラジオライフにて「安田理央のエロメディア全史」を連載している。主な著書に『痴女の誕生──アダルトメディアは女性をどう描いてきたのか』（2016年）、『巨乳の誕生──大きなおっぱいはどう呼ばれてきたのか』（2017年）、『日本エロ本全史』（2019年、いずれも太田出版）、『AV女優、のち』（KADOKAWA、2018年）、『ヘアヌードの誕生──芸術と猥褻のはざまで陰毛は揺れる』（イーストプレス、2021年）、『日本AV全史』（ケンエレブックス、2023年）などがある。

Encyclopedia of
Japanese porn media

エロメディア大全

2024年9月1日　初版第1刷発行

著者　安田理央
発行人　塩見正孝
印刷・製本　TOPPANクロレ株式会社
発行　株式会社三才ブックス
〒101-0041
東京都千代田区神田須田町2-6-5　OS'85ビル
電話　03-3255-7995（代表）
FAX　03-5298-3520
問い合わせ先　info@sansaibooks.co.jp